U0096617

王群光醫師
台大醫學士
王群光自然診所院長
台灣腦波自律神經醫學會創會理事長
台灣氫氣應用研究推廣學會創會理事長

台大農學士
澳洲雪梨大學食品科學碩博士
美國自然醫學醫師
食品廠食品安全顧問
台灣大學/東吳大學 兼任助理教授

目　　錄

第二篇 兒少神經功能及情緒異常的自然療法

第三篇 生酮飲食對兒少神經功能及情緒異常的效果

第四篇 案例篇

作者自序

王群光自序

　　傳統的精神神經醫學界，在面對精神及神經異常(疾病)時，多年來一直停留在用藥物治療的層面，一旦藥物無法發揮作用時，就覺得束手無策，認為這種疾病是無藥可醫治的。本人雖然也是西醫背景，但是十多年前轉換跑道，改為從事自然醫學後，經常接獲許多陷於絕望中父母的求救訊號，所以就義不容辭的盡量幫他們找出不必依賴那些吃了不但無效，還有一大堆副作用的藥物。所謂「實踐是檢驗真理的唯一標準」，作者在十多年的歲月中，診治過上千位這類幼少年患者。

　　本書就是作者把過去十多年來的臨床經驗作一分析討論總結。作者對於兒少精神神經疾病的分類、成因及治療方法，都提出了與傳統醫學截然不同，但卻有效的方法，甚至顛覆了舊有傳統思維，也提出了有效的治療措施。

　食物療法是作者已經採用了十多年的自然醫學處方利器，更是本書的核心。有幸結識畢業於澳洲雪梨大學專攻食品營養與安全，又獲得美國自然醫學醫師的呂丹宜博士。懇請她的協助，在食療，也就是常醣、低醣和斷醣飲食方面，提供了她的專業意見，為本書增色不少，不勝感激。

2022 年 2 月 1 日

呂丹宜自序

　　美國 Wilder 醫師在 1921 年提出斷醣生酮飲食，其主要內容為高脂肪，低碳水化合物以及低蛋白質飲食，讓癲癇患者從身體產生酮體，達到治癒癲癇的效果，但是由於脂肪量太高，造成適口性不佳，能確實執行的人也微乎極微。1950 年代，由於抗癲癇藥物的發展，生酮飲食逐漸式微，但是仍有一部份癲癇是無法使用藥物控制。1997 年，Jim Abrahams 拍攝一部「First do No Harm 不要傷害我小孩」，由影星梅莉史翠普主演的電影，敘述這一位堅強母親如何選擇使用生酮飲食，為自己孩子避開不必要的腦部手術，達到意想不到的效果。由於我的孩子有非頑抗性癲癇，因為這一部電影，受到無盡的鼓舞，我和孩子開始執行生酮飲食。當時孩子還小，在施行過程中，他常常會受不了零食的誘惑，我總是要費盡心思，修正再修正，讓生酮飲食成為佳餚。

　　在施行低糖生酮飲食過程，我自己因為產後，居高不下的體重，體脂肪曾經高達 31，極度困擾。陪病過程，我跟孩子施行低醣生酮，卻也意外的幫助自己做好體重管理，以目前年過半百的年齡，BMI 一直維持在 20 上下，身輕如燕。也由於足夠的油脂，讓我的乾眼情形得到很好的改善。更有甚者，平常忙碌至極的我，以往坐下來工作，常會疲累到忍不住打瞌睡，過去也有腦霧(brain fog)現象困擾的我，在施行低醣生酮之後，逐漸因為施行正確飲食，感到頭腦的敏銳度大增，於是在去年一年，毅然挑戰自己，一舉拿下台灣自然醫學諮詢師及美國自然醫學醫師執照。現在生活充滿衝勁，極力努力增進自己的醫學常識。

　　兒子的病情，癲癇已得到緩解，但卻伴隨其他神經性異常，在去年，吃過醫學中心醫師所開出的藥物，不但無法緩解病情，反而因為嚴重的藥物副作用，導致上吐下瀉，昏睡，頭腦不清楚。。。

讓他痛苦不已。剛上醫學院的他，在網路上尋找到使用自然醫療治療神精性疾病的王群光醫師，在他的再三要求之下，才去給王醫師診治。王醫師所採用的生酮飲食概念，正符合我的正確飲食理論，而王醫師不使用西藥治療疾病的方法，讓崇尚自然醫療的我，深表認同。

在大醫院求診的過程中，我目睹神經內科診爆滿的情形，非常難掛到號。我一直在懷疑，現代人是否因為錯誤飲食及環境毒素，造成大腦疾病叢生。失智人口也不斷早齡化及攀升，兒童神經及身心科的患者，如癲癇、妥瑞、過動。。。等疾病也越來越多。回顧自己童年成長過程，從未碰過任何同學有這些疾病。兒童神經身心科診間病患滿滿。在相關診所服務了大半輩子的護士，也常跟我聊到她所觀察見證到的變化。我一直懷疑是我們的食物及環境毒素造成如此多受苦的人們。在透過與王醫師的對談，他極其豐富的臨床經驗，讓我的臆測得到了極大的證實。

在過去歲月中，我曾任職食品工廠的食品安全顧問，也曾大力協助國家處理稽核食品廠，維護食品安全,訂定有機農業法規，稽查食品公司 HACCP(食品危害管控)和 ISO 22000，這些稽查食品廠的食品安全概念，在自家的餐桌上，我都確實執行，為我的家人健康把關。我也深深感受到一般民眾對食品選材及安全飲食，概念實在很缺乏。推行健康飲食的王醫師，鼓勵我能貢獻所長，以自然醫學幫助因錯誤飲食，而陷在疾病中掙扎受苦的人們，找到健康快樂之路。期望本書的初試啼聲，能分享各位一個不一樣的面對生命的飲食態度。

2022 年 2 月 1 日

推薦序之一:妥瑞症自然療法

推薦人: 陳忠信

　　欣聞王群光醫師要把他多年治療妥瑞(抽動)症等的成功經驗,集結成專書來出版,我感到非常的興奮。於是毛遂自薦,想把我個人被王醫師治好的妥瑞症自然療法經驗寫成推薦序,跟大家分享,希望能幫到更多的人。

　　我今年(2022年)27歲,媽媽說我5歲的時候就一直不停地眨眼及搖頭。上了小學後,症狀不但沒有改善,反而更加嚴重,還發出吼叫聲。那時父母對妥瑞症並不了解,還以為我是故意的,所以吃鞭子的次數都數不清了。可能是干擾到同班其他同學,班導師就要求父母帶我去找小兒精神神經科醫師看。醫師開藥給我吃,前後換吃了好幾種藥,但是都沒有效果,各種藥物副作用卻讓我很不舒服。既然藥物無效,又有副作用,我就拒絕吃藥,爸媽也沒話說。老師一直暗示爸媽幫我辦轉學,卻沒有學校肯收容我。幸好,很吵人的吼叫聲突然不見了,同學也慢慢接納了我,直到我順利的讀完大學。

　　5年前去給王群光醫師看診,王醫師在得知我從事保險業務後,很驚訝的問我說,在跟客戶接觸時,您一直搖頭,擠眉弄眼,客戶能接受嗎?我回答說,我的症狀其實反而可以讓我得到一些同情分數。王醫師覺得不可思議,於是要我填寫憂鬱症貝克氏測量表,結果顯示我並沒有憂鬱症。因為如果貝克氏測量表得分在13分以上,表示有輕度憂鬱,29-67分,則表示有中重度憂鬱,但是我只得5分,王醫師稱許說,我很能正面思考。

後來接受了王醫師的自然療法，也就是做過敏食物抗體檢驗，避開過敏食物，短時間內先做斷醣生酮飲食及斷絕所有含糖飲料，再加上睡覺時也必須要持續吸入水電解氫氧氣，說也奇怪，做自然療法不到一個月，症狀就好了將近 8 成，不過還持續有輕微的搖頭。而且，仍舊難以入睡，所以我再去王醫師那裏複診。

　　王醫師就開了一份需要使用 CBD(大麻二酚)及所需劑量的診斷書給我，要我自行想辦法去向衛生署申請 CBD 進口許可證，費了九牛二虎之力，終於合法買到了 CBD。收到 CBD 當天晚上，我只在舌下滴了 0.5 c.c. CBD，就睡足了 8 個小時，而以前一個晚上要醒來 5-6 次，我白天也每隔 3 小時就用一次 CBD。說來令人難以置信，用了 CBD 後，第三天搖頭的症狀就 100%消失了，真是不可思議的奇蹟出現了。

　　初診後兩年，我再做第二次急慢性過敏原抗體檢測，發現原本有重度高濃度的牛奶、蛋、小麥、黃豆抗體，已經降到正常，表示我之前停食的上述過敏食物又可以再吃了。

　　撰寫這一篇因妥瑞症向王群光醫師求診及痊癒的過程心得，我後來介紹了好幾位妥瑞症的朋友或客戶去給王醫師治療，他們也都好了。西醫師普遍難以治癒的妥瑞抽動症，王醫師治療起來，痊癒率卻非常高，說是得心應手，游刃有餘，一點都不為過。除了表達我個人及代妥瑞好友們向王醫師表達衷心的感謝之外，也希望能作為一個見證，讓更多人受惠於這樣的自然療法。

2021 年 12 月 25 日

推薦序之二：過動症不藥而癒

推薦人：姚明仁

　我家住在外島澎湖縣，爸爸是忙於生計捕魚的小漁民。我從小一開始，就是小霸王一個，上課搗蛋，打斷老師講話，在學校打同學鬧事，同學們都盡可能地躲我遠遠的，但我還是喜歡追著人打，樂此不疲。父母親沒時間管我，但是特教陳老師人很好，一直帶我去給醫生看診，醫生開的藥，我也都乖乖的吃下去，但換來換去的各種藥物，好像對我的作用都不大。

　我想可能是陳老師受不了了吧，就在我小四那一年，帶我去到台北給王群光醫師看診，王醫師幫我做了腦波檢查，還有抽血檢測慢性食物過敏原抗體。過了 2 周，王醫師診所工作人員把檢測報告寄給陳老師，陳老師告訴我說，半年內不可以再吃到含有牛奶、蛋、小麥、黃豆、花生成分的食品，因為那些食物的蛋白質會溜到我的腦裡面搗蛋。

　　雖然我在學校是人見人怕的小魔王，但我並不覺得自己是個壞人，只是好像我的腦裡住著一個外星異形，一直發出指令要我做那些事，不是我自己所能控制得了的。其實我也不想一直令人害怕，因此老師、醫師的話，我都有聽進去，而且照做。那個很難下嚥的油，我每天也強忍住那種反胃的感覺照吞。初診後，時間過了 5 個月，陳老師又再帶搭飛機去台北看診，王醫師說五個月前腦波看起來很過動，這一次的腦波已經轉變為正常，王醫師問老師說，小朋友的行為表現有沒有變好?陳老師很高興的跟王醫師說，已經完全變正常了，不但不再打人搗蛋，還成了模範生。

我如今已經上高中，說起來真的很感謝持續關心愛護我的特教陳老師，以及幫我治好過動症的王醫師。近日很驚喜也很意外的接到王醫師來電，問我的近況，王醫師得知我不再發作後，笑得很開心。他問我能不能把就醫心得寫出來，因為他要出版一本討論兒少神經精神疾病的書。我當然很樂意寫就醫心得，對我來說只是舉手之勞，也希望能幫到很多無奈的家長們。

2021 年 12 月 20 日

第零篇 由傳統西醫邁向中道自然醫學的心路歷程

第一章、大女兒是啟發我自然醫學靈感的天使

一、 大女兒的暈眩腦鳴原來是牛奶蛋過敏引發

常言道，天有不測風雲，人有旦夕禍福。

有一天，就讀大學二年級的大女兒 MuMu 打電話來跟我說，她暈眩腦鳴得很嚴重，幾乎無法站立行走，也無法上課。

火速幫她做了各種必要的檢查，所有報告一如所料，都在正常的範圍內。能開的藥都開了，也都吃了，但症狀絲毫沒有改善。只好請教耳鼻喉科、神經內科同事醫師，他們都一致認為，恐怕只有吃類固醇藥物才能治標抗發炎。這對我真是重大打擊，我一向來對類固醇都是敬而遠之，能不開給病人用的話，就儘量不開的。現在竟要用在自己女兒身上，心裡的沉重無奈可想而知。

無計可施之餘，只好請教一位做自然療法的前輩，他建議作者自費（健保不給付）抽血做 90 種 IgG 食物抗體檢測，抱著姑且一試的心情寄出血液檢體。一星期後，檢測報告（如下圖）出來，顯示她對牛奶及蛋有中度 IgG 抗體，也就是說，她對於牛奶及蛋有慢性（即延遲性）過敏反應。前輩醫師說，治療她暈眩腦鳴的最有效方法，就是先暫停止食用含有牛奶及蛋的相關食品，症狀就有可能改善。

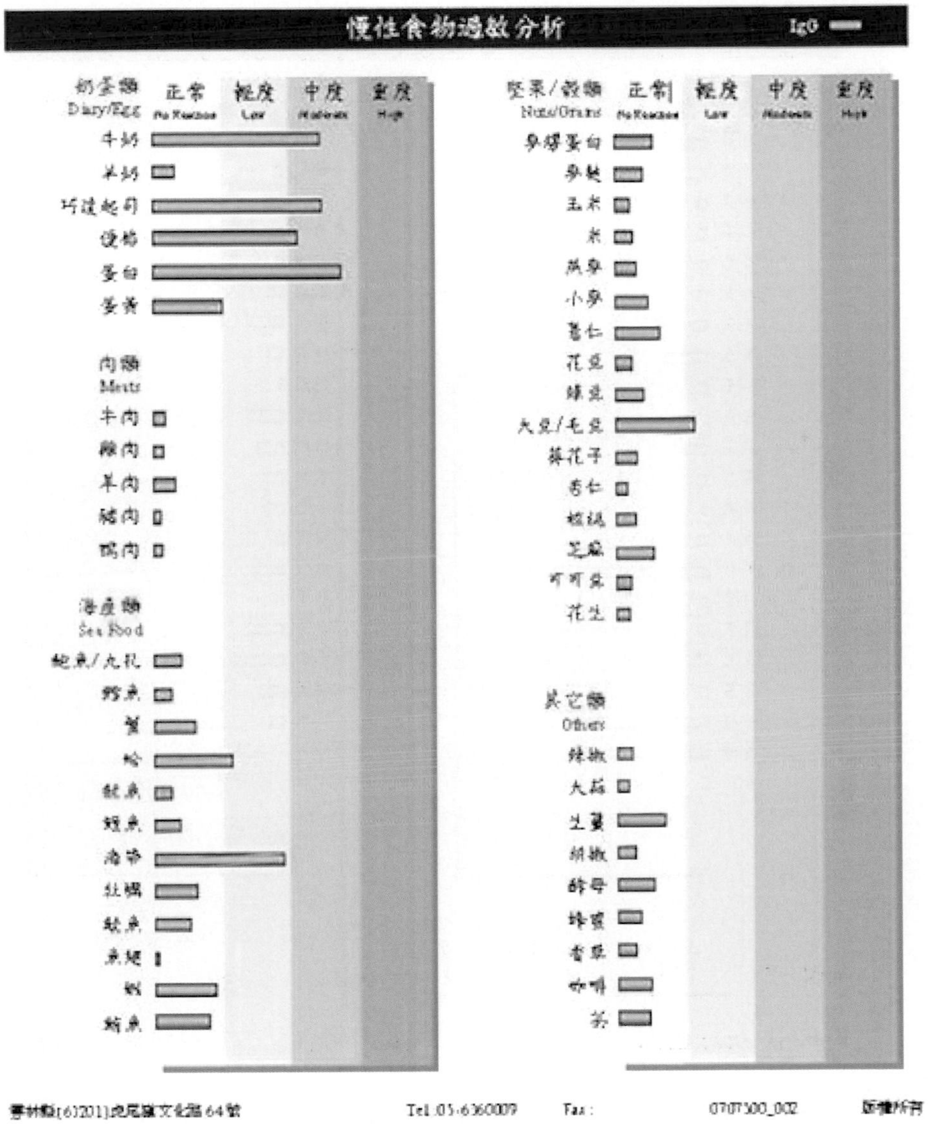

上圖： 作者女兒（**MuMu**）的 **IgG** 食物抗體檢測報告之一

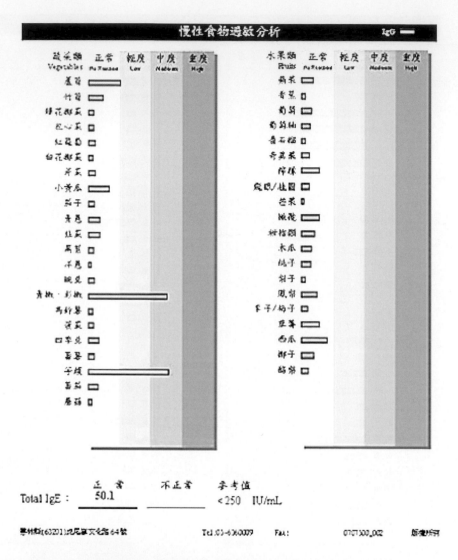

上圖: 作者女兒（MuMu）的 IgG 食物抗體檢測報告之二

　　她從小身體一直都很好，不要說過敏性疾病，連傷風感冒發燒都不曾有過，牛奶及蛋小時候也都常吃，但從來不曾有過引發任何過敏的現象。

　　問她上大學後，是不是經常喝牛奶及吃蛋？她照實不相瞞的說，兩年來每天都喝一公升大包裝牛奶，早餐都吃吐司麵包夾兩顆雞蛋。

食物抗體檢測出爐後，她的配合度很高，立即停止食用任何含牛奶或蛋的食品及加工食品。第三天，暈眩及腦鳴的情形即顯著減輕了。過了兩個星期再去看她時。已恢復了往日的笑容。

當年只知其然，而不知其所以然，後來才確認了這是因為有腸漏症在先，牛奶、蛋的大分子蛋白質進入血液，再穿透受損的血腦障壁進入腦內引起發炎而導致。

曾將女兒的情形請教一位過敏、風濕免疫科同事，其實這位專科醫師並不認為食物 IgG 抗體，與過敏或暈眩腦鳴有什麼關連性。他說可能只是巧合吧，他甚至建議試試讓我女兒再大量吃蛋及奶，如果會再度誘發症狀，才能證明蛋奶與她的症狀有相關。但我可不想拿女兒身體來做動物實驗。

自此之後，女兒就不曾再有暈眩腦鳴發作。心裡覺得真是萬幸，若是當初我沒有打那通電話，並讓女兒抽血檢測 IgG，那她今天搞不好持續服用類固醇，都吃出水牛肩月亮臉的類固醇副作用。

其實到今天為止，絕大部分過敏專科醫師，都只檢測 IgE 抗體，而不驗 IgG。IgE 有健保給付，而 IgG 則沒有。然而在免疫細胞中的 B 淋巴球（兵工廠），所製造出的抗體（武器），一共有 GAMED 5 種，其中 IgE 只占了總抗體量的 20%。而 IgG 抗體則占了 80%，既然 IgG 占優勢，為何醫學界只側重 IgE，而無視於 IgG 的存在與其致病性呢？ 這一點很令人費解。

曾當面請教過資深免疫學前輩，為何健保不給付 IgG 檢測？卻始終得不到答案。經深入了解，才搞清楚部分原因。原來問題不在健保局，而是因為免疫醫學界並沒有提出這樣的申請，因為大部分免疫學專科醫師們，都集體不認為 IgG 有什麼重要性。不僅在台灣，西方國家亦然，其實有關 IgG 跟那些疾病有關的研究論文報告非常多，只是卻沒有受到重視。

二、 Omega – 36 必需脂肪酸治癒我十年濕疹

女兒停止食用牛奶、蛋而不再暈眩腦鳴後，作者本人也因為右小腿長期長了奇癢無比的濕疹而備感困擾，由於懷疑自己也對某些食物過敏，於是也同樣做了 IgG 抗體測驗，但很遺憾卻沒有發現有異常的 IgG 抗體，因此對於自己的慢性濕疹，也只能用擦類固醇藥膏來治療，由作用最輕的到最強的類固醇藥膏都曾用過一遍，卻絲毫未見效果，類固醇的止癢作用，甚至比不上傳統的「萬金油」藥膏。

對於濕疹、異位性皮膚炎等過敏性疾病，其實只要「勇敢」的服用類固醇或免疫抑制劑，如孢環芽素（Cyclosporine）之類的藥物，是保證可以暫時改善症狀的。

但是如果為了一小塊 5 元錢幣大小的慢性濕疹而服用必然會有效的口服類固醇或免疫抑制劑，卻擔心副作用而得不償失。

有天與朋友北上出差，順路拜訪一榨油廠，油廠老闆見到作者一直抓癢，於是就熱心的送了一瓶，說是專門外銷日本，中醫用來可治療皮膚病的萬用藥油給我試用，雖然覺得初次見面的油廠老闆，竟然送油給醫師，治療他的皮膚病，頗有些突兀感，但盛情難卻只好收下。

每天只喝 30c.c. 這富含 omega36 的油，說也奇怪，3 天後，小腿皮膚奇癢的感覺就緩和了，一個星期後竟然完全不再癢，一年後只留下一丁點色素沉澱，三年後連色素沉澱也消失了。過了十多年後的今天，兩隻小腿看起來比十多年前還要光滑白晰多了（見下圖）。

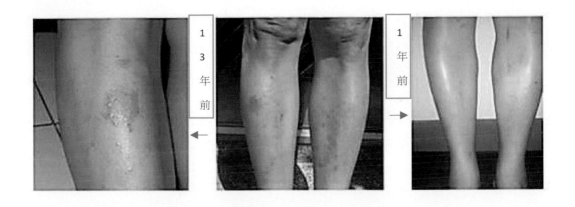

下圖:作者 Dr. 王「十三年前」的皮   上圖:Dr.王服用 Omega-36 後濕疹痊癒，   上圖: Dr. 王 2021 年的小腿照片
膚濕疹   一年後照片

　　大學生化課本中，雖然曾讀到一些有關油脂、脂肪酸的片段資料，但有關臨床運用的說明卻很少，民眾及醫師都被灌輸了錯誤的觀念說油脂（脂肪酸）不是好東西，吃東西一定要堅持〝少油〞的飲食原則。

　　由於想對脂肪酸多了解一些，於是就請教在台大生化學系任教的蘇雪月教授，終於把脂肪酸徹底搞懂了，這也成為作者於 2018 年撰寫「生酮飲食的疾病斷根法」這本書的基礎。

　　含有高量 Omega3 必需脂肪酸的植物種子油非常少，後來幾經尋覓測試，終於找出沙棘油、星星果油、紫蘇油、奇亞籽油等數種品質適合要求的油，自行調配成特殊比例配方，命名之為「自律升油」（有苦味成人用）及「自律好油」（清淡、兒童用）以及聰敏油（表示吃了人會變聰明的意思）。

　　由於口耳相傳，聞風而來的嚴重過敏患者絡繹不絕，短短三年，就以自然療法治癒了數百位患者。一切進行得非常順利，可用「勢如破竹」、「神蹟顯靈」來形容，成功治癒了許多類固醇、免疫抑制劑及各種藥物都罔效的皮膚及各類過敏性疾病。

後來又運用類似療法來處理令醫師們束手無策的妥瑞症，其治癒率更是高達 95～99%。其中有一位典型自閉症加過動症的 5 歲幼兒，由完全無語言、眼睛不看人到完全恢復正常。

由於進展順利，於是信心爆表，遂於 2010 年辭去中部教學醫院急診室主任職務，北上來台北台電大樓對面，開設王群光自然診所迄今，已經超過十二個年頭了。

三、 回顧十二年自然療法成果暫結

本書所錄，只是十多年來從事自然療法的部分心得經驗。茲將目前所採用的檢測及治療項目，作一簡介。

1. 3D EEG 立體彩色腦波檢測

每一位初複診患者，均給予要做腦波檢測，傳統的腦波檢測報告，就有如地震紀錄的平白黑色線條，判讀上耗時不精準。但 3D EEG 卻是呈現即時動態的立體色彩數位化圖形（見本書第一篇第二章）。

2. 自律神經檢測（HRV）

做自律神經檢測（Heart Rate Variability，HRV），就是把心電圖交給人工智慧判讀，由於心臟的竇房結 （S-A mode）是受到腦所控制的，因此由其心律變異的狀態（HRV），就可以推論腦神經是如何來管理全身的器官。

掃描詳閱白律神經與陰陽論壇 http://anstaiwan.blogspot.com/

3. 抽血檢測 IgG 及 IgE 抗體

　　做了檢測之後，就可以根據此報告來避開容易引起發炎或過敏（腸肺腦漏）的食物。

4. 常醣常油常蛋白質（正常）飲食（見本書第二篇第二章）

　　大部分疾病的源頭，都是源自於飲食的不正常，主要的錯誤，就是吃下過多的澱粉或蛋白質，而彈性好油脂（omega3、6）必需脂肪酸嚴重不足。作者曾於 2018 年出版一本「生酮飲食的疾病斷根法」，是提供給已經生了病或處於亞健康者，都必須熟讀並執行的飲食救命寶典。

5. 以氫氣排淨堆積在細胞內致病的酸與自由基（見本書第二篇第五章）

　　將水（$2H_2O$）經電解而成氫氣及氧氣（$2H_2+O_2$），H_2 與 O_2 進入細胞內之後，再度結合成水，這種內源性水可以把細胞內的廢棄物，都排出到細胞之外，再排到尿液中。

　　水電解氫氧機，已獲得中國第三類（最高級別）醫療器械認證，在中國及日本醫學界都被全面採用。但台灣尚未跟上。

掃描詳閱「氫分子醫學」

https://kdnaturapathic.blogspot.com/2019/11/blog-post_1.html?m=1

6. 高劑量（20～60 公克）維生素 C 注射。

維生素 C 具有很強的抗氧化、抗發炎及抗自由基作用，又可促進膠原蛋白的生成，不論是修復腸肺腦漏，修復腦神經及治療自體免疫疾病等，都可收到強大效果。

7. 其他礦物質及微量元素補充

鎂（$MgSO_4$）、鋅（$ZnSO_4$）、維生素 D3、維生素 B 群、B12、B3、全譜微量元素及 GABA 的補充，都有其重要性。

8. 八種必需醣鏈的補充（見本書第二篇第一章）

細胞與細胞之間用來互相溝通的天線，就是由八種（完整）醣鏈多醣體作為原料所構成的，因此需要適量口服補充。

9. 動物腦萃取胺基酸多胜肽

這是一種已用了二十多年的老藥「速利清」，常用於退化性腦神經疾病，如巴金森、阿茲海默；腦缺氧、一氧化碳中毒、中風後遺症等的效果相當明顯，但兒少較少有機會用到。

10. 冷光熱療艙

利用 800～1200nm（奈米）的近紅外線冷光，把人體核心溫度（舌下或肛溫）提升到 $39.5°C$～$41°C$；人體正常細胞可耐受 $43°C$ 以下溫度，誘發人體產生熱休克蛋白，可逼迫人體流出汙濁的汗水，也把細胞內的酸與自由基都由細胞內排放到尿液及汗水中。這主要用在成人疾病，兒少除了新陳代謝重症，較少機會用到。

11. CBD（請見本書第二篇第六章）

CBD 這種來自草本天然之物，對於所有精神或神經疾病及免疫失調及病，都有令人驚豔的效果。對睡眠障礙更是無往不利，可以說是作者所從事中道自然醫學的尚方寶劍。CBD 的中文名稱，醫藥用為「大麻二酚」其安全範圍大，無副作用，不必愈用愈多，達到既定效果後，可減少用量，乃至停用，也不會發生戒斷症候。

第二章、跨界進入自然醫學無人區領域的感觸

一、每天都在興奮創新，未察老之已至

我並不是精神科專科，也不是小兒科專科醫師，不過曾在成人加護病房、麻醉科、外科、骨科部門服務過約 20 年，後來又擔任了十年的急診科醫師，因此對於西醫臨床醫學，並非門外漢。

但自 2008 年起，卻跨界進入了（非藥物）自然療法領域，也隨時把諸多臨床經驗心得做成文字記錄，發表在臉書部落格上及多本著作上。

作者目前對於過敏性疾病、異位性皮膚炎、糖尿病、高血壓、高血脂、高膽固醇、巴金森、阿茲海默、自體免疫、妥瑞（抽動）、注意力不足過動症（ADHD）等等疾病的治療，已經達到可以完全不使用任何藥物的境界。

經過數十年的醞釀，終於創造出有別於西醫學或中醫學的另類醫療體系，名之為「中道自然醫學」。作者強調，人一旦生了各種新陳代謝及神經精神等內科疾病，不可依賴藥物，才有可能把病治好。初聞者可能會覺得不可思議。

醫師們都比較擅長採用藥物來處理異常的症狀，例如用藥把血糖血壓降下來，但是卻必須吃一輩子的藥或打胰島素針，因此這並非「治癒」，而只是用藥物來遮蓋住症狀，對於未曾接受醫學訓練的一般的民眾來說，他們在乎的只是要把自己的病治癒。至於有沒有藥可以吃，其實大眾並不在乎，他們都認可「會抓老鼠的就是好貓」的道理；如果能不用藥，而是用「食物」等天然的

物質方法，來治癒疾病，似乎也沒有人會反對。

作者乃是年已過 70，行將就木之人，希望能在有生之年把這種強調「百病同源、百病同療」的創新「中道自然醫學」理念發揚光大，嘉惠更多人，成為人類的共同智慧財產，每天都懷抱著滿滿的成就感以及雀躍興奮的心情在奮戰，彷彿回到少年時光，不知老之已至。

二、物極必反，大道至簡，真金不怕火煉

出自於獲得更多利潤的商業目的，愈來愈多的新藥被發明出來，醫院病床也愈設愈多，醫療產值年年升高，健保支出亦年年暴增出現赤字，但由各類醫療統計數字表來看，國民的整體健康情況其實並沒有變得更好，由此可見維護人類健康的大策略方向，已經到了非改弦易轍不可的時候了，這就是「物極必反」吧。

作者所創立的「中道自然醫學」（可 Google 詳閱），其實就是符合「大道至簡」及「物極必反」的前無古人新創醫學系統。

作者並非紙上談兵，而是把從近萬名患者所得到的臨床經驗，採用西醫學的科學語言文字及作成紀錄及闡述，是一種有憑有據的實證醫學（evidence base medicine），而並非是偽科學（pseudoscience）。

中道自然醫學的核心價值，簡潔到令人感到錯愕，難以置信，因為作者斷言，幾乎所有後天新陳代謝疾病的發生，都跟食物中的碳水化合物、脂肪酸及蛋白質的攝取比例嚴重失衡有關，更簡單地比喻說，就有如「車子加錯油」導致車子故障。

有關作者「食療」的核心理念，詳載於 2018 年出版的「生酮飲食的疾病斷根法」（臺灣城邦出版社）一書中。2020 年 12 月，

又出版了一本名為「COVID-19 新冠肺炎中藥氫氧氣救命自然療法」（臺灣暖暖出版社），倡議人類對病毒感染的正確終極處置之道。

2022 年出版的這本「兒少先後天神經情緒障礙」也引入了很多創新的自然療法觀念。

撰寫前無古人的創新療法醫學書籍，必須具備有真金不怕火煉的自信，因為除了必須對一般讀者大眾負責之外，也要讓醫療同業們心服口服，因此其難度跟寫傳統醫學文章或各類敘事文相比，是不可同日而語的。

路是人走出來的，如今作者已披荊斬棘，開闢出一條之前從來沒有人走過的路，創建了「中道自然醫學」醫療體系，就好像尋幽探勝一樣，意外的找到了一個人間祕境桃花源自然醫學無人區。

古波斯文明時代的《一千零一夜》，又稱「天方夜譚」民間傳說，「阿里巴巴和四十大盜」的故事中，描述阿里巴巴偷窺盜賊對著存放掠奪而來的金銀珠寶山洞，喊一聲〝芝麻開門〞通關密語，寶洞門就自動打開。

作者逕自把「中道自然醫學」的通關密語及藏寶圖公諸於世，也就是將軟體原始碼全都開放給世人，就是期盼將來有更多醫師可以自行按圖索驥，由藥物轉入非藥物醫學領域。

三、來自公元 3000 年的未來主流醫學

醫學都講究傳承及文獻來源，作者曾有一次受邀跟數十位醫師，分享各類疾病的自然療法，講畢眾人鴉雀無聲，只有一人發問說：「您的療法跟之前我們所學所做的截然不同，但聽起來又頗有道

理，請問您所根據的是什麼文獻？」

　　我只好據實以告說：「完全沒有什麼完整文獻可以參考，大多部分都是根據現有的醫學知識，再加上自己憑實際治療患者經驗所總結出來的，由於還不曾發表在期刊上，因此並沒有文獻可查」。其實，如果是有文獻可查閱跟隨的方法，就不配叫創新發明。

　　作者曾在一群醫師聚會時做自我介紹，說了個「穿越」的小玩笑話。謂本人並非公元 2000 年的人，而是原本生活在公元 3000 年的醫師，意外乘時光機穿越回到公元 2000 年的醫療蠻荒時代。

　　作者直指公元 2000 年的醫療水平，是處於蠻荒未開化的狀態，那是相對於跟未來的公元 3000 年而言，因為我們公元 3000 年的醫師都公認，藥物療法早已經過時了，醫學主流乃是以食物療法、氫分子醫學、CBD 醫學、腦波、自律神經醫學、冷光深層核心熱療以及能量量子醫學為主體的「中道自然醫學」，中道自然醫學已經占據了絕對的主導地位，藥物只是用來緊急救命之用，或百般無奈之下的最後選擇（Last choice），而不是只要生病，都把藥物當成首選（First choice）。

　　作者見到聽者一臉茫然，就只好發揮同理心補充說，想想假設諸位公元 2000 年的醫師，如果乘時光機回到公元前 1000 年（B.C. 1000），您就可以理解我的心情處境。

　　如果由公元 2000 年穿越回到公元前一千年（B.C.1000），您會發現公元前一千年的人類，他們完全無法理解電力、飛機、電話、互聯網、X 光、CT、MRI 等，我們 2022 年的人習以為常的事物。雖然這是一個半開玩笑的話，其實那也是事實，輕描淡寫的說公元 2000 年被眾人公認的所謂頂尖醫學，其實不過是來自公元 3000 年醫師眼中的蠻荒醫學而已，這算不算罵人呢？就算是諷刺人吧! 那也並不帶「髒話」呀！

第一篇 兒童、青少年神經功能及情緒異常的因素與診斷

第一章、腦傷缺損與精神神經疾病的關係

大腦管控人體的每一個器官、系統、細胞。腦雖然藏在人的頭顱骨內，但是人類醫學對它的整體功能及運作仍幾乎處於「無知」狀態。

本章把重點放在介紹腦各部位腦的功能，讀者也可由此推論，孩童有先後天神經功能異常、情緒及學習障礙時，他腦部的可能缺陷所在。

一、腦的結構與功能

中樞神經系統由腦和脊髓組成，是整個神經系統的控制中心，負責接收和整合從周邊神經系統（peripheral nervous system）傳來的訊息，再按需要作出反應或發出動作指令。

腦體積只占人體重量的 2% 左右，卻是一個新陳代謝最為活躍的器官，差不多要用上整個身體耗氧量的 20～25%。一旦血液供應受到阻礙，就算是非常短暫的時間，也會造成意識改變；如果腦部缺氧達 4 分鐘左右，腦細胞就會受到永久性的傷害，無法復原，甚至死亡。

腦由 4 個主要部分構成：腦幹（brain stem）、大腦（cerebrum）、小腦（cerebellum）及間腦（diencephalon）。

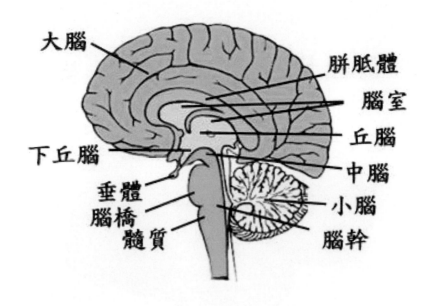

<figure>
大腦

胼胝體

腦室

丘腦

中腦

下丘腦

小腦

垂體
腦橋
髓質

腦幹
</figure>

圖 1-1 ： 腦部解剖結構圖

1.大腦

　　體積最大，占腦重量的八分之七，舉凡說話、學習、思考等高階功能，都由大腦執行。

　　大腦分成左右兩個半球，右腦處理視覺影像資訊和空間資訊。左腦與語言有關。左右大腦之間靠著胼胝體（corpus callosum）傳遞訊息，控制對側的動作，當左腦中風時，患者就會表現出右側手腳無力。

　　大腦最外層，也就是打開頭顱骨後，我們肉眼所能看到的部分那就是大腦皮質。大腦皮質呈現出許多皺褶，皺褶可增加腦部的表面積；舉凡語言、思考、想像，都源自於大腦皮質。

　　左右腦都可分成 4 個區塊：額葉（frontal lobe）、頂葉（parietal lobe）、枕葉（occipital lobe）、顳葉（temporal lobe）（如圖 1-2）。

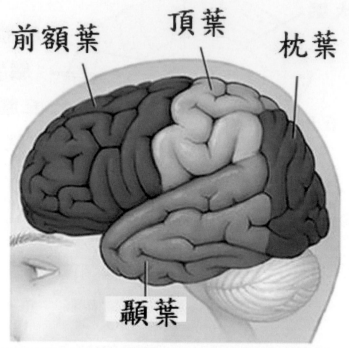

前額葉 頂葉 枕葉

顳葉

圖 1-2 ： 大腦分額、頂、顳、枕四腦葉

2.小腦

位於大腦之下、腦幹之後，下連接脊髓。小腦可以控制肌肉活動，維持平衡、姿勢。

3.腦幹

由延髓（medulla oblongata）、腦橋（pons）及中腦（midbrain 或 mesencephalon）組成，下面連著脊髓，上面則是間腦。主管呼吸、心跳、消化、體溫等生命中樞，人的十二對腦神經中，有十對腦神經從腦幹發出。

4.間腦

主要由視丘（thalamus）及下視丘（hypothalamus）組成，大腦覆蓋於其上。

二、額葉腦受損與精神神經疾病

額葉是腦四區塊中最大的，負責認知功能和動作控制。有些區塊負責控制手指，有些則負責腳及舌頭的動作。人走路、拿東西等所有隨意肌動作，都得靠這個部位下指令（妥瑞抽動症即為腦額葉發炎）。

額葉腦主要負責計劃、組織、問題解決、選擇性注意力、人格，以及一些有關行為與情緒的高階認知功能。

整體來說，額葉可以接收各處的資訊，決定身體動作，人的智力、專心程度、人格、行為、情緒，都與額葉有很大的關係。

常有人說前額大且突出的人比較聰明，實際上如果額葉受損，IQ（智力）測驗的成績並不會下滑，受到影響的反而是控制情緒的能力。

額葉腦若是受損，就無法經由臉部表情或聲音來傳達自己的情緒，心裡即使很高興，臉上也是毫無表情。有些人額葉受傷後，會容易變得憂鬱，情緒也易失控，失去生活動機，失去原本執行、策劃、判斷的能力，或社交行為改變，無法抑制自己做出社會所不容許的犯規、犯法事情。

幼年額葉就受到損害或成人額葉受傷者，都同樣無法表現出同理心、羞愧、或罪惡感，成人才受傷者可能有病識感，也就是知道自己不正常，但無法控制；但幼年發生腦傷者，病識感就很弱，在社會行為上會有更嚴重的缺陷；他們似乎無法理解自己的

行為已嚴重違反習俗和法規（如連續殺人犯、臨執行死刑前仍無法有悔意，反而覺得很快樂）。如果在子宮內額葉腦發育就出了問題，出生後的表現異常那更是可以想像。

三、頂葉腦受損與精神神經疾病

皮膚接觸到的溫度、感覺、觸覺、味覺、痛感，都會經由丘腦抵達頂葉的感覺區。

此外，頂葉還與我們的空間感、本體感覺、空間與視覺處理有關。如果右側頂葉受傷了，患者就會失去左側的空間感，完全忽視掉左側，即使畫畫也畫不出左側圖像，此疾病有一特殊名字──「忽略症」（Neglect）。

四、枕葉受損與精神神經疾病

枕葉在腦部的後側，也就是人平躺時與枕頭相接處。枕葉的主要功能就是負責視覺，能處理顏色、光線等視覺刺激。眼睛視網膜上的錐狀及桿狀視覺細胞，可以把光線轉換成電子訊息傳送到枕葉，再由枕葉負責分析解析這些視覺訊號，然後把訊息傳至其他腦區，做進一步的處理和訊息整合。若枕葉受傷，人就有可能認不出物體、文字，也難以分辨顏色。

簡而言之，大腦的「枕葉」就是視覺皮質。枕葉受損之後，會有以下狀況：

1. 盲視現象

若枕葉初始視覺皮質受損，但因腦深層的視覺處理腦組織仍然完好，因此雖然看不清楚物體，但仍隱約「可視」，可大致猜對眼前的事物，這就叫「盲視」。比方說，枕葉皮質被破壞的猴

子，雖然看不清楚眼前有食物，但是此猴子伸手抓取時，抓取的方向剛好就是食物的方向位置。

2. 視雪症

視雪症（Visual snow）乃是由於枕葉腦發炎、發出異常電波訊號而引發的。病人眼睛會看到無數小黑點或小白點占據視野一角、甚至幾個視野，它像飛蚊症一樣，會整片在眼前飄過，有點像大雪紛飛，因而得名，即使閉著眼睛也能看到，全天候都能看到。視雪症患者常能測出正常視力，但還是感覺好像有東西遮住視線。閱讀時，有些角落的字模糊不清，無法順利閱讀。

視雪症也常合併其他的症狀，例如畏光、眩光、耳鳴、患側頭昏或頭痛、視覺暫留時間拉長（如關燈後，燈似乎還亮著）、虛幻感（如置身夢境）、性格改變（由活潑變封閉）。

五、顳葉腦受損與精神神經疾病

顳葉和耳朵在同個高度，有聽覺區，可處理我們所聽到的聲音和語言。顳葉能處理記憶，並和其他感覺整合，保留視覺記憶、語言理解和情感關聯，將這些感覺輸入處理成有意義的資訊。顳葉也和了解語言有很大的關係。海馬迴也在顳葉，與記憶形成很有關係，腦的任何部位若出現發育異常，都會出現相對應的先天障礙。受到後天性破壞的話，也會影響記憶和語言等功能。

六、語言區（顳葉及額葉）受損與精神神經疾病

除了四個腦葉之外，還有和語言相關的兩個區域，即韋尼克氏區（Wernicke's area）和布洛卡氏區（Broca's area）。這兩區通常

位於優勢大腦，在多數人身上都是位於大腦左側，兩者共同形成了語言系統(見圖 1-3)。

　　韋尼克氏區負責理解口說語言和文字語言。假如韋尼克氏區受傷，患者還是可以說出話，但其實他並聽不懂別人在講什麼，因為聽不懂也看不懂，所以沒辦法與人產生有意義的文字或話語溝通，患者講話乍聽似乎很流利，但卻沒有意義且荒謬，中間夾雜很多不存在或不相關的字彙，甚至還會混雜大量錯語、新造詞，被稱為「雜亂語」、「奇特語」，因此患者不但無法傳達自己的意思，也無法與他人有效地互動，屬於接收理解型失語症（聽不懂別人的話，所以說不出有意義的字句）。

　　布洛卡氏區（Broca's area）通常位在左側額葉，負責產生語言，讓人能講出一段話。如果布洛卡氏區受損，患者雖聽得懂別人在說什麼，也讀得懂文字，可是因為難以控制舌頭和臉部肌肉，無法用聲音或書寫來回答出有意義的話語，更難以寫出完整的字句，屬於運動表達型的失語（語言產生有困難）。

　　無法理解語言或說話有先天性障礙的自閉症或學習讀寫障礙患者，有可能是韋尼克氏區或布洛卡氏區的發育不完全所致。

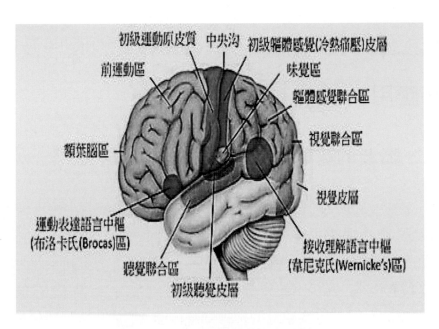

圖 1-3： 各大腦葉及其功能區

第二章、3D 立體腦波（EEG）的原理及臨床應用

一、腦波的基本分類及作用

　　人腦有 1500 億個神經細胞，一個神經細胞內約有 1000～2000 個粒腺體，粒腺體就是神經細胞的發電機，粒線體會利用葡萄糖、脂肪酸（酮體）作為燃料，產生電力（ATP），每個神經細胞都會自行放電，放出電波訊號，神經細胞上有無數的樹狀突（dendrite），可與鄰近的神經細胞接觸，形成一大片綿密的神經網，樹狀突就是神經細胞用以接收來自其他神經細胞電流訊號的窗口，也經由此把自身的訊號傳遞給其他神經細胞。

　　腦神經細胞釋放的電波約在 0.5～30 赫茲（Hz）之間，1 赫茲代表每秒放電 1 次，腦電波是可以利用電子儀器來測量記錄的。

　　在應用上，腦波被分為 4 組，分別稱為 β 波（Beta 貝塔波）、α 波（Alpha 阿爾法波）、θ 波（Theta 西塔波）及 δ 波（Delta 德爾塔波），近年來也有人提出更高頻的 gamma 波。

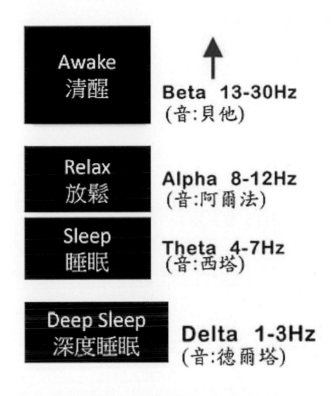

圖 2-1 腦波的 4 種類型

1. β 波（13～30 赫茲）工作、緊張波：

● 意識清醒時的腦波。

● 計算、推理邏輯思考時的腦波。

● 專注於外在世界時的腦波。

● 壓力很大、心理不適、緊張、憂慮、不自在與高頻 β 有關。

2. α 波（8～12 赫茲）放鬆、創意波：

● 身心放鬆時的腦波。

● 意識與潛意識的橋樑。

3. θ 波（4～7 赫茲）睡眠波：

● 潛意識的腦波。

● 與記憶和情緒有關。

● 睡眠時的腦波。

● 靜心冥想時的腦波。

4. δ 波（0.5～3 赫茲）嬰兒波：

● 無意識的腦波。

● 深度睡眠時的腦波。

二、腦波檢測

我們把偵測重點放在額葉及顳葉，只要使用 5 個貼片檢測點，對於妥瑞、過動、憂鬱、巴金森、阿茲海默症的腦波變化，就可以提供有用的判讀資料。 做一次這種腦波檢測，需要花十分鐘左右。

如果在頭皮上，貼上 50～60 個電極片，就可分辨出該腦波發自哪一片腦迴，學術研究時也有使用高達 250 個電極片的，可對全腦波圖做完整深入判讀，但是做一次這類檢測，可能要耗費相當多時間。

1. 傳統平面腦波

傳統的腦波紀錄圖像都是平面的（圖 2-2, 2-3），跟地震紀錄有點類似，分析判讀極為耗時，需要由專業的腦波判讀人員來打報告。

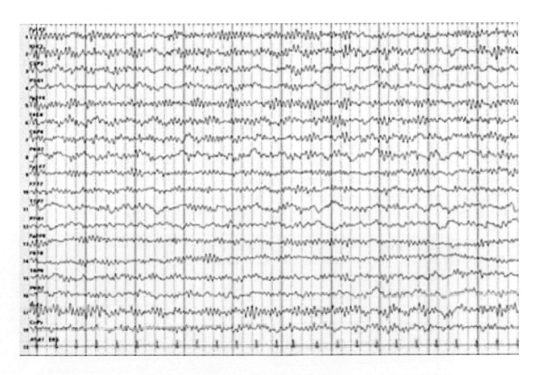

圖 2-2：傳統平面腦波記錄圖

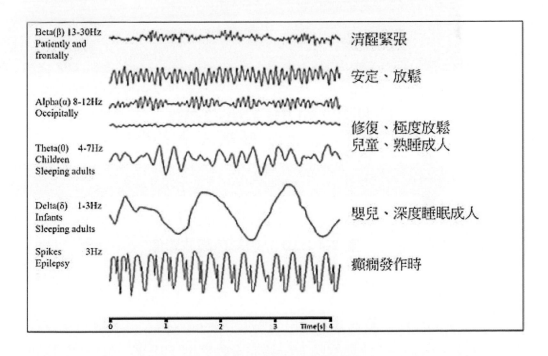

圖 2-3： 各種形態的平面腦波圖

2. 3D 立體腦波

　　拜現代電腦科技及 3D 技術發達所賜，對於腦波訊號的測量，已較以往更為精確，同時又可把平面電子訊號轉換成 3D 立體畫面，在判讀上比傳統平面腦波簡易且迅速方便不少。除了立體彩色畫面的顯示，也有量化數字，可做為治療前後的對比。

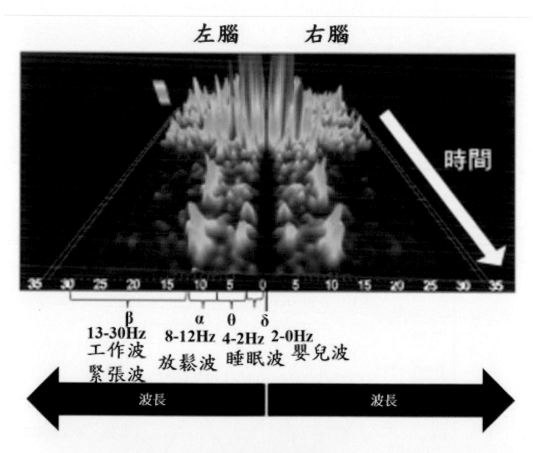

圖 2-4：3D 立體彩色腦波影像

　　判讀 3D 立體腦波時，只需點閱快速播放鍵，電腦畫面就會在數秒內把 3～4 分鐘的腦波紀錄完全動態展示出來。3D 立體腦波

的縱軸為時間軸，橫軸分左右腦的波長，又各自標示出左右腦的 β、α、θ、δ波，極易判讀。

三、 腦如何控制全身器官細胞

前面提過，腦會消耗掉 25%的能量，這是因為腦中的 1500 億個神經元，必須全天候接收全身神經上傳至腦部的電子訊號，再發布指令來控制每一個器官、組織、系統，以維持人體機能的正常運作。也就是說，腦作為控制人體的最高主宰，是從來不可能完全關機休息的。人在進入深度睡眠後，佔90%的自律神經系統，就會透過十二對腦神經來自動自發的自行管理全身器官。

腦細胞為了管控全身的器官組織系統，會發出多種不同波長的電波來指揮。我們使用精密儀器，就可以偵測到這些極微弱的電流。

心臟的竇房結（S-A node）發出電流的電壓，是腦細胞所發出電流電壓的 1000 倍，但腦波的電壓卻可透過調節竇房結來控制心臟跳動的快慢。

那麼腦細胞是如何管理調控比它強大千倍的巨人呢？為何人在遇到害羞緊張的情境時，腦可以在瞬間讓心跳加快？原來腦與心臟間是靠交感神經及副交感神經聯繫的，當交感神經末端釋放出腎上腺素這種神經傳送素（Neurotransmitter）時，就會令心臟跳得更快、收縮力更強，因此人生氣或害羞時，會心跳加速、面紅耳赤，都是這種交感神經亢奮的結果；若副交感神經釋放的乙醯膽鹼質量，高於交感神經釋放的腎上腺素，則心跳就會變慢。

四、從妥瑞症、催眠術及癲癇症窺探腦波奧祕

人類對於腦的運作，幾乎跟對地核、宇宙一樣了解得很少，不過透過檢測人在進入被催眠狀態後的腦波，與清醒時的明顯不同，以及拍錄癲癇或妥瑞症發作時，因異常 β 腦波誘發異常動作的珍貴畫面，讓我們對於 β 波的作用有了更深一層的理解。

1. 催眠時的腦波變化

「如何證明人已被催眠呢？」、「如何鑑定催眠師真的具有催眠能力？」

作者認為最公正的催眠師資格鑑定考官，就是腦波儀。被催眠對象若有真正被催眠，β 腦波（清醒腦波）必定會消退，而催眠狀態若持續，β 腦波也必定維持極低比例。在兩個小時的催眠過程中，腦波更會呈現各種有意義的變化。催眠結束後，β 腦波又會再度呈現主導(如下圖)

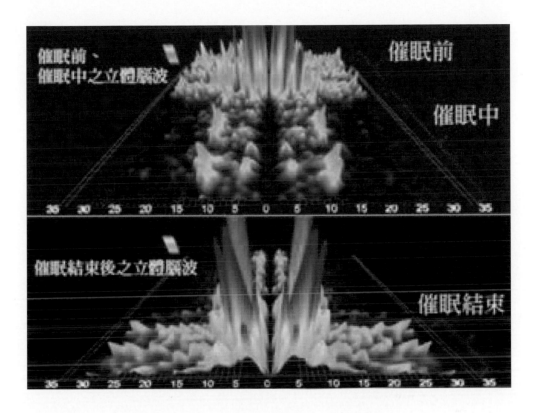

圖 2-5：進入被催眠狀態時 β 波會降低

2. 妥瑞症

妥瑞症（Tourette's Syndrome）患者的特徵，是表現出無法用意志力控制的隨意肌抽動，如四肢抖動、搖頭、眨眼或發出聲音等。

妥瑞症患者發作時，大都可被偵測到特殊的 β 腦波表現。我們將腦波儀畫面與患者不由自主抖動進行同步錄影，發現近 100% 的年幼妥瑞症患者，腦部都會放出 13Hz 以上的不正常腦波。經治療後，妥瑞症患者的腦部不正常放電會消失，症狀也會隨著異常腦波的消失而戲劇化恢復正常。

我們發現，凡是以肉眼能看到有不正常動作，或能聽到發出異聲的年幼妥瑞症患者，毫無例外地，都能夠在他們的 EEG 腦波圖

上發現異常的 β 波。β 波產生在先，無法控制的動作或發出異聲在後。也就是患者並非故意要動，而是腦部有異常放電所導致。

我們在做 3D 立體腦波時，都會用攝影機將患者的動作或聲音畫面及 EEG 電腦畫面同步錄音錄影。治療中及治療後，至少每個月再同步錄影錄音一次，作為日後發表在國際醫學期刊時，最強而有力的科學證據。

請掃描以上 QR code 觀看妥瑞症錄影

https://www.youtube.com/watch?v=o5cna3DnR88

https://www.youtube.com/watch?v=OOrQkccl6c0

3. 癲癇

有一位 45 歲女性，熱衷去廟裡拜拜，但每次到宮廟拜拜時都會癲癇（Epilepsy）發作失去意識，坊間視之為起乩、神明附身。她首次來作者診所就診時，剛好在腦波檢測過程中癲癇發作，讓我們錄到了珍貴的動態畫面和腦波圖(圖 2-6，2-7)。

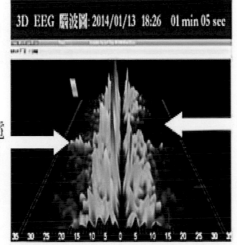

發作前，左腦有小放電 可能是看到神的幻覺

發作前，右腦腦波變黑 (腦細胞集體不放電)

圖 2-6 癲癇發作前的腦波

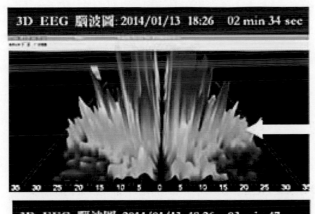

此時患者在無意識中 痙攣第一次發作

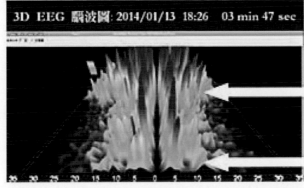

30秒後， 癲癇第二次發作

2分鐘後人清醒

圖 2-7 癲癇發作時的腦波

當癲癇大發作時，患者呈現無意識狀態，清醒後，完全不記得剛才發作的事。經自然療法後，她多年來未再發作，到廟裡時雖仍會流淚滿面，有特殊感應，但神智仍能保持清醒，且不再發作癲癇。

Youtube ： 癲癇發作時的錄影

https://www.youtube.com/watch?v=iSFTon0h6Ds

五、治療前後 3D EEG 腦波圖變化個案分享

1. 案例一：18 歲許男

診斷：腦神經體幻感症（Encephalopathic Somatosensory Phantom Disorder）

主訴：肌肉抽慉。時常感覺身體不舒服，經常要主動把身體動一下，尤其是使肩膀肌肉搖晃轉圈，才會覺得比較舒服。

治療經過及成果：

(1) 初診時，3D EEG 呈現非常強烈的異常腦波（圖 2-8 左上）。

(2) 以中道自然療法治療 50 天（自行在家吸入 H_2+O_2 及服用促進神經細胞修復的原料）後，身體不舒服感覺大幅減輕，3D EEG 腦波也恢復正常 （圖 2-9 右上）。

(3) 比較初診（圖 2-8 左圖上下）與治療 50 天後的 3D EEG 腦波（圖 2-9 右圖上下），前後兩者的差異非常大。

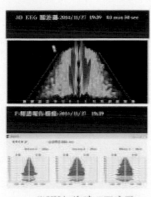 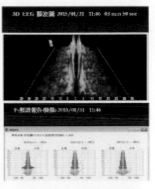

中道自然療法治療50天以後

完全沒有服用中藥、西藥

許XX初診時之腦波圖　　　　　　許XX50天後複診之腦波圖

圖 2-8 許男初診腦波圖　　　　　　圖 2-9 許男 50 天後腦波圖

2. 案例二：8 歲女童

診斷：注意力無法集中（ADD）、失眠

治療成果：治療 28 天後，EEG 變好，ADD 痊癒。可一覺到天亮，成績進步神速，人際關係轉好，腦波圖亦改善很多(圖 2-10)。

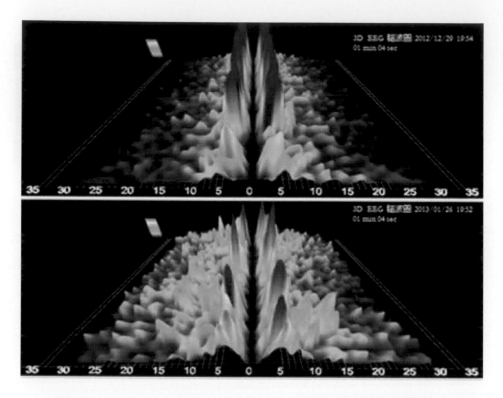

圖 2-10 注意力無法集中(ADD)，治療前後腦波圖變化

3. 案例三

診斷：強迫症

治療成果：隨著異常腦波的消失，強迫症的感覺也同步消失(圖 2-11)

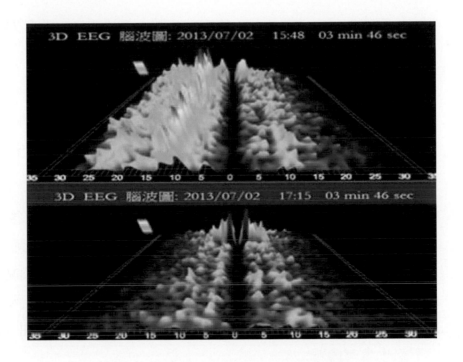

圖 2-11 強迫症治療前後的腦波圖變化

六、腦波在臨床運用上的利基與盲點

1. 到目前為止，全世界腦科醫學界，仍未制定出腦波檢測及判讀的共通標準，臨床運用也並未普及，仍停留在學術研究的摸索探討階段。

2. 十多年來，作者針對每一位初診、複診患者（多為重症）都做腦波（3D EEG）檢測，累積的檢測總數超過 2 萬人，因此有了一定的心得，且建立起獨立的腦醫學思維體系及 3D EEG 判讀心法。

3. 雖然腦波尚未成為診斷腦神經疾病的標準工具，但對於退化性腦神經疾病（巴金森、阿茲海默）、憂鬱症、躁症、強迫症、妥瑞（抽動）症、過動症（ADHD）、睡眠障礙及睡眠呼吸

中止症的非侵入性評估及治療成效追蹤，卻可提供強而有力的證據。

4. 3D EEG 對於自閉症兒及過動症兒童的診斷及評估預後 (prognosis)方面，具有特殊意義。因為 ADHD 高的腦波轉趨正常後，ADHD 症狀也都無例外地大幅改善（見本書第一篇第七章）。

5. 自閉症兒童若有過高腦波，表示其自閉症狀可能是由於腦部後天性發炎所致，經自然療法後，如果 3D EEG 改善，臨床症狀也必然會同步改善，也就是預後(prognosis)較好。反過來說，如果自閉症孩童初診時的 3D EEG 檢測結果正常，表示先天性腦傷的可能性較大。因此，後天治療效果可能較不理想，不過也會有例外。

第三章、神經受損種類及空污對腦神經發育的危害

一、負責修復受損腦神經的神經膠質細胞

　　腦是一個非常精密複雜又脆弱的器官，硬度與軟豆腐接近，因此需要受到外部堅硬的顱骨及顱骨下方的 3 層腦膜保護（圖 3-1）。

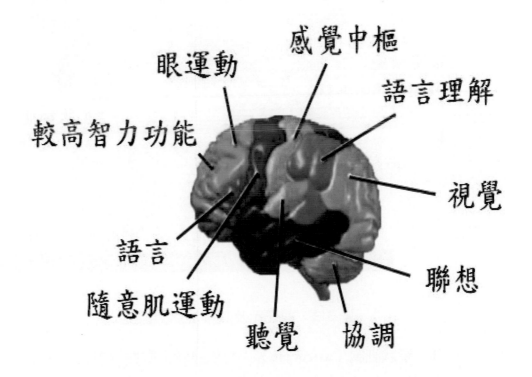

圖 3-1：腦組織外觀及主管功能

　　不過腦並非完全被封閉起來的，因為腦細胞需要經由動脈微血管帶來的氧氣、葡萄糖、脂肪酸及胺酸等營養物質，所產生的各種代謝廢物及二氧化碳等，也必須經由靜脈微血管排出顱骨外，

再經由腎臟尿液排泄掉，大部分二氧化碳也要經由肺臟呼出到空氣中。

　　腦神經細胞被總長約 645 公里的微血管密密麻麻地圍住，總數約 1,500 億個腦神經細胞，辛勤地為我們負責訊息傳遞、分辨、記憶及儲存的工作。侍候神經細胞吃喝拉撒的工作細胞（工人），則被稱為「神經膠質細胞」（neuroglial cells），共分為 3 種：星狀、寡突及微膠細胞（圖 3-2）。

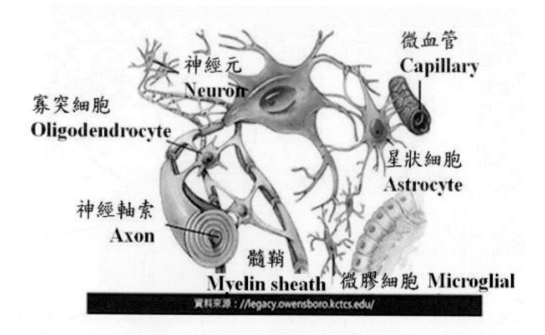

圖 3-2：神經元及其神經膠質細胞

1. **星狀細胞（astrocyte）**：有如負責從微血管中吸取營養及氧氣的工人，再灌輸到神經元（老闆）身上（圖 3-3）。

　　腦神經細胞不具備直接從微血管中吸取養分的能力，需要透過星狀細胞來餵養。星狀細胞的細胞質向外延伸形成無數被稱為終足（endfeet）的吸盤(圖 3-4)，這些類似章魚的腕足，包圍住整個微血管壁 85%的表面積。星狀細胞會主動吃入

（胞飲作用）葡萄糖、脂肪酸（酮體）、胺基酸及氧氣等，再透過另一側的終足，餵養腦神經細胞。

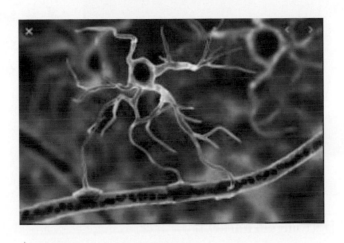

圖 3-3：吸附在微血管上的星狀細胞

終足在微血管上有一開口（可想像成嘴巴），即所謂的血腦障壁（Blood–Brain Barrier，BBB）(圖 3-5)，其功能之一是防止各種不良物質闖入腦內，因此星狀細胞可說是腦組織的守門員。

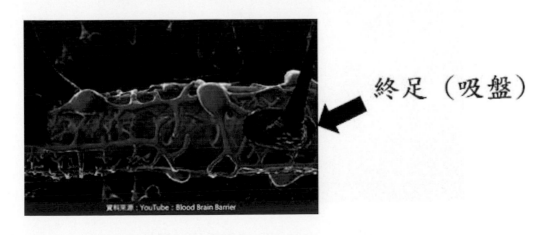

圖 3-4：星狀細胞樹狀突的吸盤（終足）

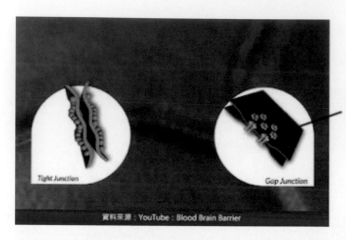

星狀細胞終足
在微血管上的開口
為「血腦障壁」

圖 3-5：星狀細胞在微血管的開口即為血腦障壁

2. 寡突細胞（**oligodendrocyte**）：負責修復老舊受損的神經細胞及
神經軸突（axon），有如修房子的工人（圖 3-6）。

寡突細胞

圖 3-6：寡突細胞修復受損神經軸突

3. 微膠細胞（**microglial cells**）

微膠細胞（圖 3-7 中的白色小點）是負責打掃腦組織環境的工人，它非常微細，可遊走在神經細胞及其軸突間的縫隙，再把吃下的「垃圾」，吐到靜脈微血管中，排出腦外。

顯微鏡下的
腦神經組織

圖 3-7：遊走於神經纖維之間的微膠細胞（白色小點）

二、神經細胞受傷的型態

　　人腦的神經細胞由「「神經細胞體」、「軸突」及「軸突終端」3個主要結構組成 （圖 3-8）。

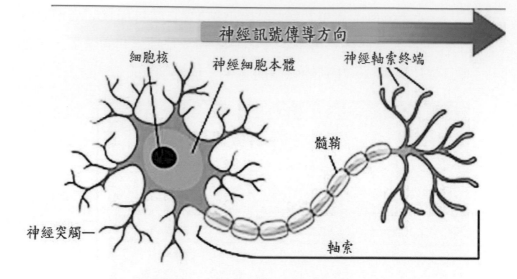

圖 3-8：神經細胞的主要結構

精卵結合後，外胚層逐漸發展成包括腦神經、脊髓神經及皮膚組織。

如果在胚胎、胎兒發育的早期，發生了非常嚴重的差錯，有可能生出無大腦或無小腦等大型缺陷的胎兒，但這不在本書探討範圍之內。本書探討的只是較小範圍、不明部位的微型腦神經細胞發育不全，主要指某些重要的腦神經並未發育好，或 1500 億個神經之間的突觸連接發生錯誤，而導致自閉症、智力障礙及學習障礙等神經障礙。

該有的神經細胞體如果完全沒有長出來，就無「受傷」可言。此處是指完整神經細胞的受傷，可分成神經機能性麻（neurapraxia）、神經軸突損傷（axonotmesis）、神經斷裂（neurotmesis）、神經脫髓鞘、神經細胞本體受傷等型態（圖 3-9）。

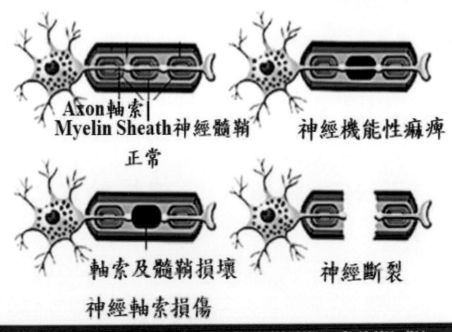

圖 3-9：神經受傷的各種型態

1. 神經機能性麻痺：

　　人蹲久了，會感覺下肢一陣麻痺；手肘尺神經若撞到硬物，會引起尾指及無名指尺側一陣麻木，這些皆屬於神經機能性麻痺。這主要是因為神經的髓鞘暫時性受傷，神經訊號傳不過去所引起。麻痺如果數天內就恢復，都屬於神經機能性麻痺。

2. 神經軸索損傷：

　　指神經軸索有損壞，但神經內膜、束膜及外膜均完好。只要假以時日，絕大部分都會復原。軸突以一天小於 1 毫米的速度生長，由上臂長到指尖約需 6～12 個月。神經軸索好比電線內的銅線，包在銅線外面的就是神經的髓鞘，也就是內外膜。

3. 神經脫髓鞘：

　　脫髓鞘（類似電線脫皮）(圖 3-10，3-11)，是大部分退化性腦神經細胞的初始核心病變，其發生的原因很多，常見的有病毒感染、神經自體免疫疾病、過敏原攻擊及腦神經細胞所需脂肪酸不足等。

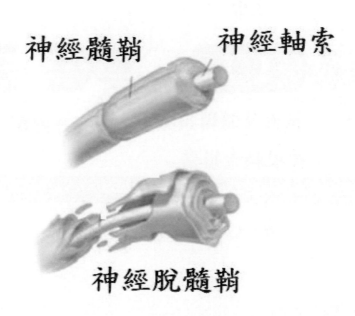

神經髓鞘　　　神經軸索

神經脫髓鞘

圖 3-10：神經脫髓鞘病變

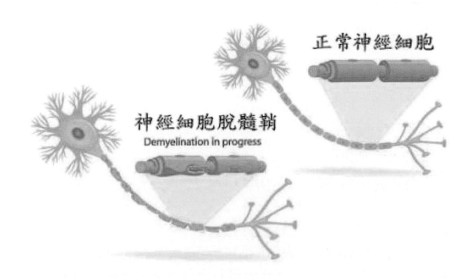

圖 3-11：正常與脫髓鞘神經細胞的比較

4. 神經斷裂：

　　通常是指周邊神經而言，需要以手術做神經再吻合術(圖 3-9右下)。

5. 神經細胞體受傷：

　　神經細胞體若嚴重受傷且無法修復時，則有可能逐漸死亡，最常見於阿茲海默症患者。做電腦腦斷層或磁共振掃描，可以發現腦細胞萎縮。

三、空氣汙染物可穿透血腦障壁，影響胎兒腦神經發育

　　血腦障壁（BBB）存在於微血管及腦細胞之間，微血管壁上有綿密的內皮細胞，形成對血管壁的嚴密封鎖，而內皮細胞之間又有特殊的蛋白質互相連接，形成「緊密連接」（tight junction），

絕大多數不良物質都難以越雷池一步。

　　一般較大分子的化學物質，如藥物等，很難穿透 BBB 進入腦內，這也就是腦癌治療難以採化療而多使用手術、放療、光子刀來治療的原因。但有些抗癲癇或治療精神疾病的藥物，經過特別的研發設計安排之後，就具備可穿透 BBB 進入腦部的能力，從而發揮療效。　血腦障壁功能的發育成熟是漸進式的，經過胚胎（8週前）到胎兒（38 週前），由出生後的嬰兒、兒童、少年至青春期，才逐步發育成熟的。

　　在血腦障壁尚未發育成熟的胎兒時期，某些有害物質如果經由胎盤進入胎兒體內，很容易透過尚未成熟的 BBB 進入胎兒腦內，而可能對胎兒腦神經的發育造成不良影響。

　　2014 年發表於《frontiers in HUMAN NEUROSCIENCE》期刊的研究報告指出，空氣汙染正在改變孩子的大腦，以 2 種懸浮微粒（PM）的破壞力最強，其中一種是大家熟知的細懸浮微粒 PM2.5（粒徑<2.5µm），另一個是超細懸浮微粒 UFPM（粒徑<0.1µm）。

　　工廠廢氣、汽車廢氣、燒紙錢、鞭炮、煙火、抽菸、廚房油煙、裝潢材料等，都會產生 PM2.5 或更細的 UFPM。

　　PM2.5 及 UFPM 被吸入肺中，就會進入血液，甚至由母親的胎盤進入正在發育的胎兒血液中。

　　發育中的胎兒 BBB 功能尚未成熟，PM2.5 及 UFPM 均可輕易進入他們的腦組織，引起腦神經發炎，干擾腦細胞發育，產生毒素及過多的酸及自由基，損害發育中的神經元。

　　腦神經細胞粒線體中的 RNA、DNA 也可能受到影響，誘發變異，進而發生先天性神經功能異常。PM2.5 及 UFPM 最常侵犯的地方就是前額葉（大腦中負責認知、自我控制力的部位）、海馬迴

（記憶力中樞），其他各處也都會受到波及。近年日益增多的自閉症、學習障礙（占學童的 5～10%）、智障等兒童先天性腦神經異常，跟各種工業汙染物的危害有很大關聯性。

根據諸多學術研究報告顯示，工業愈發達，汙染愈嚴重地區或國家，上述先天性神經及情緒障礙的比例就愈高。

哈佛公衛系的菲利普·格蘭吉安（Philippe Grandjean）認為，人腦是非常複雜脆弱的，仍在子宮中發育的胎兒時期，腦細胞最為脆弱，只要有一點損傷，就可能造成先天性的神經異常，就算嬰兒出生後，BBB 也仍持續發育中，一直要等到青春期才比較成熟。例如，單純性後天型妥瑞症，就是由於各種食物中的過敏原（前五名為牛奶、蛋、小麥、黃豆、花生）穿透尚未成熟的 BBB 進入腦部，致使主管運動神經腦迴中的運動神經細胞受損所引發。

四、空污是過動兒愈來愈多的原因之一

小兒過敏氣喘專家黃立心醫師指出，過敏兒和注意力缺損過動似乎有關聯，他研讀了許多相關文獻，證實了這一點。

2013 年 Newman 等人發表於《Environmental Health Perspectives》的研究指出，在出生後的第一年，接觸較多交通空污的嬰兒，其 7 歲時有過動的情形也會比較高；2014 年發表於《Psychiaty Investgation》的韓國研究指出，有過敏性鼻炎的兒童，有注意力缺損過動症症狀的比例較高；2011 年發表於《Environmental research》的德國研究指出，孩子如果在家中接觸到菸害，不專心、過動的風險也會提升。

從圖 3-12 可窺知孩子在學校上學時和放學時，會接觸到多少的細懸浮微粒。細懸浮微粒很容易被其他有毒物質重金屬附著，從在媽媽子宮中開始，這些有毒物質或過敏原就會穿過臍帶、胎

盤到胎兒體內及腦內，而出生後更可能透過母乳或吸入的汙染空氣，接觸到這些物質，再加上之後的口腔期，到處爬、觸摸及吮吸，很容易把這些有毒物質或過敏原吃進肚子裡。

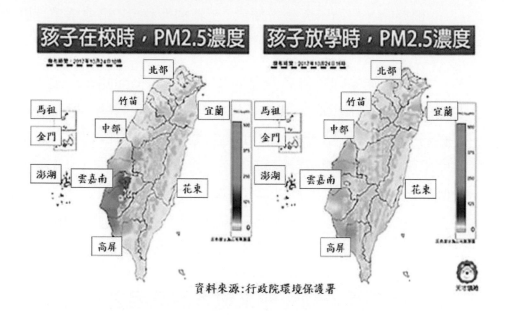

圖 3-12：孩子在校時與放學時所接觸的 PM2.5 濃度

五、空污會讓孩子情緒容易失控、憂鬱

2016 年，發表於 pediatrics 期刊的前瞻性研究指出，4 歲時有過敏性鼻炎的幼童，到了 7 歲時有情緒問題者，高達 3.2 倍；若本身有其他過敏症狀，7 歲時的情緒障礙問題就會高達 4 倍。學者認為這跟大腦處理情緒區域的腦發炎反應有關。

2016 年發表於《Journal of Child Psychology and Psychiatry》的研究，針對 462 位美國孕婦，調查其在懷孕期間暴露到的空污量（都會地區）和孩子長大後（9 歲、11 歲）後自我控制能力與社會能力的關係，結果發現在胎兒期間暴露量較高的孩子，長大後的自我控制能力（self-regulation）與社會力（social competence）

明顯較差。

　　此外，也有學者提出，空污和泛自閉症的發生有很大關聯。

六、PM2.5 會影響孩童的認知發展

　　2015 年公共衛生流行病雜誌《PLOS One》研究指出，在高度空氣污染地區（包含室內與室外的空氣品質），孩子的記憶力和注意力等認知發展的成長較差。

　　因此建議各位家長，在 PM2.5 數值過高時，應盡量避免讓孩子出門，居家空調也可使用具高效能粒子空氣過濾（HEPA）系統的空氣清淨機。如需外出，則應戴上合格醫療口罩，以阻斷部分的 PM2.5。

第四章、兒少神經功能及情緒異常的先天因素

本書介紹的兒少神經功能及情緒異常，以「自閉症譜系障礙」（又稱泛自閉症）為主，包含了注意力不足過動症（attention deficit hyperactivity disorder，ADHD）、注意力缺失症（attention deficit disorder，ADD）、強迫症（OCD）、非典型自閉症、亞斯伯格症（AS）等，並對智能障礙、學習障礙、感覺統合失 調等，作深入淺出的介紹；至於只牽涉到主管運動神經腦迴的單純性妥瑞症，乃是屬於主管隨意運動的大腦皮質出了問題。只有神經的問題，而並沒有精神情緒的異常。

原則上，在嬰兒出生、剪斷臍帶前所發生的一切情況，都稱為「先天性因素」；剪斷臍帶之後才發生的，則叫「後天性因素」。有些特定的神經功能及情緒異常，如典型自閉症、學習障礙、智障等，先天因素占了絕對的重要性，但是 ADHD 及強迫症的後天因素占比較大，而妥瑞患者雖然會受到父母體質的影響（50%的父方或母方血親可能有妥瑞症），但是後天因素影響的比重最大。

然而在門診中，醫師通常不會刻意追問患童母親的懷孕史，因為已於事無補，尤其當其伴侶、孩子、公婆都在場時，懷孕史若問得太多，會使母親承受很大的壓力，甚至產生罪惡感。不過作為一本專書，幫助未來父母避開各類危險因子，是作者的職責所在，因此在本章中，就針對各種可能的先天性因素加以剖析。

一、 父母基因

精子與卵子各自帶有父及母的 DNA 遺傳基因，一般認為，高齡孕母或高齡父親的精卵品質會比較差。不過遺傳基因再優良，也會受到許多在母親子宮內的負面因素影響，而表現得不正常。

二、 母親的健康狀態

1. 母親過瘦、過胖：正常 BMI 應在 18.5～24 之間（BMI =體重 kg/身高 m^2）。

2. 母親年齡太大:（34 歲以上為高齡產婦）或太年輕（青少年懷孕）。

3. 母親有重人疾病:尤其是全身性血管炎、紅斑性狼瘡，以及其他自體免疫疾病、心血管疾病、妊娠毒血症、妊娠糖尿病、腎臟病等。此外，血友病、小腦萎縮症、亨丁頓舞蹈症、黏多醣症（玻璃娃娃）則是明顯遺傳性疾病，容易遺傳給下一代。

4. 母親在懷孕期間或前一段時間，曾服用各種藥物，如 A 酸、免疫抑制劑、類固醇、MTX（細胞分裂抑制劑），或其他會透過胎盤影響胚胎或胎兒的藥物。

三、 孕母的飲食內容

1. 懷孕女性應採用食物成分比例接近母乳的常醣（50%）、常油（40%）、常蛋白（10～15%）飲食，避免飲食偏差。（見本書第二篇第二章）

2. 孕母若採高碳水、低油脂或過高蛋白的飲食，對胎兒腦神經發育將造成極大的不良影響。吃純素的孕母則更有必要補充足量必需脂肪酸及優良植物性蛋白質，避免食用過量的碳水化合物。碳水化合物被歸類為「空熱量」，因為每公克碳水化合物分解而成的葡萄糖，可產生 4 大卡的熱量，但葡萄糖是只能提供熱量的燃料而已。而油脂，尤其是必需脂肪酸，以及必需胺基酸才是構成細胞膜及各種細胞器的主要原料，必需胺基酸好比是建造房屋的鋼筋，必需脂肪酸則有如水泥的重要性。

3. 孕母應補充足量 omega-36 必需脂肪酸，因為構成胎兒腦組織的成分有 60%是來自好油脂，其中以 omega-36 必需脂肪酸最為重要。

4. 碳水化合物中的 8 種必需多醣體，是建構細胞膜天線的材料，有了完整的醣鏈多醣體，細胞間的通訊溝通才會更好。

5. 除了一般健檢，孕母也應追加檢測血液內的維生素 B 群、葉酸及維生素 D_3 的濃度，若缺乏應加以補充。

四、 孕母的心情壓力

過大的壓力會導致孕母大腦下視丘、腦下垂體及腎上腺軸（HPA Axis）失去平衡。腦下垂體為免疫系統的總司令部，HPA軸若失去平衡，必然會導致懷孕賀爾蒙的分泌紊亂，而影響胎兒發育成長。因此準備懷孕前，母親應避免從事壓力過大的工作。丈夫及家庭成員也應多分擔家事，以減輕孕母壓力。

五、 有無做試管嬰兒史

　　試管嬰兒的供卵者，通常會先被施打藥物刺激排卵以便取卵。取出的精子及卵子有時會被冷凍數月、甚至數年後，再取出於試管中受精，胎兒若成功著床在子宮內發育，母親也得持續使用藥物或荷爾蒙製劑安胎，甚至動用免疫抑制劑來對抗排斥反應，因此試管嬰兒的神經發育在多種人為因素及藥物的干擾下，很可能受到不良影響。試管嬰兒也較常產生多胞胎的狀況，一個胎盤要供應多個胎兒，恐不利胎兒發育。

　　目前尚未找到有關試管嬰兒比自然懷孕嬰兒，更容易發生神經功能異常的研究報告，但依個人主觀經驗，在泛自閉症、學習障礙、智障的患童中，試管嬰兒的比例似乎不低。雖然這並非大規模全面性的研究統計資料，作者依然建議因「自然生不出來」而想做試管嬰兒的夫妻，倒不如考慮收養。

六、 嚴重孕吐

　　有不少孕婦的孕吐很嚴重，以致無法提供足夠的細胞原料，作為胚胎發育之用，尤其是腦神經對營養的缺乏往往最為敏感。作者曾發現多位自閉及智障兒的母親，都曾有長時間嚴重孕吐的病史，因此建議孕吐嚴重的孕婦，必須儘快請醫師協助解決孕吐問題。

七、 抽菸或抽二手菸

　　香菸中的尼古丁會引發微血管收縮，導致胎盤血管無法正常供應胎兒營養，長期重度菸癮孕婦所生的新生兒，剛出生時的體

重個頭會比正常孕婦小 1～2 號，也就是有子宮內生長遲緩的現象。

八、 胎兒酒精症候群

酒精進入人體後，會被肝臟迅速代謝成乙醛，乙醛的毒性比酒精還高，對胎兒腦細胞的傷害性特別大。 酗酒或常喝酒的孕母，發生「胎兒酒精症候群」的機率高達 32%，就算不是直接喝酒，若長年累月吃下含有高量酒精的食療補品，也會增加胎兒受到酒精傷害的風險。

研究也發現，酒精會造成末梢血管擴張，而減少子宮動脈血流，導致灌注胎盤的血流減少；也可能直接破壞胎盤，影響胎兒吸收營養，使胎兒無法充分成長發育。酒精也會引起胎兒的血管及臍帶血管收縮，引發慢性缺氧，而影響胎兒正常的生長發育。

孕母酗酒可能會導致胎兒發生先天異常如下：

1.生長遲滯：胎兒可能在子宮內生長遲滯，或是出生後發育不良。

2.小頭症：這是腦部發育障礙的明顯特徵。

3.中樞神經系統障礙：由於酒精會直接傷害腦神經，因此會造成神經先天異常，如協調運動障礙、急躁、過動、精神無法集中、學習障礙、智障等。

4.智力障礙：在子宮內酒精中毒的小孩，智商 IQ 平均只有 68，IQ 在 70 以下則被診斷為智障，可領取重大傷病卡。

5.臉部異常特徵：胎兒酒精症候群患者具有頭的周邊小、鼻樑低、眼角皮膚鬆弛、眼瞼的縫隙短、鼻尖短、臉頰小、人中模糊、上

唇薄等臉部特徵。

6.畸形：有少數會出現外觀或內臟器官的畸形問題，如兔唇、耳朵形成不全、指甲形成不全，以及其他骨骼、肌肉、皮膚、心臟、牙齒等的異常。

九、 孕母吸毒

孕母若吸毒，胎兒也會跟著受害，毒品對胎兒腦組織的破壞性是很大的。比較常見的是母親吸食安非他命，導致剛出生嬰兒發生戒斷症候群。吸食海洛因的孕母，初生嬰兒也都會出現脫癮症狀。孕母若染毒、菸酒成癮，胎兒長大後也會比一般人更容易接受菸酒毒且更容易上癮，因為胎兒在子宮中就已經染過毒癮了。

十、 汙染空氣對胎兒的影響

上一章提過，血腦障壁尚未成熟的胎兒，對空氣中的 PM2.5 及 UFPM 毫無防衛能力，是近代兒童先天神經功能異常及先天情緒障礙驟增的重要因素之一。

十一、 環境荷爾蒙導致性別認同異常

人類把海洋當成汙水池，超過 70 種會干擾人類內分泌系統的化學物質，又稱環境荷爾蒙（endocrine disrupting chemicals，EDCs；分類女性或類男性荷爾蒙），被排放到海洋中，又透過生物濃縮效應及食物鏈進入人體，參與干擾胚胎、胎兒的發育，因此 EDCS 乃青春期後性別認同異常的主要肇因。

十二、 母親懷孕期間曾不正常出血

　　母親有無產前出血、先兆性流產或藥物安胎史也是門診時必問的。 如果是正常懷孕，子宮是不應該會出血的，但如果胚胎基因先天不正常，或子宮環境不適合讓胚胎胎兒繼續發育，子宮就會透過流血或不正常宮縮，來把胎兒排出體外，也就是自然流產，這是一種符合生物都希望生下健康後代的本能自然反應。但是盼子心切的母親往往會為了保住胎兒，而拜託醫生使用藥物來安胎，這樣做恐怕得不償失。

　　孕婦若有產前出血的流產前兆，最好是僅作臥床休息並順其自然，就算胎兒流掉也不見得是壞事。母親把身體調養好之後，再度懷上健康寶寶才是上上策。

十三、 子宮內感染

　　以 TORCH 感染為最常見，其中以巨細胞病毒及德國麻疹病毒最為常見。TORCH 為下列感染病原體的英文縮寫：

　　T：Toxoplasmosis gondii 弓漿蟲

　　O：Other 其他，如水痘、梅毒、人類免疫缺陷病毒（HIV）

　　R：Rubella Virus 德國麻疹病毒

　　C：Cytomegalovirus 巨細胞病毒

　　H：Herpes Simplex Virus 皰疹病毒

十四、 胎兒營養不良

　　胎兒營養不良是各種子宮內環境不佳引起的結果，而非原因。舉凡長時間妊娠嘔吐、孕母飲食方式錯誤、胎盤過小、子宮內感染、胎盤鈣化、多胎，以及母體有糖尿病、高血壓、妊娠毒血症、子癇症、腸躁症等，而無法吸收到足夠營養來供應胎兒，都會影響胎兒的成長及腦部發育。

十五、 宮內生長遲緩及胎兒小於妊娠年齡

　　胎兒子宮內生長遲緩（Intrautcrinc fctal Growth Restriction, IUGR）或胎兒小於妊娠年齡（Small for Gestational Age, SGA），兩者意思接近，可混用，都是指妊娠 37 週齡的胎兒出生體重不足 2500 公克，頭圍及身長也可供參考。可分為對稱型及非對稱型生長遲滯 2 種。

　　前述 14 種因素都有可能導致 IUGR 及 SGA。以常理推斷，IUGR 及 SGA 嬰兒日後天生神經功能異常及情緒障礙的發生率，應該遠高於正常嬰兒。

對稱與非對稱生長遲滯的原因及結果

	對稱型生長遲滯	非對稱型生長遲滯
發生原因	胎兒因素為主	母體因素為主
發生時間	懷孕期間	懷孕末期
臨床表徵	頭圍、身長及體重均較	頭圍、身長正常、體重較

	小	小
嬰兒重量指數	介於第十到九十個百分比	小於第十個百分比

對稱及非對稱型生長遲滯的臨床問題

	對稱型生長遲滯	非對稱型生長遲滯
新生兒窒息	少	多
呼吸問題	少	胎便吸入、氣胸
持續性肺高壓症	少	多
低體溫	少	多
低血糖症	有，但較輕微	多，且嚴重
低血鈣症	少	有
紅血球增生症	少	多
先天性感染比例	高	低
先天性畸形比例	高	低

十六、 分娩時意外

分娩時的胎盤早期剝離、臍帶繞頸、羊水過多或胎兒羊水吸入等，均有可能造成胎兒腦部缺氧，進而引發日後的神經功能及情緒異常或腦性麻痺等。為了避免分娩時的意外，孕婦應做定期產檢，並確實遵循醫師的指示。

十七、 母嬰血型不合引發新生兒溶血

ABO 血型系統的新生兒溶血病，最見於 O 型媽媽與 A 型胎兒。由於母體存在與胎兒血型不相容的抗體，此抗體經由胎盤進入胎兒的血液循環中，發生抗原抗體免疫複合反應，因而引起出生後嬰兒的紅血球溶血病。若是在懷孕中就發生且情況嚴重，可能會引發早產、流產、死胎、新生兒溶血性貧血、水腫或核黃疸後遺症，造成智能低下等併發症。一般而言，新生兒溶血的症狀並不嚴重，如果孩子能順利出生，黃疸現象只要及時做藍光照射及藥物治療，即可緩解。

十八、 就算嬰兒外觀正常，也要密切關注孩子的 發展情況

人腦比太空梭中的電腦還要複雜許多，分布在所有腦及脊椎組織中的神經細胞約有 1500 億個，每一個腦神經細胞又會長出 1000 個以上的鬚狀「突觸」，這些突觸又跟其他神經細胞的突觸相接。

這就就好比一部電腦的某一零件，具有 1000 條與其他零件相連的外接電線，假設這些電線的互連必須 100%正確，才能確保電

腦成品的各種功能都正常，也就是良率才會達標。製造芯片的過程中，如果遭遇停電或超大地震，芯片就會受損，既使不是報廢，不良率也會飆高。

人腦可容忍的誤差比較大，也因此形成人各有不同性格的生物多樣性，但在子宮內發育的胎兒，仍需要良好穩定的環境，否則就容易導致先天腦神經細胞發育不全、突觸連接錯誤，因而引發各種先天性的神經功能及情緒異常。

懷孕生子本來就是一種風險極高的神聖使命，就算排除了以上因素，生產時沒有發生子宮無法收縮大出血或羊水栓塞等會危及母親生命的生產併發症，出生嬰兒外觀也都無異常，但也無法保證嬰兒日後不會出現神經功能及情緒異常。因此孩子出生後，媽媽應隨時保持警惕，以驥早日發現異常，並採取有效方法來加以補救。

第五章、如何治療兒少神經及情緒異常障礙？

看完上一章，大家應該可以深刻體會到，先天因素在兒少神經功能及情緒異常中所占的比重很大。成人的精神疾病雖然跟遺傳基因體質有關，但後天因素占了比較重要的位置。然而兒童少年的典型自閉症、智障、學習障礙、感覺統合異常等，都屬於先天腦神經細胞發育不全、突觸連接錯誤所導致的。

至於症狀較輕微的非典型自閉症及泛自閉症，也跟胎兒期腦神經細胞的受損有些相關，雖然受損程度輕重有別，但那並非後天才發生的精神「疾病」，而是與生俱來的「障礙」。

一、 人腦細胞是可再生的

人由胚胎開始，腦組織就會不斷發育增加新的腦神經細胞，以及增加新的神經突觸連接。由於人有思考及儲存記憶的需要，因此腦的「海馬迴」每天都能重新生成新的神經細胞，神經細胞上的新生突觸數量也會持續增加及再連結，這是終生都在持續進行的事。

澳洲失智症專家麥可·華倫祖拉博士（Dr. Michael J. Valenzuela）指出，現在科學已證實，人類就算進入老年，每天還是會生成大約 5000 個新的腦細胞。集中出現新神經細胞的區域，就是海馬迴，這裡不僅與記憶有關，也跟辨認空間的視覺功能相關。

人的大腦在 25 歲時長到最成熟飽滿，人腦每天持續損失大約 10 萬個腦細胞，但腦神經細胞也會一直新生，但是到了 26 歲以後，新生腦細胞的數量就有可能少於消失的腦細胞。

二、 優化患童腦內環境，促進神經新生及連接

即使孩子因為先天因素，導致各種腦神經、情緒異常或障礙，也並非只能聽天由命，還是可以經由後天努力來補救的。出生嬰兒只會啼哭，後來發展到會翻身、會坐、會爬、會走路、會說完整的話語，就說明出生後腦細胞仍在持續新生發育及產生新的神經突觸連接，乃至逐漸發展為成熟正常個體。

再以語言區受損不會說話、運動腦神經受損半癱瘓的中風患者為例。往往經過復健訓練 1～2 年後，語言及肢體運動就逐漸改善，恢復正常的也大有人在，這都是神經細胞可再生、神經突觸可再連接的鐵證。

各級特教老師、家長及神經精神科，大多僅偏重正向刺激、教育訓練及行為矯正等，大多都忽略了要給予患者足夠的細胞原料，來修復腸腦漏及受損的神經，這是治療上的盲點。

作者花了 13 年時間，治療過數千患童，根據臨床經驗總結出可促進神經新生及連接的方法。 此療法的基本原則，適用於所有的神經異常及情緒異常障礙兒少，甚至成人精神疾病也一樣適用。概述如下：

1. 做 3D 立體腦波（3D EEG）及自律神經活性檢測（HRV）

這 2 種檢測可評估患者腦部異常放電或不放電狀態，並作為追蹤治療成效的指標之一。

2. 驗血找出會引發高抗體的過敏食物，避免食用（見本書第二篇）

最易引發人體腦細胞發炎的前五名食物依序為：牛奶、蛋、小麥、黃豆、花生。幼兒的血腦障礙（BBB）尚未發育成熟，大分子蛋白質（過敏原）極易穿透 BBB 進入腦內，如果導致主管

運動肌肉的腦迴中的神經發炎，就會引發妥瑞症；如果引起主管情緒的腦迴發炎，則會引發注意力不集中過動症（ADHD）。有部分妥瑞及 ADHD 兒少進入青春期後，症狀就會自行改善或痊癒，這可能與 BBB 已發展成熟有關。

3. 排除腦細胞內的酸及自由基中毒

放置多部電腦主機的房間，最好能維持 25°C 恆溫，過高或過低的溫度，都有可能導致電腦功能故障。人腦比電腦更脆弱，人體除了維持正常溫度很重要，人體細胞內的酸鹼也必須維持在 pH7.2 的弱鹼性恆定值，否則神經傳導速度及神經傳導素的釋放均會受到干擾（詳見本書第二篇第五章）。

要把腦神經細胞內過多的酸性物質及毒性自由基排出，最安全迅速的方法就是吸入水電解氫氧氣（$2H_2+O_2$）。這是一種新興療法，氫氣 H_2 在日本及中國大陸均已被列為正規醫療氣體，在醫學中心的加護病房及急診室已普遍用於急救，對於各種重症，甚至降低新冠肺炎的死亡率也發揮過極大作用。

4. 減少空熱量（葡萄糖）攝取，補充必需脂肪酸

腦組織有 60% 為油脂，因此吃好油（必需脂肪酸）可以補腦。相反的，碳水化合物會轉化成葡萄糖，葡萄糖的燃燒效率比脂肪少 27%，會產生比較多的酸，導致腦細胞酸化。人不論年齡大小，足夠的必需脂肪酸都是絕對必要的。兒少的腦神經細胞仍處於可旺盛再生的時期，如果能給予「全面性」的腦神經細胞所需的正確處方，矯正成功的機率必然大為增加。若能遵照每公斤體重每天攝取 1 毫升必需脂肪酸（Omega36）植物油的做法，補充修復腸腦漏及受損腦神經所需原料，患者常可感覺異常神經或精神症狀快速獲得調整。

5. 促使進入深層睡眠（見本書的一篇第十五章）

有許多患童都有睡眠障礙，雖然兒少很少會說他們睡不著，但如果睡眠中一直翻來翻去睡不安穩、會磨牙、講夢話、夢遊、尿床、甚至盜汗（額頭冒汗或衣服濕透），都屬於有睡眠障礙。

人必須進入深度睡眠，腦部修復機制才會啟動，第二天才會有精神。如果執行前面提到的避食過敏食物，用氫氣排掉酸與自由基，再加上服用足量 omega-36 必需脂肪酸之後，睡眠仍未改善，則可增加服用維生素 B_3、鎂離子（Mg^{++}）、GABA 或使用醫療用大麻二酚 CBD。

第六章、腸躁、腸腦漏與神經精神疾病的關係

一、腸胃道是消化，也是主要免疫器官

連接由口腔到肛門的管道稱為消化道，成人男性的消化道有 6.5 公尺長，成人的皮膚面積只有 2 平方公尺，但是有著無數皺褶 (見圖 6-1)的小腸加大腸總面積加起來卻高達 260 平方公尺，是皮膚的 130 倍，也等於是一個網球場的面積。

腸道黏膜集結了人體約 70%的免疫細胞，再加上淋巴組織發達，因此腸道不但是消化器官，也是人體的主要免疫器官。

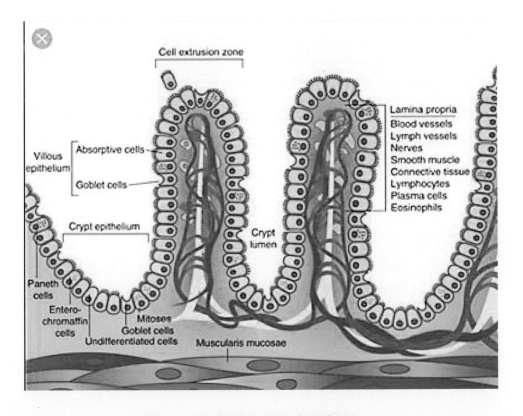

圖 6-1：腸黏膜表面有無數皺褶

二、胃腸道是第二大腦

胃腸道是頭腦的後勤供應部門，腦神經細胞所需的所有巨量營養素（葡萄糖、脂肪酸、胺基酸）、微量元素及維生素等，無一不是由胃腸道消化吸收後供應的。人一旦食物攝取錯誤，或發生胃腸道消化吸收功能不良，如腸躁症等，就會導致全身，尤其是腦神經細胞營養不良。

此外，腸道本身或腸道中的益菌還會製造 50%的多巴胺（dopamine）及 95%的血清素（serotonin）等神經傳遞物供大腦使用，所以胃腸道也被稱為第二大腦。多巴胺足夠時，會令人有幸福快樂感，因此多巴胺不足的巴金森氏症會出現撲克臉；血清素若不足，則人會有憂鬱症，可見人的喜怒哀樂等情感，是有很大部分受到腸道影響的。

大腦發出的神經指揮訊號，加上腸胃道回饋給大腦的訊號，占了大腦神經對外聯絡訊號的90%，可見大腦與第二腦間有密不可分的連動。再者，胃腸道有 5 億個神經細胞，跟其他器官比起來，擁有最多神經元，可說比許多小哺乳動物的腦神經細胞還要多。

然而腸道中的菌相若不平衡，也會導致大腦受損。腸道中的菌大致分為好菌、中性菌、壞菌 3 種，如果好菌占優勢，中性菌剛剛好，而壞菌居弱勢，則屬於腸道菌相平衡，大腦就會健康；反之，若壞菌野蠻生長，則人體健康就岌岌可危。

三、腸躁症對腦的影響與常見症狀

腸胃道負責提供大腦燃料及修復受損腦細胞的原料，然而如果因為飲食的內容或方式不當，使消化吸收過程出了問題，造成

了腸躁症（Irritable Bowel Syndrone, IBS），進而引發腸漏腦漏，就會影響到腦神經細胞。

　　腸躁症是一種很常見的門診疾病，根據保守估計，其發生率約占人口的 10%～20%，也曾有文獻指出高達 60%的人有腸躁症，因為許多糖尿病、高血壓、失眠、恐慌症等的患者，幾乎都有消化道的困擾。更精確地說，他們都是因為有腸躁症才誘發各種疾病的。依作者的臨床經驗，這種說法一點也不誇張。

　　腸躁症的症狀很多樣化，每位患者的主訴都有所不同，就算是同一個人，在不同時間、地點、氣候、季節，也會有不一樣的症狀。腸躁症是一種僅憑病史訴求就可以下診斷的疾病，也就是說沒有客觀的診斷標準，胃腸鏡或超音波也不見得有用。茲將常見症狀列舉如下，通常只要符合其中的 3～4 個症狀，就可診斷為腸躁症：

1. **腹脹**：進食後，上腹鼓起，敲打有鼓脹聲，從而引起沒胃口，食不下嚥，食慾降低。

2. **打嗝**：食物排空時間變長，可能是因為小腸菌叢數量過多，而食物發酵產生氣體，腸子蠕動差，只好由口部打嗝出來，打嗝出來的味道，常帶有前一餐食物的味道。

3. **屁多**：一直放屁也是腸躁症患者常見的主訴，不過屁多的人因為小腸內氣體可往下排，反而比較不會打嗝。

4. **噁心反胃**：由於消化不良及脹氣，因此見到食物就會噁心反胃。

5. **腹痛**：有些人是隱約腹脹到有痛感，有些人則是腹絞痛，排便後往往可緩解。如果一開始只是一般腸躁症的症狀，

最後出現了腹痛再加上鮮血便及貧血，就可能已演變成克隆氏症或潰瘍性腸炎了。

6. **大便不成形**：同時糞便可能有未完全消化、看得出食物原形的物質，表示消化能力差，糞便常帶有黏液。

7. **排便次數增加**：每日 3 次以上，且伴隨大便不成形，甚至時常水瀉。

8. **腹瀉便祕交替循環**：若進入便祕期，有時 3 天以上、甚至1 週都沒有便意。

9. **排便感覺改變**：必須很用力、急便、感覺排不乾淨等。

10. **油便**：如果吃比較油的食物時，除了便不成形外，馬桶上還會浮一層油，稱為「脂肪瀉」，表示對油脂的消化吸收有問題。

11. **幽門桿菌感染**：幽門桿菌易引起胃或十二指腸發炎潰瘍，正常胃液酸鹼值在 pH0.9～1.5，可在數分鐘內殺死細菌。胃酸不足者才容易長幽門桿菌，目前所謂的主流療法卻反其道而行，都使用制酸劑來降低胃酸，再加上口服紅黴素（ilosone）來殺幽門桿菌，結果把許多好菌也一併殺死，而只留下壞菌。

12. **易胃食道逆流**：胃液為強酸，食道需要中性（pH7）左右的環境，食道與胃交接處（賁門）的括約肌若閉鎖不全，胃酸就會往上逆流至食道，這時人就會有「火燒心」感、吐酸水、胃酸灼傷聲帶導致聲音沙啞、口苦、蛀牙、夜咳（胃酸入肺）。

13. **胃灼熱感**：可能有消化性潰瘍。

14. **整體健康受損，免疫力降低**：腸躁症患者由於胃口差，又消化吸收不良，長期下來可能會導致體重減輕、貧血、脂溶性維生素 A、D、E、K 缺乏，維生素 B 群也缺乏，維生素 B_{12} 若缺乏則會引發巨球性貧血或多發性神經疾病。

15. **精神情緒睡眠障礙**：絕大多數較嚴重的腸躁患者，都會併發腦漏（leaky brain），引發各種精神情緒障礙，如睡眠障礙、憂鬱、緊張、焦慮、頭痛、頭暈、易疲倦等，罹患其他各種精神疾病者也常見。

16. **克隆氏症與潰瘍性結腸炎**：這兩種發炎性腸道疾病（IBD）都是腸躁症的惡化版，除了有上述症狀，其特徵就是小腸或大腸有潰瘍，因而併發血便及嚴重營養不良等。

腸躁症最麻煩的是沒有藥物可以治癒，頂多只能減輕症狀，根本方法還是抽血找出不可食的高抗體食物，並執行常醣常油飲食（見本書第二篇第二章）。

四、腸躁症與小腸菌叢過度增生的關聯性

近八成的腸躁症患者有小腸菌叢過度增生（Small Intestine Bacterial Overgrowth,SIBO）的現象。有人把 SIBO 視為另一種疾病，事實上，SIBO 與 IBS 的大部分症狀相同，自然療法也相同。

人所吃下未煮熟食物中的微生物種類，其實非常多，但是胃酸酸度很強，可殺死大部分的細菌、黴菌、原生蟲。

胃也靠蠕動的機械力量把食物磨碎，食物通過十二指腸時，膽汁就分泌出來乳化油脂，胰臟則分泌脂肪酸、澱粉酶及蛋白酶來幫助消化，被消化成乳糜狀的食物經由小腸吸收，殘渣進入大腸，

由大腸中的 600 兆個益生菌接手，對食物殘渣行發酵作用。大腸益菌可製造出大量的短鏈脂肪酸及各種維生素，對人體、尤其是腦細胞有重要作用。

食物在上消化道（胃、小腸）中，主要是進行機械及化學性的消化作用，這兩部位細菌是非常少的。在小腸內過度生長的細菌，都不是像霍亂、沙門氏菌那樣的致命性壞菌，而可能像大腸中的益生菌，只是長錯了地方，以致本來應該要進行化學消化作用的小腸，卻反而像大腸那樣，發酵起食物來了。

小腸發酵所產生的氣體，會使人腹脹、打嗝、噁心反胃、屁多、腹瀉或便祕交替、腹痛等，導致消化吸收不良，並且造成腸漏、甚至腦漏。

小腸菌叢過度增生的對策：由於小腸菌只會以澱粉等碳水化合物為食物來繁殖，而無法利用油脂，因此只要持續 1～2 個月做「斷醣生酮飲食」，就可以餓死過多的小腸菌，腹部脹氣感很快就會消失。

五、腸躁症引發腸漏的機轉

腸躁症患者幾乎都有腸漏的問題，腦漏的發生率也必然很高，但有程度上的不同，而腦漏症是精神神經疾病的源頭之一。

當必需脂肪酸 omega-36 攝取不足，就容易產生腸漏症，而無法抵擋大分子蛋白質（過敏原）及菌類碎片等進入血液中，這些物質再穿透破損的血腦障礙壁(BBB)進入腦中，便容易造成腦神經發炎。

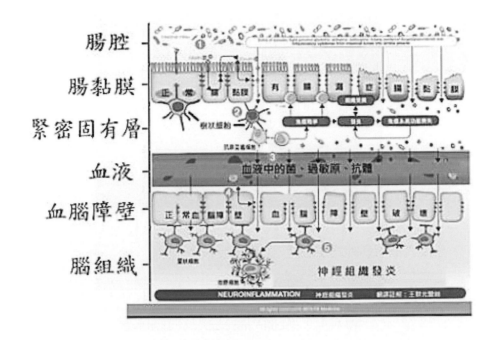

腸腔

腸黏膜

緊密固有層

血液

血腦障壁

腦組織

圖 6-2：正常的腸黏膜及血腦障壁 vs. 有腸漏症的腸黏膜及異常
血腦障壁

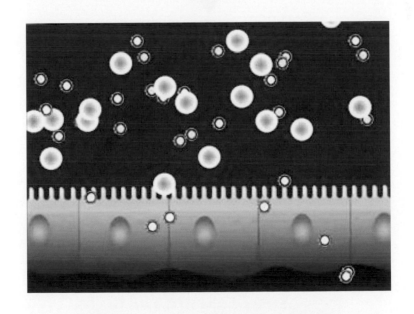

圖 6-3： 正常的腸黏膜及血腦障壁

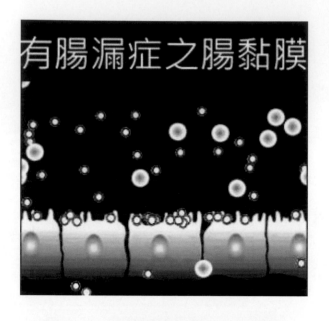

圖 6-4 ： 破損的腸黏膜及血腦障壁

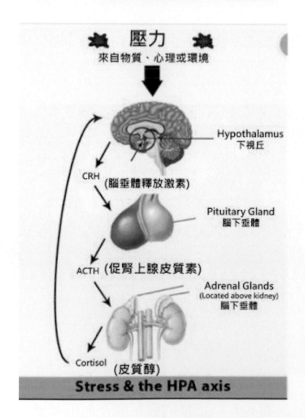

圖 6-5：下視丘−腦下垂體、腎上腺軸心(HPA axis)被激化

六、腦漏症引發腦神經發炎疾病

　　腦組織內的免疫保安系統，乃是由極細小的微膠細胞（microglia）負責，微膠細胞除了能抵禦外敵侵略，也同時擔任腦組織清潔工的角色。

　　上述各種應激物（造成緊張的刺激物）一旦大量入侵腦組織，就稱為腦漏症，而上述不該進入腦組織的物質，一旦大量因腦漏症進入腦組織，擔綱治安工作的微膠細胞將應付不了，使得原本只在微血管中巡邏的巨噬細胞、甚至肥大細胞，只好緊急支援，經由破損的血腦障壁處進入腦組織中，在腦內爆發大規模戰爭，戰火也會波及正常的腦神經細胞，因而引起腦細胞發炎受傷。

　　腸漏及腦漏症會引發各種神經精神疾病。最典型的便是妥瑞症（tics）及注意力不足過動症（ADHD）。當主管隨意肌運動的腦迴，因為上述的免疫大戰而受傷時，腦神經細胞會大喊救命，釋放出 13～30 赫茲的腦波，於是人體肌肉就發生了無法用意志力來壓抑的動作，或發出聲音。

　　不過在傳統精神神經醫學中，往往認為妥瑞症是原因不明，且無特效藥可醫治的（藥物可能只有一點效果）。然而在作者的門診裡，只要經由抽血找出過敏食物且避免食用，再服用修復腸腦漏的處方後，絕大部分的妥瑞症患者都可在數週或數月之內痊癒，治療前呈現異常的 3DEEG β 腦波也都會恢復正常。

　　除了妥瑞與 ADHD 之外，腦漏也會引發其他後天性的腦神經及精神疾病，例如：多發性硬化症、精神分裂（思覺失調）、阿茲海默症及巴金森氏症等，這些都與腦漏症及腦細胞營養不良有關。大部分後天性的精神神經疾病的器質病變，都是由於腦神經發炎的結果，會導致腦神經細胞的器質性病變，器質性病變所表現出

來的外在症狀，有可能被歸類在神經疾病或精神疾病的兩大類中。其實兩者有時候很難加以區分，。

　　腸漏及腦漏症的啟動開關是解連蛋白（zonulin），根據研究，解連蛋白是許多疾病的指標，如乳糜瀉、腸道發炎（腸躁、克隆氏、大腸潰瘍症）、第一型糖尿病、氣喘或部分癌症等的患者，都曾被發現有解連蛋白生化指標偏高的現象。

第七章、ADD 與 HD 的異同成因及治療

全世界傳統精神醫學分類，都把注意力缺失症（ADD）及過動（hyperactive Disorder，HD）合併稱為「注意力不足過動症」（ADHD），但根據作者十多年來治療過數千位此類患者的自然療法臨床經驗，用來重新整理新創的更合理分類中，雖然保留了 ADHD，卻特地把 ADD 獨立分項出來。因為 ADD 與 HD 的臨床表現是截然不同的，況且有很大比例的學習讀寫障礙童的症狀是 ADD，也就是說有很大比例的 ADD 患童，其真正的障礙核心，其實是有學習讀寫聽障礙。

一、 ADD 及 HD 的異同

在自然療法上，ADD 與 HD 的治療方法雖然大同小異，但其症狀成因轉機、EEG 腦波、HRV 自律神經表現、臨床症狀、治療效果及預後評估等，卻有很大的不同。有很大比例的 ADD 學童，是因為有先天性的學習障礙而引起的。

ADD 與 HD 的臨床症狀表現不同

在問診時，患者到底是 HD 抑或是 ADD，其實很容易區分，尤其是已經上小學的兒童更容易觀察。HD 患者經常會打斷老師授課，嚴重的還會在教室中遊走，或到走廊、操場上大叫，平時易動怒、打人等。

相較於 HD 患者在肢體上有過大的動作及侵略性，ADD 患者卻反而顯得過度安靜（hypoactivity），所以作者常戲稱大部分 ADD 患者都是屬於「過不動」。ADD 者就算有一些動作，通常也僅止於東張西望，或身體扭來扭去，給人坐立難安的感覺。ADD 孩童的學習障礙比例很高，雖然欠缺客觀統計數計，但 ADD 患者的

臨床症狀跟學習讀寫聽障礙者的重疊性很高，因此建議家有 ADD 學童的父母，都應幫他申請做學習障礙鑑定。

對於表現出 HD 的兒少，雖然醫學界慣用 ADHD 來作為其診斷名稱，卻有很多 HD 的父母卻不認同孩子有 ADD，他們都會說孩子很聰明，成績也很好，老師上課內容都有聽進去，只是喜歡搗蛋而已。

根據臨床觀察，大多有過動(HD)症孩童的父母，大都不認為小孩有 ADD 的困擾，他們往往認為小孩只是有過動而已，這些只有 HD，而沒有 ADD 表現的兒少，通常在異常 β 腦波消失、轉為正常腦波後，就不再有干擾課堂秩序的過動行為，而成為十分正常的學生。只有單純 HD，而沒有 ADD 的孩童，有學習讀寫聽障礙的可能性其實也是很少的。

反觀一開始被形容為易分心、恍神、讀書易漏字跳行、考試漏題的，並沒有過動表現，而只有 ADD 的兒少，在治療上卻要比治療 HD 更難，需要花費更多的精力、時間，這可能跟 ADD 患者的學習讀寫聽障礙比例較高有關。

ADD 與 HD 患童的 3D 立體腦波不同

ADD 兒童腦波(3D EEG)的 β 腦波比同齡正常兒童的腦波低（異常）很多，而 HD 兒童的 β 腦波卻高（異常）很多。經過完整自然療法治療後，這種超高的異常 β 腦波絕大部分都會降為正常，而過動行為也會隨之呈現戲劇性的改善，連帶強迫性思考或不符合常規禮儀的脫序行為，也會跟著改善；但 ADD 兒童在治療後，過低的 β 腦波卻不見得會升高。

HD 兒童之所以無法集中注意力，是因為有過動的 β 腦波而繼發性地集中不了，只要 β 腦波轉趨正常，不但不再有過動的表

現，注意力也可以獲得改善，這跟 ADD 兒童的原發性注意力無法集中，是完全不同的。

自然療法效果的不同

妥瑞症、ADD、HD 三者的自然療法雖然大同小異，治療效果方面，單純妥瑞症的治癒效果最高，幾乎高達 95～99%； HD 的治癒率也高達九成以上；而只有 70%的家長對 ADD 的治療效果感到滿意。

二、 ADD、HD、ADHD 的病理機制與妥瑞症類似

依據統計，台灣約有 5%～7%的學齡兒童，也就是有二十多萬的小朋友被 ADD、HD 或 ADHD 所困擾，而男童與女童患病比率為 3：1。

研究也發現，若 ADHD 於幼年期發病，會有 30%～70%患者的症狀持續到青少年及成人，但成年的 ADHD 患者則沒有明顯的性別差異，整體而言，台灣約有 2%成人患有 ADHD。

根據研究指出，ADHD 患者大腦的多巴胺和正腎上腺素的分泌量，比同齡者來得低，無法有效篩選進入大腦的訊息，因此行為控制的能力不足，進而產生過動及衝動的症狀，但推測這是腦細胞發炎而導致的結果，而不是初始原因。

遺傳基因也扮演了很重要的角色。由於皮膚及腦組織都發育於胚胎時期的外胚層，作者在門診曾見過 5 組以上外表極為相像的祖孫三代，都同樣罹患 ADHD、強迫症及亞斯伯格症。

ADD 與 HD 除了部分與遺傳基因有關，腦細胞過敏也是關鍵

成因，尤其是血腦障壁（BBB）較不健全者。單純性 HD 跟單純性妥瑞症（tics）的致病原因幾乎是一樣的，都是跟大分子「蛋白毒」（過敏原）穿透 BBB 進入腦部而引起腦細胞發炎有關；兩者不同的是，tics 患者受到影響的是主管隨意肌腦迴中的腦神經細胞，而 HD 患者則是主管情緒的前額葉腦迴受到影響。 這是作者個人十多年來的臨床觀察及治療心得。這心得結論其實跟傳統的精神醫學或小兒精神醫學的觀點大異其趣。

三、 ADHD 二大核心及三大特徵

作者雖然傾向於把傳統的 ADHD(注意力不集中過動症)分成 ADD(注意力無法集中)及 HD(過動)兩個部分來討論，如前述。但是由於傳統正式文獻分類中，都還是維持在 ADHD(注意力不集中過動症)的論述。因此，本小章節又恢復採用 ADHD 來作為論述。ADHD 包含兩個核心，一為注意力缺失，另一為過動。其症狀則有三大特徵：

1. 注意力不集中（inattention）

易被教室窗外風景、同學說話的聲音等吸引，而分散注意力，無法專心聽老師講課。正常兒童有自我抑制能力，但 ADHD 兒童即使不斷被耳提面命或指責，也無法改善表現，所以在老師眼中，有些 ADHD 兒童是非常漫不經心的學生。

2. 過動（hyperactivity）

有些 ADHD 兒童上課時，會在未經許可下，擅自離開座位，到處跑跑跳跳，就算坐著，也會不停擺動手腳，活動量比正常兒童要大許多。如果被迫長時間保持不動，他們會感覺非常不自在，似乎非要動一下不可。這種過動情形不分場合，只要他醒來，眼睛一張開，就會想動。除了動作，他們有時也會說出不該說、不

得體的話，卻難以接受教導而有所改善。ADHD 兒童的憤怒、挫折感、傷心、高興等情緒性反應，也會比一般兒童更為頻繁及強烈。老師常會在給家長的聯絡簿上，寫滿學生的各種意外狀況，情況嚴重者在老師心目中，根本就是問題學生。

3. 衝動（impulsivity）

衝動性是指在抑制反應上有困難，例如：在尚未深入思考前，就做出衝動行為。ADHD 兒童雖然能了解必須遵守紀律，卻忍不住想動，所以才會衝動地做出令人意外、甚至違規違法的行為。作者之前擔任新竹地方法院榮譽觀護人時，發現在監獄中的暴力犯及少年觀護所的受刑人中，有 ADHD 衝動特徵的比例特別高，身為 ADHD 的父母們也常為此擔憂不已。

四、 與 ADHD 並存或繼發的障礙

ADHD 表現出來的症狀，被列為泛自閉症障礙的一種亞型，因此患童很可能會同時具有其他泛自閉症的特徵，也可能有因長期無法進入深度睡眠，而併發的各種繼發性神經精神障礙。

1. **睡眠障礙（見本書第一篇第十五章）**：睡眠障礙包括翻來覆去睡不安穩、磨牙、說夢話、尿床、夢遊、中樞或週邊型睡眠呼吸中止症、多夢、睡夢中驚醒、盜汗、起床氣重、睡醒仍覺得很累、快速動眼期睡眠障礙等，有些人則會有猝睡症。

2. **對立反抗與行為規範障礙（oppositional defiant disorder & conduct disorder）**：約有 30~50%的 ADHD 兒童會容易跟人對立反抗，男童的比率尤其偏高，當他心情不好時，會破口大罵或推擠，甚至會展現暴力。通常被評為個性固執、易怒、情緒起伏大，且會做出反抗體制的行為。

3. **憂鬱症**：研究顯示約有 1/3 ADHD 兒童患有憂鬱症。症狀包括鬱卒、沮喪、愛計較、注意力無法集中、記憶發生障礙、與朋友互動不良、活動不足、自我嫌棄及想法負面等。要評估一個人是否有憂鬱症，可請他填寫貝克氏憂鬱症量表，此量表有 21 道必須回答的問題，得分在 13 分以下為正常情緒起伏，得分在 29～63 表示「有輕中重度憂鬱症」。

請掃描 QR code，填寫憂鬱症量表

https://drwang93.blogspot.com/2019/10/blog-post_16.html

4. **妥瑞氏症**：當過敏原同時波及主管隨意肌的腦迴中的腦神經胞，ADHD 兒童就會併發妥瑞症。

5. **強迫症（見本書第一篇第十二章）**：可概分為強迫性思考及行動上的強迫症，或兩者並存。

6. **躁鬱症**：躁鬱症（bipolar disorder，MDP）是一種躁鬱交替的極端性情緒，高昂的情緒（躁症）與低落的情緒（憂鬱症）交替。躁症的症狀有：情緒變化非常大、過度自信、活力充沛、多日沒睡也不疲倦、話變多、大膽勇敢、會反覆做出危險動作等。鬱症的症狀有：煩躁、情緒低落、持續性憂傷、無法解釋的哭泣、會有自殺念頭、無法感到快樂、頭痛、腹痛等身體不適、也會全身無力、疲倦、無法集中精神、感覺生活很枯燥等。

7. 有亞斯伯格症特質 （見本書第一篇第十一章）

8. 有些 **ADHD** 患者也會有學習障礙及智力障礙等。

五、 ADHD 的致病因素

在權威的「精神疾病診斷與統計手冊」第五版（Dignostic And Statistical Mannual Of Mental Disorders，DSM V）中，把典型非典型自閉症、ADHD、亞斯伯格症、雷特氏症都歸類到「自閉症譜系障礙」（autism spectrum disorders，ASD）中。其他的神經功能異常，還有學習障礙及智力障礙等，則未被列入 ASD 中。

所謂光譜（spectrum）就像界於 400 奈米至 700 奈米的可見光譜一樣，波長的長短及強度並不一致，自閉症狀也是由極輕微到極嚴重不等。最嚴重的自閉症，也就是典型自閉症，其特徵是：沒有語言、眼睛不會看人、叫他名字似乎聽不到。

DSM V 把 ADHD 歸入自閉症譜系障礙（ASD）中，其實是有欠妥當的。因為有眾多 ADHD 患者，經過自然療法治療後，完全恢復正常，並未殘留任何自閉症特徵（見本書第四篇第一章）。

ASD 有很大的比例是先天性的，至於 ADHD 兒童到底是先天或後天因素引起，根據經驗顯示，如果患童的臨床表現為 ADHD，而 3D EEG 有過高異常腦波且 IgG 抗體高的話，就傾向後天性 ADHD；如果 3D EEG 的腦波完全正常而 Ig G 抗體極少的話，則先天因素的可能性較大。

關於 ADHD 的先天因素，在本書第一篇第七章已詳細介紹，而後天因素引發的單純性 ADHD，主要是有大分子蛋白質（過敏原），經由腸漏處意外進入血液中，再透過發育尚不成熟的血腦障壁（BBB）進入主管情緒的前額葉腦迴，因而引起此腦迴的腦

神經發炎，發炎的腦細胞在喊救命，發出高頻的 β 腦波，才引發 ADHD 過動症。

作者發現有不少被醫學中心評鑑為典型 ADHD 的孩童，其實是由於在家中被語言或肉體虐待而爆發身心症，導致創傷後症候群(PTSD)及後天情緒障礙，這類因受虐而引發身心症的小孩，腦波大多接近正常。

六、 ADHD 的教育及西藥療法

教育機構對於 ADHD 孩童有其專業的評估及施教方法，情況特別嚴重的，就交由特教老師施教輔導。當教育方法無效時，老師都會請家長帶患童去給兒童精神科看診，經評估鑑定為 ADHD 之後，醫師就會開藥給患童服用，而藥物不外乎「利他能」與「專思達」這 2 種。

作者對 ADHD 兒少並沒有開西藥，因為絕大部分來求診的患者，都已經吃了一段時間的利他能（Ritalin）或專思達（concerta），都是因為藥物無法達到預期效果，才來尋求自然療法的。

有些兒少則是因為吃了利他能引發嘔吐、噁心或食慾差等副作用，而無法持續服藥，才會來尋求藥物之外的療法。有一位母親，把利他能噁心、無食欲的副作用當成是「好」作用，因為她兒子胃口太好，比理想體重多了 20 公斤，吃了利他能之後，不但 ADHD 症狀變好，家裡再也沒接到老師告狀電話，又因為噁心，胃口差吃不下，體重減了 10 公斤，所以這位母親說專思達對她的 ADHD 兒子，不但有效又有可減肥的雙重作用，讚嘆不已，真是一石二鳥。

利他能與專思達的學名都是 methyl phenidate，是屬於大腦興奮劑，據說有提升孩子大腦中「多巴胺」及「正腎上腺素」的作

用。但它真正的作用機轉如何，為什麼大腦興奮劑反而會對「過動」有效，至今藥理學家還提不出合理解釋，我們也無從知道其產生副作用的原因。不過吃了利他能類藥物後，大部分 ADHD 兒童會變得比較安靜，利他能與專思達也是到目前為止最常用、被各國醫師認為是治療 ADHD 最有效的藥物；然而利他能對 ADD 的效果則比較不明顯。

利他能與專思達的化學成分完全相同，只不過前者為短效，服用後半小時開始發揮作用，藥效可維持 3～4 小時，一天需要服用 2-3 次；專思達則是長效型，效果可持續 10～12 小時，上學前只要服用 1 次即可。

長期服用「利他能」或「專思達」藥物兒童的家長，必須對其可能的副作用有一些了解，並提高警覺心，該藥品仿單或文獻所記載的副作用如下：

1. **一般副作用**：上癮、緊張、不安、焦慮、易怒、失眠、食欲變差、頭痛、肚痛、作嘔、頭昏眼花、心悸。

2. **嚴重副作用**：兒童減慢增長（身高及體重）、痙攣突然發作（主要是有病史者）、視力變得模糊不清。

3. **少見的副作用**：高血壓、脈搏率加快、藥物依賴、懷疑及妄想、幻覺、抑鬱、皮膚病、尿道感染、提升血液中的谷丙轉氨酶（ALT）濃度（肝功能受損）。

4. **長期服用利他能的患者，若有下列症狀時，必須緊急就醫**：坐立不安、震顫、顫抖、好鬥、愛挑釁、出現幻覺、驚恐、反應亢進（反應能力過於活躍，包括痙攣或抽搐）、性格轉變、痙攣發作、高血壓、快速心跳率、手／腳／足踝腫脹（如手指麻木）、嘔吐、脫水、不明肌肉疼痛、下腹部

疼痛、橫紋肌溶解症及腎功能受損，慢性的傷害則有可能演變成為精神病，與精神分裂症（思覺失調）很難區分。

家長常會問，利他能、專思達藥物是否可以持續服用，作者從來不直接回答，而要他們去問處方醫師的意見，為避免引起不必要的誤會，作者不喜歡擅自更改其他醫師的處方。如果患者家屬想要在接受自然療法之後，要自行把西藥停掉，作者也會叮囑一定要慢慢減量，不可瞬間停藥。

七、 ADHD 及 ADD 的自然療法

不論是 ADD 或先後天 ADHD，都必須檢測血液中的兩百多種抗體，避開會引發腸腦漏的食物，並服用足量的 omega-36 必需脂肪酸，來修復腸腦漏及受傷的腦神經細胞，只要能做到這幾點，復原可期（詳見本書第二篇）。至於同時有睡眠障礙者，則可考慮按體重使用微量 CBD。

第八章、注意力缺失症（ADD）

　　注意力缺失，就是指患者並沒有過動(ADHD)、自閉、智障、發育遲緩、腦性麻痺、腦源性多重障礙等異常狀況，而只有 ADD。不過學習障礙患童的症狀往往跟 ADD 的症狀高度重疊，需要進行特殊鑑定，才能鑑別是否同時也有學習障礙。

一、 ADD 的臨床症狀

　　ADD 的症狀主要有以下幾種，但許多有這些症狀的兒童，其實有著某些潛在的學習障礙（見本書第一篇第九章），有讀寫障礙（dyslexia）的學童，臨床症狀跟 ADD 兒童的重疊性很高。

1. 容易分心：上課或做功課時，若有人走動或講話，注意力就會被吸引，而無法專注。

2. 恍神：上課時，即使眼睛盯著老師看，但什麼都沒聽進去；有時連老師叫他名字都沒聽到；如果被老師問說課上到哪裡了?他往往一臉茫然。

3. 走神：有一位容易走神的大學生說，有一次考試，他做了前面幾道考題後，就放空神遊了，直到下課鈴響才回過神來，因此幾乎交了白卷。

4. 很安靜，不擅長跟人互動，跟 ADHD 兒童比起來，ADD 兒童比較接近「過於不動」。

5. 上課不專心：上課東張西望，但不會去打擾別人。如果會一直干擾別人，或打斷老師，比較有可能是屬於 ADHD，而並非 ADD。

6. 故事書無法連續看完；在家做功課，就算家長一直在旁陪伴督促，也很難專心，身體可能會扭來扭去。

7. 記憶力、理解組織能力差，不會說故事。

8. 考試答題時會漏題跳題，閱讀時會漏字漏行，聽人說話時會漏聽，給人很不專心的印象。

9. 由於上述狀況頻繁發生，即使沒有智力障礙，甚至算得上聰明，學業成績往往還是殿後。

10. 事理邏輯也說得通，雖然可能沒有智力障礙，但由於無法專心做完智力測驗，因此可能會被主持檢測者誤判為有智力障礙。

11. 比較內向寡言，不吵不鬧，但對父母會表現得比較貼心、比較黏父母。

二、 先天型 ADD 可能的致病因素

ADD 的先天因素大致如本書第一篇第四章所述，補充說明如下：

1. 基因：人的聰明才智有 70% 是繼承自父母的，是先天的。

2. 母親有重大疾病，尤其是在懷孕期間仍在服用藥物者。

3. 母親在懷孕期間患有重症，不良生活習慣，如吸菸、酗酒、吸毒。

4. 試管嬰兒：試管嬰兒的催卵、取卵、預防子宮著床之後流產，都必須依賴藥物，對胎兒不利。

5. 早產兒：正常懷孕期間為 36 週（9 個月），胎兒腦部發育完整後才出生，是最理想的，否則就算腦神經細胞數目正常，但神經與神經間突觸連接尚未完整，還是較有可能會出現

ADD、感覺統合、學習障礙。早產兒通常會與母親隔離而睡在保溫箱中，保溫箱中如果使用過高濃度的氧氣，因過度氧化會導致 OH·自由基過多，會使腦細胞或視網膜受到傷害。

6. 妊娠毒血症：又稱「子癇前症」，通常是在懷孕第 20 週後出現高血壓，並伴隨全身水腫、尿蛋白等症狀。有些孕婦會產生劇烈頭痛、視力模糊、噁心嘔吐等。子癇症可能會導致在分娩前、分娩中或分娩後出現痙攣癲癇症狀。

7. 懷孕期間不正常出血：如果在懷孕過程出現子宮不正常出血或收縮，不加以干預治療，讓其自然流產，之後再重新懷胎是最理想的。因為不正常出血或宮縮，表示子宮環境不適合胎兒繼續成長，或胎兒本身有缺陷。但現行做法都是使用各種安胎方法，包括用藥物安胎。

8. 出生時缺氧：如果發生前置胎盤、胎盤早期剝離、臍帶繞頸、出生後經急救才有呼吸等，都有可能會對新生兒的腦細胞造成某程度的傷害。

9. 學習障礙（詳見本書第一篇第九章）

大約有 3%～5%的兒童或成人有學習障礙，學習障礙的成因也是先天性的，而且沒有藥物可治療，對 ADD 或 ADHD 可能有效的利他能或專思達，對學習障礙也完全無效。

三、 ADD 的後天因素

除了先天因素之外，ADD 也可能是以下後天因素導致的：

1. 有腸腦漏症，過敏食物抗原進入腦內，引起腦部發炎。

2. 因食物過敏而導致鼻塞、腦缺氧。

3. 躲在被子中睡覺，引發腦部缺氧及二氧化碳中毒。因為空氣中的氧占 21%、二氧化碳占 400 ppm。但人呼出的氣體，氧只占 13%，二氧化碳卻高達 53000 ppm，若躲在被子中睡覺，很容易引發二氧化碳中毒及缺氧。

4. 腦部病毒感染，如腦炎後遺症。

5. 一氧化碳中毒後遺症：一氧化碳對紅血球的親和力比氧氣強，易導致腦部缺氧，因此一氧化碳中毒的後遺症之一，就是表現出記憶力衰退、性格改變及 ADD 等。

6. 有機溶劑接觸過多：有些在乾洗店或油畫室的工作者或其家人，常會因為長期接觸有機溶劑而對腦部造成傷害。至於長期吸食強力膠者，也會因吸入大量有機溶劑，導致肌肉及腦組織空洞化。

7. 不論孩童或成人，如果晚上睡眠深度不足（淺眠），白天肯定無法集中注意力做事。

8. 腦部嚴重發炎引發的自律神經失調：心電圖呈現竇性不整脈時，會引發 ADD。

9. 兒少時的 ADD，很可能會延續到成年，有許多 ADD 成年患者都說從小就有 ADD。

10. 如果兒少時期沒有 ADD，到了成人才發生 ADD 的症狀，而又沒有上述後天因素，則必須考慮到有憂鬱症或早期阿茲海默症的可能性。

11. 長期澱粉吃過多：澱粉（葡萄糖）是空熱量，再加上油脂攝取不足，使得對腦神經有修復作用的 omega-36 必需脂肪酸嚴重不足，也是兒少或成人 ADD 的最常見後天原因。

如果是後天性因素導致的 ADD，治療後往往可迅速改善；先天因素引發的 ADD，如有學習障礙等，治療效果則較差。然而幼兒的 ADD 到底是先天或後天因素導致的，很難單純由病史來判定，建議先行做一系列必要的自然療法，再觀察其效果。

一旦發現小孩有本文所敘的 ADD 症狀，必須儘快向學校申請做學習障礙鑑定，因為 ADD 小孩有學習障礙的比率出奇的高。如果被診斷出有學習障礙，就必須由特教老師來給予專業的輔導訓練。

四、 ADD 的藥物療法

ADD 及 ADHD 都被歸在「泛自閉症」的類別中，均有其先天或後天的因素，醫師有可能會開利他能或專思達處方給患者服用，至於治療效果如何，則因人而異。

然而作者認為藥物只是治標而已，無法針對原因來治療，況且利他能對真正的學習障礙是完全無效的。

第九章、學習障礙的種類成因與治療

一、 學習讀寫語言感覺統合障礙的流行病學

依世界各國統計，有 10%的學童及成人，會出現各種輕重程度不一的學習讀寫語言感覺統合障礙，以下簡稱「學習障礙或學障」。但台灣方面的統計，學障人口只佔比在 5%左右。根據台灣某特教學者發表的文章指出，台灣有 95%的學障兒童或成人，都未曾被鑑定診斷出來。這可能就是台灣學障人口佔比偏低的原因之一吧！根據側面瞭解，近鄰香港的學障兒童鑑定教育輔導，頗有值得台灣參考借鏡之處。

作者根據自我臨床經驗，發現注意力無法集中過動症(ADHD、ADD)的學童中，有學障的比例相當高。也就是說 ADHD、ADD 統計與學障患者的臨床症狀的重疊性很高。也曾見過多位經醫學中心精神科鑑定為「典型過動症」的患者，其腦波卻是很正常的，一經問診，就知道其核心問題其實是認字及讀寫障礙所造成的，而不是典型的 ADHD。

二、 學習讀寫語言統合障礙的成因

學障形成的原因，幾乎都是由於先天性因素，導致胎兒在母體中的腦神經細胞發育不全，或是由於神經突觸的連接發生偏差所引起。因此學障並非是後天才發生的疾病，而是因為腦神經某些不明部位發育得不好而導致的。

如果要作出「學障」的診斷時，必須以沒有「智力障礙」為前提，要是因為低智商(IQ<70)而引起的學習困難，就會被歸類為「智力障礙」，而並非學障。

三、 學習讀寫語言感覺統合障礙的定義

在沒有眼睛視力(不盲)、耳朵聽力(不聾)及聲帶等器官異常(不啞)，也沒有智能低下的前提下，由於腦神經細胞的先天異常，而對於話語聲音、文字理解、記憶、表達等方面，出現在聽、說、讀、寫及感覺統合上發生困難者，即為學障。

雖然泛自閉症(過動、注意力無法集中、強迫症、非典型自閉症、亞斯伯格症)學童中，同時也具有學障的比率，遠較正常兒童為高，但是學習障礙也可以單獨發生在「聰明」、「正常」的學童身上。

四、學習讀寫語言感覺統合障礙兒童常見的狀況

1. 讀寫障礙

老師前一天教過的字，第二天就忘光。考試時如果採用報讀(將題目唸出來給學童聽)的成績，比看文字考卷再用紙筆回答好很多。閱讀經常會漏掉一兩個字或跳 1-2 行。

2. 閱讀理解障礙

閱讀時容易暫時停頓，閱讀速度比較慢而不流暢。朗讀時，時常在不該停頓斷句的地方停頓斷句。

3. 書寫障礙

無法寫出正確的字，寫字好像在畫圖，沒有筆畫順序的概念，有的則是寫鏡像字。寫字時常多或少一點、多或少一撇，常寫錯別字或用錯同音字。考卷作答常寫不完，寫功課的時間比同學久很多，寫字的速度非常緩慢。

4. 數學障礙

對數字缺乏感覺，搞不清楚 9 跟 5 哪個數字比較多。都高年級了，做加減法時還需要用手指來比劃協助，無法掌握心算。加減法計算有困難，乘除更是做不來，但文科成績卻可能還不錯。

5. 知覺動作障礙

經常跌倒或撞到人，端水時，杯中的水會溢出或者常打翻東西。肢體協調動作有困難，如使用工具、刀片或剪刀等不順暢。學打乒乓、打籃球或騎腳踏車時，很難學會，也可以說是感覺統合有障礙，直白說就是笨手笨腳。

五、 學障類別

1. 書寫障礙

(1) 讀與理解及用口語表達正常，但是如果要用書面文字來表達，則有困難，因此要他造句或寫文章，他們會覺得難如登天。

(2) 就算勉強學會書寫，也會出現文句不通暢，就連留個字條也下不了筆，寫的句子常詞不達意，但其口語表達卻比書寫表達要來得好。

(3) 寫字容易犯左右上下顛倒(鏡影字、反轉字)，筆畫的先後順序也學不會。

(4) 近音同音異字容易混淆。

(5) 回家做作業或抄寫要花很長的時間，若無人從旁協助，幾乎無法完成作業。

(6) 由於眼睛及手部肌肉間的協調能力不好，因此所寫的字，除了潦草難以辨認，也會出現大小不一，甚至寫出格子或線條之外。

(7) 無法掌握筆畫的長短高低，因此所寫的字體很潦草，字體比例錯誤，字體大小和形狀很不規則，在沒有格子或線條的白紙上，句子無法寫成一平行直線。

(8) 默寫(憑記憶寫出來)的能力很差，但描的能力尚可，兩者相比差別很大。

(9) 思考創造能力可能很高，但文書處理能力卻非常差，根據統計排行世界 500 強的創業者，有 35%的人有讀寫障礙。

(10) 認字錯誤

　　a. 省略單字：「我們要回家」寫成「我們要家」。

　　b. 增加、插入不必要的單字「我們要回回家」。

　　c. 同音或錯別字：「我們要回加」、「我們要回嘉」。

　　d. 字的順序顛倒：「們我要回家」。

　　e. 發錯音，例如「馮京」念成「馬涼」。

f. 根本不認識字：美國有一退休教授，出書說他從小到老都完全不認識字、無法認識 ABCD 英文字母，更遑論寫英文單字或句子。但他的聽力及語言卻完全正常。由於他人緣超好，全靠朋友幫忙作弊，念完大學並得到博士學位，還當上教授。他退休後出書並致力於推動發現及減少學習障礙。

2. 語言障礙

(1) 聽人說話，想要理解其語言意義以及用語言來回答方面，有顯著的困難。

(2) 模仿別人說話的能力不佳。

(3) 複述事情時顯得混亂，對方難以明白。

(4) 回到家，父母問老師授課內容，孩童亦無法正確講述。

(5) 對老師堂上所講說的有聽沒有懂，老師指名要他回答，他也說出其所以然。

(6) 對語言的辨識能力弱，無法識別押韻字，對音樂、樂器的音感也較弱。

(7) 說話結巴不流暢，詞不達意，對複雜的吩咐不易理解，連帶影響造句、句子重組及文章改寫的能力。

(8) 把文字轉成語言意的神經連線沒有接上。認得字，對文章所述內容，也理解其意義，可作書面回答，但卻無法用口語講述回答文章故事中的主題內容。

3. 數學障礙

(1) 無法做心算，需要用手指或實物來算加減法。

(2) 對於乘除、開平方立方、代數、微積分等數學的理解及操作能力很差。

(3) 對數學文字運用題的理解能力差，無法從文字敘述理解，推論出數字的公式解決方案。

(4) 對於各種數學符號的理解困難，嚴重者連加減乘除符號都會弄錯，更遑論進一步的運算，對各種數學物理公式的記憶和運用，都比不上同學。

(5) 無法牢記乘數表，所以背或運用乘數表時會表現出極大的困難。

(6) 有些數學障礙者雖然能理解運算，但是在運算的邏輯或公式的引用上，卻常犯錯而無法自我察覺。

(7) 如果是單純數學障礙者，可能只有數學這門功課不行，無法及格或低空掠過，但是在文史地理等方面，則可以得較高分。

(8) 如果除了數學障礙，又有文字閱讀障礙，則學習就會更加困難了。

4.知動覺障礙－感覺統合異常

　　人眼所看到的影像，耳朵所聽到的聲音，手皮膚所接觸到的物體，所產生的神經訊號，經由神經輸入(input)到腦部，經過小腦及大腦的統整後，再由大腦發出指揮訊號(output)，如果腦神經在先

天上有些異常，無法對 input 的訊號作正確的統整，以致 output 的訊號有落差，這種整體的知動覺異常，就叫做「感覺統合異常」。

(1) 視知覺

　　a. 對眼睛所看到的東西，理解偏差，方向感差，空間距離判斷力差，因此對於素描繪畫「非常」缺乏天份。

　　b. 視知覺辨識困難的兒童，會將阿拉伯數字中的「6」與「9」看成一樣；英文字母中的「b」、「d」及「p」看成同一字；「人」與「入」及「八」無法分辨；「今」與「令」等都看成一樣等。

　　c. 對阿拉伯數字或注音符號辨認不易，因此做數學題目或閱讀時會產生困難。

(2) 聽知覺

　　a. 聲音由聽神經傳到腦的速度似乎比較緩慢。

　　b. 由於對聽神經的訊號處理得慢易塞車，因此對聲音的高低、緩急的分析能力較差，因此連對周遭熟人的話語聲，也經常無法分辨到底是誰在說話。

　　c. 對捲舌與不捲舌音，如 4 與 10 難以分辨，也就是聽起來都一樣。

　　d. 對他人以正常速度說的話來不及聽懂，所以無法理解，常要求別人慢慢的再說一次，但這並不表示患者有耳聾或重聽的疾病，如果做聽力測試，在人類所能聽到的聲音範圍 (20Hz~2000Hz) 可能都是正常的。故並不是有耳聾和重聽的聽覺障礙，而是腦聽覺區的問題。

(3) 觸知覺

　　請觸知覺異常患者，閉眼觸摸各種不同形狀的物體，如圓形或方塊、六角形或八角形等，他們都會覺得一樣，無分辨有何不可。

(4) 知動覺

　　如果前述的視、聽、觸知覺有問題，那麼結果就會產生知動覺障礙，也就是感覺統合異常。

　　　a. 整體協調能力比較差，給人的感覺就是動作笨拙，行動不穩、易摔跤等。

　　　b. 正常小孩對乒乓球、籃球、騎腳踏車等很容易上手，但感覺統合能力欠佳者，需要數倍或更久的時間來學習，就算勉強拼命學會，也當不了運動選手。

　　　c. 由於手眼協調不佳，手部精細肌肉動作的協調性不佳，因此對於寫毛筆字、素描、繪畫等均缺乏天份。

　　　d. 對於左右、高低、輕重、方向、空間的分辨有困難。

　　　e. 學跳舞時，難以抓住節拍，缺乏節奏感及韻律美感。

　　　f. 行為動作語言難以表達心中的想法。

六、 台灣學障學童的處境

　　1. 有學習障礙的學童，也約佔了同級學童的 10%，可說是相當的高，不過他們通常都不吵不鬧，比較安靜，只是容易分心走神，不會干擾班上秩序，老師也還能接受。這些學生常會被歸類到注意力無法集中(ADD)的那一群。

2. 台灣特殊教育界及家長，對於各種「學習障礙」，可說仍然處於尚未完全理解重視的階段，因此學障童受到父母責罵甚至語言虐待的狀況也很常見，家長們只是覺得納悶，明明自己的小孩聰明伶俐，為何學業成績表現卻不如預期呢?

3. 家庭經濟好的家庭，晚上可以請家教陪讀，也有人請有學障專長的家教，進入教室隨侍在側陪讀，效果通常會不錯。

4. 也有些家長則申請進入收費較為昂貴，專門為學障兒設立的小班體制外小學。台灣習慣上都稱這種體制外小學、初中、高中為夏山學校(Summerhill school)。進入體制外學障學校是不錯的選擇，風評效果也都不錯，唯一的缺憾就是每學期十多萬元台幣以上的費用，一般普通家庭恐無力負擔。最好是能把學習障礙列為各級國民學校的矯正輔導項目。

5. 對 IQ 智力正常，又沒有自閉症，但卻有注意力無法集中(ADD)，但卻不過動的小朋友，應請學校老師向上提報，並全面進行學障檢測鑑定。

七、 學障兒童的特殊教育及對待

學障者的腦神經必然有先天性的異常，這大部分是在離開子宮前就決定的。

學障的治療，應以學習方法的行為矯正為主，不過由於特教老師的人數有限，能分配給學障童的時間也不多。 最可行的辦法，就是父母家長或兄姊接受培訓後，再隨時給學障童正確的教導。

必須特別注意的是，學障乃是一種先天的缺陷，雖然他們外表看起來與一般常人無異，但是那部位不明的缺陷，就存在他的腦神經中。其實絕少人是 100%完美的，每個人都或多或少在某方面有比較弱的缺憾，而某些方面特別好，如果在每一方面都 100 分的話，那就是頂級天才了吧!

對於有學習障礙的孩童切忌打罵、羞辱、罵他不用心、偷懶、沒用等負面用詞。但比例非常高的學障童父母，卻犯了這類錯誤，建議學障童父母都要抱持「天下沒有不是的孩子」的同理心，給予愛心及正面鼓勵，否則很可能會繼發產生創傷後症候群(PTSD)，造成後天性情緒障礙或身心症。

八、 學障兒童的治療

1. 診斷學障的先決條件，是患童的智力為正常，就算稍低，也未達智障標準，學障的類別非常多，老師一旦發現有學障的問題，應儘速安排做鑑定，取得殘障手冊，可增加就診或接受教育訓練輔導的方便性。

2. 藥物:

由於學障並不是疾病，而是一種先天性的腦神經發育障礙，因此並沒有藥物可供治療。

3. 自然療法:

a. 提供學障童不可少的專業教學認知輔導。

b. 服用足量可同時可修復腸腦漏、血腦障壁及神經細胞的足量 omega-36 必需脂肪酸、維他命 B 群、強化補充 B3、

B6、B9等。許多學障母親覺得服用作者所指定的油品後，學障程度有顯著減少，紛紛把這種作者所提供的油暱稱為「聰明油」。 這是因為神經細胞是可以新生的。胎兒時期未連接好的神經突觸，有了充足的細胞原料之後，新生的神經細胞品質及突觸連接，變得更好。

c. 服用醣鏈多醣體，可以作為細胞天線的原料，可強化神經細胞間的互相聯繫。

d. 每天吸入水電解氫氧氣($2H_2+O_2$)，排除掉腦細胞內過多的酸與自由基，對促進神經的再生也有極大的正面作用。

九、學障兒童家長的疑問

1. 學障者遭遇到的困境

由於學障童的智力是正常的，因此大多數家長或老師，都會誤以為孩子較不用心、不聽話，學生進而受到家長、老師的責罵處罰貶抑體罰，進而造成「創傷後壓力症候群」，讓小孩的心理人格受到扭曲。而學障童本身也不明白到底是發生了什麼回事，因此很容易產生自卑感，堅信自己比別人笨。

2. 學障童會隨著年齡長大而自動痊癒嗎?

學障童外表上與一般正常兒童完全一樣，但是他大腦深處不知到底是哪個部位出現了異常，如果經過後天的加倍努力學習，表現上有可能會有所改進。

作者本人也自覺是有數學障礙者，回想起中學時，對加減乘除代數尚可應付，但是對於三角函數、微積分可說是有數學上的障

礙。就算今天再重新開始學三角函數、微積分,恐怕還是不會有什麼進步,但是文史地生物則是強項。

3. 學障者應如何面對自身腦神經功能缺陷

學障可說是腦神經在那些功能上的「殘障」,就有如斷了一根指頭,只好加強應用其他手指來代償適應。

學障者日後求學或求職時,最好能認清現實,避開弱項,發掘自己另外的潛能。

根據媒體報導,世界前 500 強企業的辦人中,有學障尤其是讀寫障礙者,佔了 35%。由於他們不可能去學習會計等工作,只好另聘他人代勞文書作業,自己反而有更多的時間來思考創造。

茲舉安東尼·霍普金斯的事蹟來作說明。憑者對失智症患者的細膩詮釋,83 歲的安東尼·霍普金斯(Anthony Hopkins) 以「父親」(The father) 這部影片,於 2021 年獲得個人生涯第二座奧斯卡金像獎最佳男主角獎。

安東尼在接受採訪時說,他從小課業就非常糟糕,只對繪畫、音樂有濃厚興趣,但卻不被家人認同,父親常當面數落說:「你真是沒救了(hopeless)」。

安東尼在成長過程中,一直覺得很自卑,並對「自己很笨」這件事深信不疑,直到很多年後,他才發現,讓他跟不上課堂進度的原因是「閱讀障礙」,而並非智力不如人。

第十章、典型／非典型自閉與亞斯伯格症的異同

不論是典型、非典型、泛自閉症或亞斯伯格症，其基本原因都是腦組織有先天性的受損（見本書第一篇第四章）。根據腦神經組織受損部位及嚴重程度的不同，其所表現的常見疾病有典型自閉症、非典型自閉症、泛自閉症、亞斯伯格症、智力障礙、學習障礙、雷特氏症、人格解離症等。至於多重神經障礙及各種器官功能的殘缺，則不在本書討論範圍之內。

一、 典型自閉症

典型自閉症就是症狀最為嚴重的自閉症，通常在 3 歲以前就可被診斷出來。他們又被稱為「星星的孩子」，因為他們就好像是高掛在天空的星星，各自在漆黑宇宙中孤獨地閃爍。就算讓一群典型自閉症孩子一起出遊，他們彼此也絕少互動交流，更遑論交友了。

典型自閉症患者若未曾接受特殊教育治療輔導，很可能到了成年或終其一生，都會保留幼兒初始狀態的自閉症三大特徵，分別是：

1. **缺乏語言**：連叫爸媽都不會，也無法說出常見事物、動物的名稱，如貓、狗、米飯、湯匙等，但有可能會發出不具意義的聲音。

2. **無法與人溝通**：最典型的外顯症狀是眼睛不會注視他人，叫他名字也沒有反應，彷彿生活在自我世界裡。

3. 有重複的固定行為：如重複某些動作、有意識地擺動身體
（非妥瑞症）、搖晃頭部、室內繞圈等，也可算是強迫症
的一種。

典型自閉症啟動治療的黃金期是 3 歲之前，透過後天的特殊
教育輔導，上述特徵就有機會得到部分改善，否則可能連基本的
吃東西、洗澡、大小便、穿衣服等都無法自理，更甚者到了成年，
還隨地大小便或不肯穿衣服，甚至把被強制穿在身上的衣服撕得
破爛等。

二、 非典型自閉症

非典型自閉症，就是指以上典型自閉症二大特徵可能只出現
一兩項，或者三項的程度都比較輕微的自閉症，實際鑑定時必須
由專業醫事人員執行。

大多數非典型自閉症孩童，都是在 3 歲以後才被確診的，主要
是因為其症狀並不像典型自閉症患者那樣嚴重。例如：他有語言，
會跟人交談，眼神會看人，叫他名字也會回應，因此他們的父母
較不易察覺到有異常。

三、 泛自閉症

自閉症譜系障礙（ASD）患者可能具有一小部分或輕微的自
閉症特徵，雖然跟正常孩童有些不一樣，但仍能在一般教育體系
中受教，成長後也能進入社會過正常人生活。

泛自閉症可分為五大區塊，分別為注意力不足、過動症
（ADHD）、注意力缺失症（ADD）、強迫症（OCD）、亞斯伯格症
（Asperger's syndrome，AS）及自閉症。自閉症又可分為典型與

非典型自閉症（atypical autism）。五者彼此之間的關係可用下圖表示。作者基於自身自然療法臨床經驗，對泛自閉症的歸納分類，跟傳統神經精神醫學界所述略有不同。

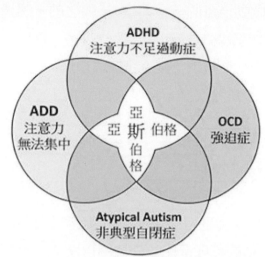

ASD ／ 自閉症譜系 ／ 汎自閉症特徵與症狀
構思創作：王群光醫師

圖 10-1：自閉症譜系障礙的特徵與症狀

四、 亞斯伯格症（見本書第一篇第十一章）

傳統上，都將亞斯伯格症與 ADD、ADHD、OCD、非典型自閉症並列，但作者基於長期臨床接觸觀察心得，對亞斯的理解與傳統認知截然不同。

亞斯伯格症患者可能具有一些 ADD、一些 ADHD、一些 OCD、一些非典型自閉症的特徵，才整體呈現出亞斯伯格症的特質（如圖 10-1）。亞斯伯格症的症狀由重度到輕微都有病，如果只是輕度的，習慣上就不加上有病字旁的「症」字，而只說是有亞斯特質，或是輕描淡寫的說有「亞斯」。

美國精神醫學會精神疾病的診斷與統計第 5 版（DSM 第 5 版本 2013），已將亞斯伯格症移出，將其歸類到自閉症譜系障礙（ASD）中，但是民間仍持續談論亞斯伯格症。或許是因為台北市柯市長常強調自己是亞斯伯格症患者的關係，因此亞斯在台灣不但未被汙名化，反而似乎代表了聰明、正直、有話直說等正面形象，或成了不給人留情面的藉口。

表 10-1：典型／非典型自閉症、泛自閉症、亞斯伯格症的特徵

	典型自閉症	非典型自閉症	泛自閉症（ADD、ADHD、OCD）	亞斯伯格症（具 ADD、ADHD、OCD 及輕微自閉症特質）
智力發展	2/3 有智能障礙（IQ<70）	IQ 正常者不到 1/3	IQ 可能稍低，或正常，或高於一般人	正常或較高
語言能力	無語言，會發聲但無意義	有語言但不完整，會說話，但講完整長句有困難	語言能力受損或正常	語言能力可，但比較不愛說話

與人互動	眼睛不看人、喚他不回應、不與人互動	會看人但不持久,會回應但茫然無序	會想主動與他人接觸互動,但方式往往不恰當,有時會惹人生氣	會跟人主動互動,但其努力得到對方的讚許度不高
重複的固著行為	嚴重徹底,類似強迫症	某種程度的類強迫症固著行為	不一定有	對個人喜歡的事物十分堅持
社交能力	趨近零	有困難	有些困難	不順暢
感官敏感	過度敏感、自我傷害	比常人敏感、排斥或躲藏	ADD、ADHD、OCD 情況不一	排斥或躲藏

五、儘早發現自閉嬰幼兒的法則

　　典型自閉症患者在嬰幼兒時期的表現,跟正常嬰兒有很大差別,只要留意觀察,就可以儘早發現,最好能在 3 歲以前的治療黃金期接受干預早療。

　　然而新手父母由於缺乏育兒經驗,對於孩子發展是否落後或異常,比較沒有概念。因此作者特別提出「6-9-10-12-16-24 法則」,提供給大家參考。

表 10-2：6-9-10-12-16-24 法則

嬰兒月齡	典型自閉症嬰幼兒的異常動作行為
6 個月以上時	不會哭，更不會大笑，無法表現出溫暖快樂的表情。
9 個月以上時	逗他時，不會注視人也不會笑。
10 個月以上時	呼喚名字不回應，不會轉頭看人。
12 個月以上時	還不會牙牙學語。 無法做出與外界交流的手勢，像是用手指東西給父母看，或要求某樣物品。
16 個月以上時	還沒有語言，不會叫爸媽。
24 個月以上時	除了語言中還沒出現 2 個或 2 個以上的單字組成的詞彙，但會有鸚鵡學舌般的無意義仿說。

　　如果能及早治療，典型自閉症的症狀就有可能得到不同程度的控制和改善，最起碼做到生活起居能自理。有些並無智障的典

型自閉症兒，經過特殊教育訓練，甚至還能勝任不太複雜的工作，進而養活自己，不至於長期成為家人的負擔。

　　台灣的特殊教育體系相當完善，除了自閉症，其他如學習障礙、智力障礙等都各有專業人員及教育單位負責，又都在全民健保的給付範圍內。不過還是有其盲點存在，尤其是對於修復腸腦漏及提供可促進腦神經修復的細胞原料上，並無法申請保健給付（見本書第二及第三篇）。無法申請健保給付的原因，乃是未曾有醫療單位向健保局提出過申請。

第十一章、亞斯伯格症、亞斯特質及過動症

上一章提到，亞斯伯格症患者同時具有注意力不足過動症、注意力缺失症、強迫症、非典型自閉症的特質（圖 10-1），但是這些特質的嚴重程度，或者說亞斯症特質的濃度，由淺到深都有，差異性非常大。精神專科陳豐偉醫師在其著作《我與世界格格不入：成人的亞斯覺醒》中提到，台灣每十個人中就有一個亞斯者，只是亞斯濃度不同，陳醫師本身也是到了四十多歲才驚覺自己具有些亞斯特質

在門診，作者如果對患者作出「亞斯伯格症」的診斷，那是因為覺得他對於亞斯伯格症的 4 種特質都沾到一點邊，但沒有哪一種特別嚴重。如果患者某一種特質特別嚴重，會直接給予 ADHD、ADD、OCD 或自閉症的診斷，而不是亞斯伯格症。

一、亞斯伯格症患者的特質

亞斯者具有以下 5 種特質：

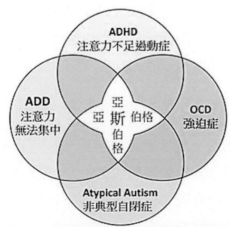

ASD／自閉症譜系／汎自閉症特徵與症狀
構思創作：王群光醫師

1. 注意力不足過動症 ADHD（詳見本書第一篇第七章）

坦率直言、誠實正直、不顧他人感受，是亞斯症的重要特徵，例如：上課時，如果老師說錯話，他就會毫不猶豫地立刻加以糾正，這特質就跟 ADHD 很像。在老師心目中，這位同學就是不尊重老師，也不守秩序的搗蛋鬼，如果一再犯規，老師必然會要求父母帶他去看兒童精神科。此同學如果經鑑定有 ADHD，醫師可能會開出 3～4 小時短效的利他能或 12 小時長效的專思達給他服用。

ADHD 患者容易生氣，因此易造成人際衝突。比方說，如果同學不小心碰到他，他就會誤以為別人是故意打他的，且聽不進別人的解釋，很可能會出手還擊，跟同學打架的消息很快就會傳到父母耳中。萬一下手過重，把人打傷，父母出面道歉是免不了的，也曾有 ADHD 小朋友因為經常對同學動粗，被學生家長提告，甚至還被關押到少年觀護所。

2. 注意力缺失症 ADD（詳見本書第一篇第八章）

嚴重 ADD 的小朋友，會對所有功課都無法集中注意力。如果父母說，小孩對他只要有興趣的功課、事物，還是會廢寢忘食、集中精神去做，只是對沒興趣的東西才會走神，那麼就不太像真正的 ADD，而傾向是有亞斯特質的小孩。

3. 強迫症 OCD 或強迫思考（詳見本書第一篇第十二章）

亞斯者對旁人看來無關緊要的細節，往往會堅持甚至僵持，非要照著他獨特的方式去做不可，即使耗時費力，也不願妥協退讓。若不順其意，就會認為對方有惡意而發脾氣。強迫性思考幾乎是亞斯者的必備特點之一。

這種強迫特質會讓同學或同事覺得這人古怪又難搞，但他本

人卻從來無法理解他自己有甚麼錯，反而會怪別人故意刁難，因此很難交到知心朋友，因而愈來愈孤獨。

4. 非典型自閉症

亞斯伯格之所以被列入「自閉症譜系障礙」，是因為患者可能具有輕微的非典型自閉症特徵（詳見本書第一篇第十章）。

5. 學習及讀寫障礙（詳見本書第一篇第九章）

學習及讀寫障礙雖然並非診斷亞斯的必備條件，但有很高比例的亞斯者，都有輕微到嚴重程度的學習讀寫障礙。

二、亞斯伯格症者容易遇到的人際困境

因為亞斯者很難懂別人的心，所以時常發生以下狀況：

1. 常聽不懂別人的話或暗示，在大家哄堂大笑時，會顯得一臉狐疑。

2. 不太會看人臉色，講話不會看時間、地點、對象，常讓人捏一把冷汗，擔心他會挨揍。

3. 缺乏考慮別人立場的能力，都是想到什麼就說什麼，令旁人覺得他僅考量自己的立場、利益，常被認為「白目且自私」。

4. 合群性不佳。亞斯者常是獨行俠，有可能是因為他不想浪費時間，去跟不懂他們想法的人多交往，或因為與人往來容易遭遇挫折，因而把自己封閉起來。

三、亞斯伯格症需要何種治療

亞斯者之所以跟一般人表現得不一樣，是因為他們具有程度

不一的注意力缺失、過動、強迫症、自閉症譜系特徵及學習讀寫障礙等，這些障礙都是出自遺傳基因或在母體內就形成的。不過人出生後，腦神經細胞還是可以持續增生，神經突觸也可以增加新的再連接，因此只要能長期提供可促進腦神經細胞增生及再連接的良好環境，各種障礙程度都有望隨著年齡增長而逐漸減輕（見本書第一篇第五章）。

柯文哲市長的大兒子到了 3 歲還不會說話，又有過動，送去幼稚園上課還被退貨，結果被診斷出是「自閉症」，並拿到了重大傷病卡。市長夫人陳珮琪醫師後來帶孩子去台大兒童精神科日間留院部治療訓練 4 個月後，他才終於開口說話。柯市長卻覺得無所謂，要太太不必擔心，因為他小時候也跟兒子一樣，很慢才會說話。

四、如何協助亞斯特質者

亞斯者所需要的協助，可分為以下 3 方面來說：

1.家庭

家是永遠的避風港，如果缺乏家人支持，亞斯者會覺得很孤單，因為他在外面很難遇到了解他的人，甚至常被排擠。如果家有亞斯，父母及兄弟姊妹應抱持理解、支持的態度，給予感情上的支持，同時又必須尊重他個人的興趣與潛力，協助他找到適合個性又可謀生的工作。如果全世界都沒有人能了解、支持他，亞斯人比較容易想不開。

2. 學校支持系統

就算不是特教老師，一般科別的老師也要灌輸學生應對亞斯或其他泛自閉症同學給予友善與支持。

3. 社會支持

　　亞斯者並無法領到殘障手冊，因此政府對於企業應聘用若干比例殘障者的社會福利規定，對亞斯者無法適用。其實，亞斯人具有特立獨行的個性，所以很受到許多需要創意的行業主管歡迎。

五、如何發揮亞斯者的優勢及天賦

　　亞斯者腦神經迴路異於常人，應了解自己的與眾不同，避開先天上的短處，發揮個性上的特點，發掘自我潛能。

　　常有人誤以為有亞斯特徵的人都很聰明，甚至有人是天才。然而陳豐偉醫師強調，有亞斯特質者其實智商跟一般人差不多，當然也有智商超高的，但那只不過是常態分佈而已。會造成這種錯誤印象的原因，可能是因為亞斯者較為安靜沉默，比較不喜歡跟人閒聊交往，因此能把更多時間用於思考及興趣，因而更容易在特定領域中有突出表現。

　　以下針對亞斯者的性格特質，說明適合與不適合從事的行業：

1. 有亞斯特質者適合從事的行業

　　由於有亞斯特質者社交技巧不好，講話容易得罪人，但自己又不易察覺，肯定是難以勝任服務業的。有些亞斯者又比較內向，容易成為職場中排擠內鬥的受害者。有亞斯特質者比較適合做些需要專業技能、較不需跟太多人作情感互動的的工作，例如：修車、程式開發、文字翻譯、養殖、種植等行業，因此父母師長應協助他們儘早發掘興趣、潛力。

　　十多年前，作者結識了一善良負責的專業母親，她有一個重度亞斯的兒子，只對植物的了解、收集、種植有興趣。假日他都會去台北建國花市打工，他對植物的專業知識令人刮目相看，非

常受到花市業者歡迎。媽媽也一直給他鼓勵支持。不過由於他對數理化文科一概沒興趣，各科分數均掛零，因此大一就升不上大二，輾轉換了 4 間大專都被退學，最後轉到一間專科學校的園藝科，才順利拿到文憑。畢業後，他憑著自己的園藝專業，過上富足快樂的生活。

2. 性格的「不正常」，卻能成為優勢

根據《天下雜誌》，Pay Pal 創辦人彼得提爾（Peter Thiel）曾指出，企業界應重用有亞斯特質的人。因為亞斯特質強烈的人會很堅持，而新創產業最需要的就是堅持；或是當企業出現問題時，大家會因為交情而不明講，但有亞斯特質者就會直說，企業也需要這樣敢說真話的人。

《經濟學人》（*The Economist*）也曾報導，一位優秀程式設計師必備的特質，和患有亞斯伯格症的人非常近似：沉溺在極少數有興趣的事物；熱愛數字與機械；喜歡重複性工作；對社交活動完全無感。

3. 35%創業家有亞斯特質及讀寫障礙

包括福特、奇異、IBM 及 IKEA 的創辦人都有亞斯特質及學習讀寫障礙，甚至許多在公開場合侃侃而談、極具領導魅力的明星創業家，如維京集團創辦人理查·布蘭森（Richard Branson）、思科的錢伯斯（John Chambers）、蘋果的賈伯斯（Steve Jobs），也都吃過讀寫障礙之苦。

根據英國城市大學（City University）凱斯商學院教授茱莉·拉岡（Julie Login）的研究顯示，有 35%的創業家有讀寫障礙，但是專業經理人患有讀寫障礙的比例僅有 1%，至於英國全人口患有讀寫障礙的比例為 10%。

有亞斯及讀寫障礙者創業之所以比一般人更能成功，是因為他們往往不得不將需要讀寫的例行工作，授權給員工，反而讓自己有更多時間，用在更重要的產品創意與營運策略上。

4. ADHD 或亞斯者創業機率高 6 倍

因為 ADHD 也是亞斯者的特徵之一，如果讓無法長時間專注在特定工作上的亞斯者當基層員工的話，恐怕會成為主管或公司的災難；但如果自行創業，卻很有可能闖出一番事業。根據研究顯示，有 ADHD 或亞斯特質的人，未來自行創業的可能性是一般人的 6 倍，至於能否創業成功則另當別論。

六、ADHD 與亞斯伯格症的鑑別

亞斯伯格症常被人單純化為 ADHD，其實兩者差異還是很大的，茲列表說明兩者的分別：

ADHD 與亞斯伯格症的鑑別

注意力不足過動症（ADHD）		亞斯伯格症（AS）
核心症狀	自我控制能力出現問題，但反應在注意力缺失、過動或衝動方面	與人雙向溝通有困難， 與人相處能力不佳， 有強迫性思考
注意力	容易精神渙散、恍神	過度專注在自己感興趣的事物， 對於別人想要他專注的事物 會表現得不在乎

學業表現	時好時壞	相對較穩定， 可能穩定的高或穩定的偏低
察言觀色能力	容易省略或漏掉所給予的訊息	容易扭曲別人所給的訊息， 會憑個人特定立場來解讀
發言時機	口不擇言，想到什麼說什麼	喜歡在特定議題上發揮，不管對方想不想聽
進入新環境的反應	覺得新奇、興奮	人多時容易感到焦慮，甚至恐慌
跟同儕、同學相處	很有興趣，喜歡找人說話	沒有意願跟人溝通或深交朋友
對於熱鬧場合的反應	人來瘋，人愈多，愈容易興奮	人愈多的場合，愈容易焦慮
容易溝通與否	較容易跟人溝通， 但行動上不見得能配合	常堅持自己的看法，不容易聽下別人意見
思考特質	不喜歡動腦筋	沉醉於自己的內心思想世界，不理他人想法
口語表達	不善言詞，邏輯差，會自相矛盾	邏輯性強，喜歡強詞奪理

生氣或鬧情緒	他人通常容易找出他生氣的原因	他人搞不清楚他到底為什麼會生氣
治療藥物	有些藥物可能有效， 如利他能、專思達	無藥物可治 避食高抗體過敏食物及補充可修復腸腦漏及受損神經所需的必需脂肪酸等細胞原料，通常可獲得改善

第十二章、強迫性思考與強迫症患者的成與敗

強迫症是一種相當普遍的異常精神狀態，卻經常被人忽略。它有時會毫無預兆地出現，有時又突然消失，但也有人被強迫症糾纏了一輩子。

根據調查，有 2%～3% 的人曾罹患強迫症，以台灣 2300 萬人來說，大約是 40 萬人有程度不一的強迫症，此族群人數比精神分裂（思覺失調）、躁鬱症、恐慌症的還多，且患者的男女比例約相等。

精神科醫師把強迫症列為焦慮症的一種，因此都會先開抗焦慮藥物或鎮定劑給患者服用，對同時有睡眠不好的患者，就加開安眠藥。

事實上，只為了治療強迫症而到精神科求診的人，比例上並不高，強迫症通常只是多種異常精神症狀的其中之一。如果強迫症的症狀比較輕微，很少人會想要尋求治療，頂多把它當成是一種人格特質或個性，真正需要特別尋求治療的患者都是症狀很嚴重的。

一、 有強迫性格不等於罹患強迫症

有強迫性格者並不見得就有強迫症。所謂有強迫性格者，可能會有以下的人格特質：

1. 行為舉止過度小心謹慎，有時會猶疑不決，難以下決定。

2. 凡事過於專注於細節、規則、順序等，既使旁人看來是無

意義、不合理、浪費時間的堅持，他還是很古板地堅持既定形式、規則，不肯輕易改變，因此常無法應付突然改變的外在環境。

3. 有強迫性格者常會自認是有責任感強的人，一旦做不好，就很容易自責、看不開。給人的整體印象是比較固執、不知變通。

4. 強迫性格者的某些特質，其實跟亞斯伯格症有些相似，也就是一旦對某種事物產生強烈興趣，比較容易長期堅持下去，而不輕言放棄。因此時間久了，往往會成為某專業領域的傑出成就者，因此強迫性格有時也是一種容易成功的人格特質。

二、 較少尋求治療的強迫症

人的性格有七八成是由基因遺傳決定。每個人的性格各有不同是正常現象，就算有一些與眾不同的行為習慣，如果不違反良善風俗與法律，且不造成他人不便、反感，也都還能被旁人所接受。

約有三分之一的強迫症患者是在兒童時期就發生了，比較常見的行為如下：

1. 啃自己的手指甲。

2. 儀式性的洗手：患者會覺得手髒洗不乾淨，於是反覆洗手，即使洗到手破皮仍停止不了。如果只在自宅拚命洗手，家人可能已經習慣了，並不會加以糾正；如果是在上班時占用洗手間、花太多時間洗手，就可能引起非議。

3. 擔心地板不乾淨；擔心地板髒，每天都要拖地多次，否則會心不安。

4. 擔心門沒鎖好、瓦斯爐沒關好，而一再檢查。

5. 過度關心物品是否整齊：足球巨星貝克漢不管在球場上或代言廣告，總是英姿煥發的模樣，但私底下卻飽受強迫症折磨，他的物品都要成對，還要擺成直線；一個人在家裡沒事時，會不由自主地反覆清洗房間和整理物品，直到達到他心中的完美標準為止；他每次下榻旅館，再睏也要把宣傳單和書籍都收入抽屜擺放整齊，才能安心睡覺；此外他還有愛刺青、愛買內褲、個性挑剔、過度追求完美等。

6. 逃避某些顏色、數字、字母：像是排斥代表血的紅色、不吉利的數字（如 13、4）、英文字母 D（代表死亡 death）等。

　　若如上述，只是有一些無傷大雅的強迫症或強迫性思考，有時也不見得是壞事，因為他們反而比一般人更容易堅持一件事，而不輕言放棄。作者有一位相識多年的多產石頭雕刻家朋友，他坦言自己有雕刻強迫症，一日不雕刻就很難過，最終成了名家。.

　　然而有些強迫性的習慣就會對他人造成困擾，甚至給自己帶來麻煩了。比方說，有位富婆有順手牽羊的強迫症，經常到百貨公司偷拿些小東西，而且屢逮屢偷，既使常被罰款，也不改其志。據推測，她應該是享受那種偷竊和被抓的快感吧！也有一位 9 歲男生患者，喜歡摸女老師屁股，大學時代的室友則是「露鳥俠」，常在女生宿舍前露鳥，見到女生被嚇得花容失色尖叫，他就覺得很有快感；這些可都是有機會惹上性騷擾官司的行為，雖算不上是症狀嚴重的強迫症，但還是應接受治療來防止再犯為妙。

三、非治療不可的嚴重強迫症

以下列舉 4 個症狀嚴重的案例，這些都是達到必須接受治療的程度了：

個案一：蒼蠅變大象，一切事物扭曲

根據一位嚴重思考型強迫症患者痊預後(prognosis)的回想，當時發作時，他的腦子會自動把一隻蒼蠅放大成大象那麼大，所看到的人臉外觀，都是扭曲、不規則的。然而他人很清醒、有病識感，也沒有幻聽幻覺，更沒有精神分裂症(思覺失調)。

由於周遭的一切都失真扭曲了，因此腦筋還很清醒的他，就會十分緊張、焦慮，這種情緒再放大一些就屬於恐慌了。到了晚上，他也完全無法入睡、徹夜清醒，長期下來自然精神不濟。由於覺得走不出來、痛苦萬分，他深感唯一解決之道就是自我消失解脫，這也就是嚴重強迫症患者常會以自殺來結束痛苦的原因之一。

個案二：以特殊行為化解家人災難

有一位父親開車載著 25 歲的兒子來看診，短短 2 公里距離，他花了 3 小時才抵達。因為起初兒子不肯上車，一直覺得車座不乾淨，於是花了約 1 小時用書本當扇子，把座位搧乾淨後才肯坐上車；抵達診所樓下時，他又不肯下車；好不容易下了車，走路一定要貼著牆壁走。作者問他為什麼非要貼牆走不可，他表示，如果不這樣做，就會有災難降臨到家人身上。

此強迫症患者的智力是正常的，也沒有自閉症病史，也就是好好的一個人突然變成這樣，他也拒絕接受任何治療或吃藥，有時必須強制他就醫。

個案三： 以強迫行為表現的腦源病變幻癢症

有個母親懷疑她那念大二的兒子有妥瑞症，於是帶他來看診。 患者除了小時候發作過癲癇之外，並沒有任何精神疾病史。

患者的主訴是常會全身奇癢無比，眼睛也不例外，癢到他都想把眼珠挖出來了。發作時，他整個人就必須做 360°旋轉，才能化解癢感，即使如此，還是把自己抓得遍體鱗傷。發作時間並不一定，在課堂上也會發作，發作時一開始旋轉就持續半小時以上。由於他腦波正常，發作時也無異常腦波，加上半夜睡夢中照樣會發作（妥瑞症在睡著後不會發作），因此他並非妥瑞症，而比較像強迫症。

患者被安排到多間醫學中心看診，得到的診斷也很多元化，由妥瑞、癲癇到強迫症都有。作者將他的情況稱為「腦源病變幻癢症」（encephopathic phantom disorder）。他的癢感應該來自顳葉腦發炎，因為有一部分顳葉腦迴主管痛、癢、壓、冷、熱、位移等觸感（圖 12-1）。

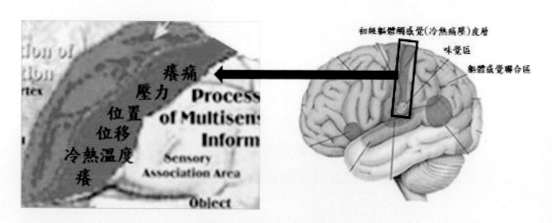

圖 12-1：顳葉腦迴主管的觸覺皮層

個案四：用嘴唇發出「擾人」的「美妙」鳥叫聲

有位 30 歲男士加入作者的 LINE，並傳來一段聲音（圖 12-2）。

圖 12-2：請掃描 QR Code，聆聽強迫症患者的鳥叫聲

https://m.youtube.com/watch?v=cM7qBUmh8vI

他發來訊息寫道：「我有一個不尋常的症狀，就是喜歡用嘴巴發出聲音、怪聲，這怪聲伴隨我二十多年，雖然發出的怪聲導致我牙齦流血，但我還是不停地發出，連睡在床上也是，家人都與我分房睡。

「上述這些聲音，我可以持續發出數小時之久，不願意但是卻忍不住，請問我是有精神病嗎？

「我以前小時候看到卡通鳥叫，於是就跟著卡通學，我非常喜歡這種聲音，到現在也還是，雖然我覺得這種聲音很好聽，但是我身旁朋友卻非常厭惡，我也因為常發這種聲音，而把牙齦弄出血，就算痛也會不自覺地持續弄出聲音來。

「我在焦躁的時候，會愈來愈厲害，尤其是在早晨，那種聲音聽起來就是非常美妙，但對我就他媽戒不掉，明明儘量抑制自己，卻又弄出聲音來。

「我是否有需要去你們診所看診，還是去看精神科？ 謝謝你看我的病情！」

作者聽那聲音像是學鳥叫的口技，其實還真好聽呢！

由於他可用意志力來加以暫時控制，因此並不是妥瑞症。因為這種發出鳥叫聲的強迫症，已影響到他的人際關係及求職，並且對嘴唇、牙齦造成損傷，所以就很有必要接受治療了。

四、 強迫症發病原因、病灶與治療

大多數專業人員都認同，強迫症是由於腦部頭狀核、眼前額葉腦部的腦細胞發炎，以致對很多訊息的過濾過分仔細，導致訊息塞車無法通行，因此會不斷重複同樣的動作或思考。

在嚴重強迫症的急性發作期，精神科藥物及自然療法可同步進行。

如果讓急性發作時的強迫症患者做正子掃描的話，通常可以看到腦前額葉攝取超量葡萄糖同位素，而顯影出深紅色（圖 12-3 右側），因此臨床上會建議患者減少葡萄糖的攝取，甚至進行徹底的「斷醣生酮」飲食。葡萄糖供應一旦受到限制，腦細胞因過度燃燒葡萄糖而產生異常腦波的狀況，就會減輕很多，強迫症狀也會同步減輕。

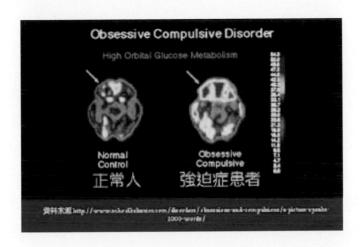

圖 12-3：正常人與強迫症患者的腦正子（PET）影像比較

葡萄糖攝取一旦減少，肝臟就會把大分子的脂肪酸，分解成 4 個碳小分子的酮體（BHB、AcAc），來取代葡萄糖作為細胞燃料。BHB 除了可當細胞的燃料，也有直接抗發炎作用，因為 BHB 酮體可阻斷 NLRP3 發炎體（inflammasome）誘發的腦細胞發炎反應。

葡萄糖及脂肪酸都是熱量來源，人少吃澱粉後，原本由葡萄糖供應的熱量來源，則改為由足量的 Omega-36 必需脂肪酸來供應，乃是治療強迫症所必用的自然療法之一。

此外，將水（$2H_2O$）電解成氫氧氣（$2H_2 + O_2$）吸入，可排除腦細胞內過多的酸與自由基廢棄物，尤其是在睡眠時也吸入，對於強迫症的緩解可收到一定效果（見本書第二篇第五章）。

第十三章、妥瑞症的原因及診斷

台灣醫學界將 Tourette syndrome 譯為「妥瑞症」，而中國大陸則稱之為「抽動症」。在各種因緣際會之下，作者於 2010 年開始了精神神經疾病的自然療法，十餘年來，治療過眾多兒少或成人的妥瑞症患者。雖然不開藥物給妥瑞症患者服用，但治癒率卻比服用藥物更佳，高達 95%～99%，因此妥瑞症可說是讓作者覺得最有從醫成就感的疾病之一，很樂意在此跟大家分享經驗。

現行主流醫學認為，約有三分之一的妥瑞症幼兒患者，在進入青春期後，症狀就會自動消失，但事實上，有不少人到了四五十歲仍然有妥瑞症的症狀。

傳統神經科或小兒科醫師，大多不會開藥給妥瑞症患者服用，而是建議繼續保持觀察，充其量只開維生素 B_6。到目前為止，食藥署認可用來治療妥瑞症的藥物只有安立復（Abilify）一種，但其療效亦因人而異，且有某些特定副作用。

一、 單純性妥瑞症並非精神疾病

單純的妥瑞症，是一種主管隨意肌的腦神經疾病，而不是情緒障礙，更不是精神疾病，有相當比例的妥瑞症患者聰慧開朗，沒表現出任何其他形式的神經功能異常或情緒異常。

但是也有許多 ADHD、ADD、亞斯伯格症、非典型自閉症、智障、學習障礙患者同時併發了妥瑞症，這類多種障礙齊發的患者，就不能被列為單純性妥瑞症的個案。

妥瑞與 ADHD 的臨床症狀表現雖然完全不同，但其致病機轉卻很接近，只是由於受損腦迴部位不同，因而表現出來的不同症

狀而已。前者是因為主管隨意肌運動的腦神經細胞受到傷害，後者則是主管情緒的腦神經細胞受損。本文探討的妥瑞症是指單純型妥瑞症，也就是只有動作 tics 或聲語 tics。Tics 這個英文字，很難精準的翻譯成中文。Tics 這現象乃是由 Tourette 醫生所發表，稱之為 Tourette syndrome。台灣將之直譯為「妥瑞症」，而中國大陸則將之稱為「抽動症」。

二、 妥瑞症的發生率

多數流行病學調查顯示，妥瑞症的發生率約為每一萬人中有 5～10 例，男女患者比例為 3～4：1，好發於幼年，平均在 3～9 歲首次發作。如果是青成年才首度出現疑似妥瑞症的症狀，必須慎重跟強迫症、舞蹈症、原發性顫抖、巴金森氏症等作鑑別診斷。

根據觀察，如果父母有妥瑞症者，其子女發生妥瑞的比例較高。若父親有妥瑞症，則外表長相愈像父親的，有妥瑞症的比例似乎也愈高；有個調查 43 對雙胞胎的研究顯示，同卵雙胞胎兩人都得到妥瑞症的機率為 53%，但異卵雙胞胎同時有妥瑞症的只有 8%。妥瑞症被肯定是有家族傾向的，但真正的遺傳基因方式還不清楚，而後天的居住環境及飲食習慣的影響也非常大。

另一項調查顯示，妥瑞患者的父母血親中，有妥瑞症病史的比例約占 50%，因此作者在門診中，都會詢問其家族史；父子、兄弟同時來治療妥瑞症的例子也很多，也曾有祖父、父親、孫子三代一起來接受治療妥瑞症。

三、 妥瑞症的致病原因

單純性妥瑞症的病因與過動(HD)很類似。妥瑞症是因為患者罹患腸肺漏症在先，過敏原侵入血液中，再加上患者有血腦障壁

破損的腦漏症，因此過敏原又再穿透破損的血腦障壁，進入主管隨意肌的腦迴中，引發該腦迴中的腦神經細胞發炎，發炎的腦神經細胞於是發出 13~30Hz 的高頻率求救訊號，引起相對應的肌肉群產生無法以意志力對抗、阻止的收縮。表現出來的運動肌肉異常症狀很多元化，端視受影響的腦迴部位而定（圖 13-1、13-2）。

　　過敏原如果影響到主管情緒的腦迴，該部位的腦神經細胞也同樣會異常放電，但是表現出來的是情緒方面的亢奮異常，例如 ADHD，尤其是單純性的過動症(HD)。

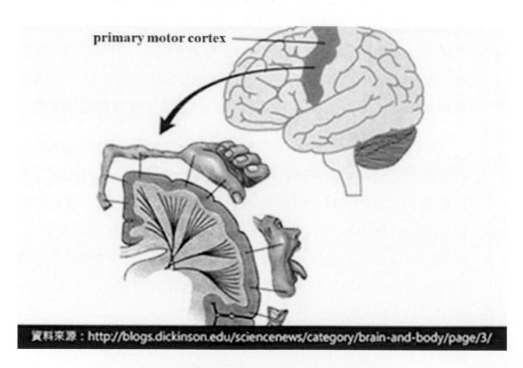

圖 13-1：腦組織外觀及主管隨意肌的腦迴

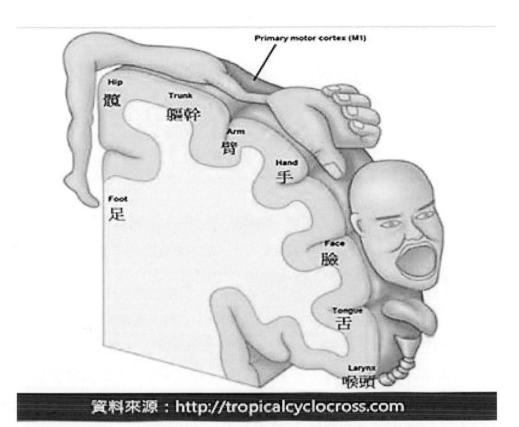

圖 13-2：主管隨意肌的腦迴

四、 妥瑞症的症狀

　　按照症狀來分，妥瑞症的症狀可分為動作型 tics 及聲語型 tics 兩種，端視哪個部分的腦迴受損而定。不論是由於控制頭臉頸及四肢軀幹的異常肌肉收縮所產生的動作，或是由於控制發聲器官的肌肉收縮所發出的聲音，英文都統稱之為 tics。tic 這個英文字很難精確的翻譯成中文，因此傾向直接延用原文。tics 可分為動作型或聲語型，凡是有這兩種 tics 的患者，都統稱為有妥瑞症。

1. 動作型 tics 及聲語型 tics 的症狀

動作型 tics 是一種突然短暫的、無特殊意義的、用意志力也阻止不了的動作，如眨眼、裝鬼臉、噘嘴、聳肩、伸舌頭、揮舞上肢、下肢亂動、鼻子抽動、搖頭晃腦、緊縮肚皮、手指移動、跺腳、整個人上下跳個不停，嚴重者甚至不停扭動四肢及軀幹，導致無法正常上學、進食、如廁。

聲語型 tics 有如清喉嚨、咳嗽、吐口水，或者發出尖叫聲、狗叫聲及其他各種聲音，也有罵「幹」或其他穢語的，甚至聽到鳥、狗、貓等動物叫聲後，就會學著改變叫聲。

大多數患者 tics 的型態都很固定，甚至有人妥瑞症發作多年都不曾改變 tics 型態。有些人是單純動作 tics 或單純聲語 tics，也有人是動作聲語兩者同時發生；但也有人的 tics 一直在改變症狀，這是因為被波及的腦迴部位也不停在改變的緣故，就好比人的異位性皮膚炎發生在哪裡就會哪裡癢。

2. 會紓緩或加劇妥瑞症發作的狀況

a. 患者若專心於某樣真心喜愛的事物上，如彈琴、打電玩、看錄影帶時，症狀常會暫時消失。

b. 進入熟睡狀態時，症狀會完全消失，但半睡半醒時也會發作。

c. 感覺壓力大、心裡緊張時，如要上台說話或考試前，症狀會加劇。

五、 需與妥瑞症作鑑別診斷的疾病：

1. 癲癇

在 3D 立體腦波的表現上，癲癇腦波跟妥瑞症的異常腦波幾乎無法區分，但妥瑞症發作時，患者都是清醒的；而癲癇大發作時，患者都會短暫失去意識，並且有可能在睡夢中發作，但妥瑞症卻不會在睡著後發作。

2. 癲癇局部小發作

癲癇局部小發作時，人有可能還是清醒的，發作時的 3D EEG 腦波跟妥瑞症的也類似，因此兩者不易區分。

3. 亨丁頓舞蹈症

比較嚴重的舞蹈症（Huntington's chorea）患者，只要是在清醒的時候，四肢都會做無節奏的手舞足蹈，真的會被誤會是在跳舞。只有在睡著後，舞蹈動作才會暫時停止。這類患者往往有基因缺陷，因此初期或輕微的舞蹈症，必須轉介到醫學中心，進行過遺傳基因檢測，才能跟妥瑞症區分。舞蹈症大多在 33～55 歲間發病，但也有低至 2 歲、高至 92 歲的首發患者。

4. 巴金森氏症

這是一種腦神經退化性疾病，且大多發生在 40 歲以上的成年人，年輕型的巴金森患者較罕見。確診巴金森氏症的最準確方法，就是做腦部的核子醫學掃描，會發現腦基底核分泌多巴胺神經傳導素的黑子細胞減少，但多先呈現不對稱現象。

5. 原發性顫抖

絕大部分的原發性顫抖，都是在青壯年時首度發作，跟妥瑞症

多在兒童期發病不同。而原發性顫抖患者的基底黑子細胞正常，其病變乃是在主管隨意運動肌肉腦迴的大腦皮質有異常放電。原發性顫抖與多巴胺神經傳導素缺乏無關，因此如果服用可促進多巴胺分泌的藥物，並無法改善原發性顫抖的症狀。

6. 腦病變體幻感症

腦源性病變體幻感症（encepholopethic phantom disorder）是作者自創的名詞，醫學教科書並沒有正式記載過此疾病。然而此類患者人數不少，很容易被誤診為妥瑞症。其症狀是會誇張地 360°旋轉肩膀或任何肢體，因為他覺得這樣旋轉後，身體才會放鬆舒暢，這種動作可用意志力來控制，跟無法用意志力控制的妥瑞症完全不同。這類疾病也包括幻痛症（纖維肌痛症）、幻冷、幻熱、幻癢等，可謂洋洋大觀。

六、 妥瑞症的診斷方法

1. 看與聽

有經驗的醫師只要瞄一下患者的動作，或用耳朵聽其發出的聲音，就可以有九成把握下診斷。但有些孩童的妥瑞症狀只是輕微眨眼，因而有可能被眼科醫師當成眼睛結膜炎，點一段時間的眼藥水發覺無效後，才會想到有可能是妥瑞症。有些孩童則是輕微扭動鼻子或發出咳嗽聲，讓家長、醫師誤以為是過敏性鼻炎或氣管炎。

有些妥瑞患者在門診做檢測時並沒有發作，因此找不到異常腦波，這樣就只能聽家人的口頭描述了，因此建議家長最好把孩童發作時的動作或聲音，用手機錄影起來給醫師參考，以免誤判。患者若在看診時沒有 tic 發作，醫師是比較難百分之百確診是否為妥瑞症的。

2. 3D 立體腦波

3D 立體腦波是診斷妥瑞及過動症最有效又便宜的非侵入性工具。腦波 EEG 用來作後續追蹤，看看是否有改善，也非常管用。3D 立體腦波雖已被普遍應用於各種 AI 高端先進科技領域，但因欠缺應用於臨床醫學診斷的論文，目前大部分醫學中心仍普遍使用傳統平面腦波檢測。

對於有明顯 tics 的妥瑞症患者，作者都會在他們做 3D EEG 時同步錄影，把動作及腦波影像錄在同一個畫面中。等患者痊癒後，他們本人及家屬看了治療前後的錄影，都會覺得非常開心。

我們觀察到的妥瑞症異常肌肉動作，都是由波長在 13Hz 以上（13Hz～30Hz）的 β 波引發的，異常 β 腦波會與患者的異常動作同步出現。

以搖頭來說，如果左側出現一道異常 β 波，則患者的搖頭動作必定是側向右邊，要是右側先出現異常 β 腦波，零點幾秒後左側再出現異常 β 腦波，則患者的頭也必定先偏向左邊，零點幾秒後再偏向右邊。這跟右側腦中風會產生左側癱瘓（對側）的道理一樣 （見以下錄影影片）。

請掃描 QR Code，觀看妥瑞症發作時的錄影

https://m.youtube.com/watch?v=o5cna3DnR88

由於控制眼皮的肌肉不需用到太大的腦電波，因此如果只是輕微的不自主眨眼，並不一定能測量到異常 β 腦波。

剛開始時強烈放電的腦細胞，電放久了也會變得虛弱疲累，因此成人妥瑞症患者的異常腦波，往往沒有兒童患者的異常腦波那麼強烈明顯。

3. 氫氣挑戰測試（Hydrogen Challenge Test）（見本書第二篇第五章）

將 2 個分子的水（$2H_2O$）電解，可產生 2 個分子的氫氣（$2H_2$）及 1 個分子的氧氣（O_2）。在日本及中國大陸，水電解機已被核准為最高等級的第三類醫療器械，廣泛應用在各大醫學中心急診室或加護病房的危急重症，台灣有許多民間的養生保健館也採用水電解氫氧機。

(1) 「氫氣挑戰測試」的腦波變化

此測試對於 3D EEG 的判讀有很大的參考價值。在診所做完 3D 立體腦波及自律神經活性檢測（HRV）的患者，都會請他們自行到附近的養生館吸 1 小時的水電解氫氣之後，再回到診所做第二次 3D 立體腦波及 HRV 檢測，觀察其吸入 $2H_2 + O_2$ 前後的差異，以及所排出尿液的酸鹼值（pH）和自由基代謝廢物（MDA）的變化，可得到很多有價值的參考資訊。

舉例來說，有一位臉部表情扭曲及發出怪聲的妥瑞症患者，其 3D 立體腦波呈現過高的異常腦波（圖 13-3 上圖），吸入氫氧氣 1 小時後，異常腦波都轉為正常(圖 13-3 下圖)，臉部扭曲表情及聲音也同步消失。不過並非每位妥瑞症患者都可觀察到有如此鮮明對比的腦波圖。

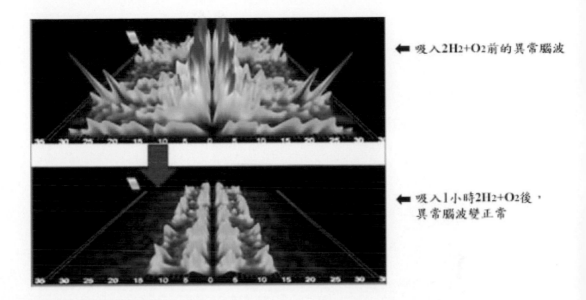

→ 吸入2H₂+O₂前的異常腦波

→ 吸入1小時2H₂+O₂後，
異常腦波變正常

圖 13-3：動作及聲語型妥端症患者的「氫氣挑戰測試」結果

(2) 氫氣挑戰測試的尿液變化

　　有位妥瑞症患者吸入 $H_2 + O_2$ 前的尿液酸鹼值為 pH7.5， 30 分鐘後仍為 pH7.5，表示細胞內的酸性廢棄物與尿液的自由基代謝廢物，都還沒排出細胞外（圖 13-4 左圖）；但再吸了 1 小時的 $2H_2+O_2$ 之後，尿液的酸鹼值降為 pH6，自由基檢測劑的顏色變深（圖 13-4 右圖），表示有大量自由基代謝廢物由細胞內被排到細胞外，再排到尿液中。

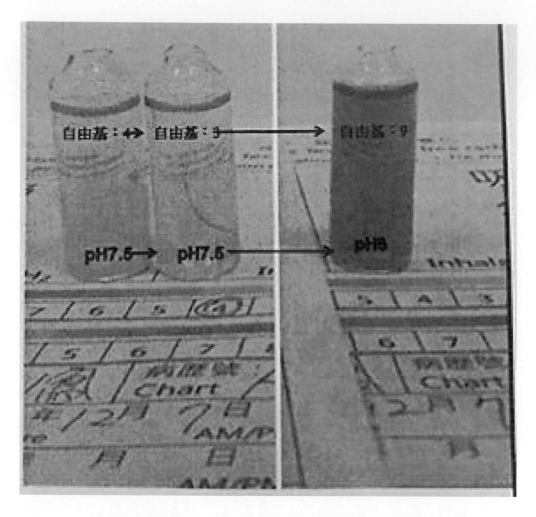

圖 13-4：「氫氣挑戰測試」的尿液酸鹼值及自由基代謝廢物測試

七、 妥瑞症患者的人際關係及危險性

1. 單純性的輕微動作型妥瑞症

　　這種妥瑞症患者只發生無法用意志力來控制的肌肉抽動或表情，但沒有發出聲音，也沒併發 ADHD、ADD、強迫症、自閉症等。因此除了有無法控制的小動作之外，其實他們便跟正常的小孩無異。如果老師能說服同班同學不要介意，大都能相安無事。然而有些不明就裡的家長或老師，會用打罵、命令來制止患者的

動作，因而引起學童的對立、反抗及焦慮。

有一位心理素質良好，但有妥瑞症的保險業務員，不但不覺得他無法控制的搖頭對他的業績有負面影響，反而有加分作用。他說因為不由自主的搖頭會給人深刻印象，客戶也會出於同情而格外關心、給業績。

2. 嚴重誇張的肢體動作

有些患者的肢體動作過大，因而引發肌肉痠痛、骨關節受損，或因持續不斷大力點頭搖頭多年而導致頸椎受損，引發長骨刺及頸椎狹窄，須動頸椎手術，有些人的手腳動作大到無法正常進食、如廁、打電腦、寫字或工作。

有一位會不時不由自主地上下跳動的妥瑞症患者，原本想搭高鐵從高雄上台北來就診，結果被高鐵站務人員擋住不准他進站上車，只好請朋友開車載他北上。

3. 聲語型 tics

動作型妥瑞症患者比較能被同學們接受，但如果是一直發出聲音，就對他人或同學會形成干擾。對於這種干擾同學的狀況，師生就算不會口出惡言，家長還是很過意不去，心急如焚。

有一位 13 歲的國中生會不停地說「幹」、「操」等穢語，作者建議他試著改成「啊」或「哈」等發音，他有些生氣地回應說：「那又不是我想要說話，那是控制不住的，怎麼可能改聲音呢！」

也曾有一位四十多歲的聲語型 tics 女性來看診，她一進診所大門，在 30 公尺外的診間就聽到她非常大且密集的聲音。聲語 tics 的音量若太大，會對求職不利，還好她是在父母經營的公司當會計兼倉管，也有個人辦公室，不會打擾到別人。

4. 危險動作 tics

有一位從 5 歲就開始發生動作型 tics 的 22 歲青年，會經常用拳頭非常大力地狂打自己身體各個部位；來看診的前一年，他改為用雙手打自己的雙眼，結果把雙眼都打瞎了，連光線都看不到，令人極為不捨。他父母曾為他訂製護眼鋼製頭面罩，但他還是會想辦法將面罩拆下來繼續打。

可惜，此患者只來過門診 1 次，並沒有接受治療。作者根據其病史及腦波，發現他並非是單純妥瑞症，而是有併發躁鬱、強迫症及自殘傾向。對於這種會自殘的精神神經疾病，家長若能及早強制送到精神科住院治療，瞎眼的悲劇應可避免。

作者目前雖然在做精神神經疾病的自然療法，但由於曾在急診科服務過十年，又曾在大型精神科醫院病房代班過 1 年，因此對於各種抗精神疾病的西藥作用知之甚詳，也非常認同對於有危急生命或器官的精神病急症，必須先強制患者使用藥物。

第十四章、IQ 智商檢測與智力障礙

　　智力商數（IQ），簡稱智商，是一種用來表示人智力高低的數量指標，反映出人的觀察、記憶、思維、想像、創造力、分析和解決問題的能力。它是通過一系列標準測試，測量人在該年齡段的認知能力的得分。根據這套測驗的結果，將人的平均智商訂為 100，而正常人的智商，根據這套測驗，大多在 85 到 115 之間。最新的研究表明，智商的高低不只是與遺傳因素有關，還與生活環境及營養因素也有關。

智商成績	評斷	每千人中會出現較高智商人數及比例
150 以上	極度天才	1 人（0.1%）
140-149	天才	5 人（0.5%）
130～139	優秀智力	25 人（2.5%）
120 以下		
110～120	較高智力	
100	平均智力	
90～100	普通智力	

80～90	遲鈍偶為低能	
70～80	介遲鈍與低能之間	
70 以下	智能障礙，可領智障手冊	

圖：人的智商高低與表現

　　至於智商高低是遺傳自母亦或父親？往往眾說紛紜，比較中肯的說法是，人的智商高低有 70% 是由基因決定的，父占 35%，母占 35% 的責任，其餘 30% 則是由外在環境及營養等因素決定的。由於精卵結合之後，需要在子宮內發育 38 周才產出體外，因此所謂基因以外的外在環境影響最大的因素，首推胎兒在出生之前，在子宮內的環境（詳見第一篇第四章）。

一、智商多高算聰明？多低算智障？

　　人類的平均智商範圍，處於 70～130 之間，平均數為 100。許多超級科學家都有特高智商，如愛因斯坦 150，牛頓 190，霍金 160，伽利略 185。

二、不同種族國家人民智商有別

　　據媒體報導，研究人類智商的學者在收集研究 130 個國家的智商測試後，得出的結論是：中國人、日本人、朝鮮人是全世界最聰明的人，他們擁有全世界最高的智商，平均值為 105，明顯高於歐洲和其他人種。

調查還指出，人種間的 IQ 差異，從三歲起就已出現，此時家庭教育等其他因素還沒有產生任何實質性的影響。

全世界人均國民智商排名前三的國家，分別是：新加坡第一，韓國第二，中國和日本並列第三，英國人的智商排名第 17。

1.	新加坡	108
2.	韓國	106
3.	日本、中國	105

雖然中國排第三名，但第一的新加坡總人口數僅 560 萬，韓國總人口數約 5125 萬，和中國並列第三的日本人口總數也才 1.26 億，而中國總人口數則高達 13.9 億（2017 年）。以人口數作比較，中國人口數是日本 11 倍，韓國的 27 倍，新加坡的 248 倍！如果綜合考慮人口數，取樣數據再擴大一些，中國一般民眾的智商，應該可以傲視全球。

大致上，東亞地區人種 IQ 較高，平均為 106，白種人 IQ 100，美國黑人 IQ 85，非洲撒哈拉沙漠以南的黑人 IQ 70。由於上述正式研究成果曾公開發表過，已廣為人知，但已搶占科技文明先機的白種人，似乎有意避而不談。

智商在 130 以上者就屬於人群中的「高智商」，佔總人口比例大約為 2.5%左右。

三、由「特曼人」的表現來印證高智商與成就的關聯性

撰寫了《天才的遺傳研究 Genetic Studies of Gene》五大巨冊的史丹佛大學心理學教授-特曼，至今仍被尊為智商研究界最頂尖的學者。

特曼曾遇見一位在史丹佛大學宿舍當工友的天才亨利·科威爾（Henry Cowell）。

科威爾家境貧窮，跟人又合不來，因此不曾上過學，但他常溜到學校裡自學彈鋼琴，琴聲非常優美動人。特曼教授好奇之下幫科威爾測智力，發現其 IQ 竟高達 140，屬於天才。

特曼教授於 1921 年前後，曾針對 25 萬名小學生做智商測試，經過兩次的測試，先找出 IQ 在 130 以上的學生，再做第三次測試，結果從 25 萬名小學生中，找出平均智商（IQ）在 151 以上的共有 1528 人，其中還有 77 人的 IQ 在 177～200 之間。

特曼教授針對此 1528 人做了數十年的長期追蹤，在 1925～1959 年之間研究團隊成員，陸續接力發表了 5 卷《天才的遺傳研究》，成為智商研究界的經典之作。

參與特曼教授主持《天才的遺傳研究》的受試者，被稱為「特曼人」。此研究的結論讓對高智商有特殊期待者，大失所望，茲總結如下。

1. 並沒有一個特曼人成為常人心目中天才應有的樣子。

2. 許多特曼人只能在一些相對普通的工作崗位上發光發熱，比如教授、醫生、律師、科學家、工程師或其他職業。

3. 特曼人中,也有許多未取得專業職稱或研究生學位,或只從事不需要有任何高等教育的職業。

4. 1528 名特曼人中並沒有出現一位諾貝爾獎得主。反而是有四位曾參與此研究計畫甄選,因 IQ 未達標的被淘汰者,獲得了諾貝爾獎,此四人介紹如下:

   a. 特曼淘汰者之一 : 路易斯 · 沃爾特 · 阿爾瓦蕾茨(Luis Walter Alvavez),獲得 1968 年諾貝爾物理學獎。

   b. 特曼淘汰者之二 : 威廉 · 尚克利(William Shokley),他在 1956 年跟另外兩位同事獲得了諾貝爾物理學獎。

   c. 特曼陶特者之三 : 詹姆森 · 沃森(James Watson),以發現 DNA 結構而獲得諾貝爾獎。

   d. 特曼淘汰者之四 : 理查 · 費曼(Richard Feynman),以提出量子力學的路徑積分而獲得諾貝爾獎。

5. 有些領域並不需要高智商者

   a. 許多著名領導者的智商往往並不高,例如拿破崙的 IQ 只有 145,並不算高,拿破崙若參加特曼研究計畫甄選,也會被淘汰。

   b. 軍隊指揮官的智商,平均要比其他人低 20 分。高 IQ 者,比較不容易接受服從教條,一個口令,一個動作的呆板訓練。

6. 過高的 IQ,反而不利於有效領導,這是由於智商過高者,通常自視其高,內心深處有傲慢感,不容易跟 IQ 較低的下屬打成一片。

7. 特曼人中絕少虔誠宗教信徒。特曼人中從事神職工作的比例也極低，可能係因為高 IQ 者推論能力較強，很容易發現宗教理論中的盲點破綻，因此比較不容易被「洗腦」。

8. 高 IQ 者比一般 IQ 者更容易把事情「搞砸」。由於高 IQ 者往往反應較快，思路清晰，口才便給，若缺乏後天良好薰陶，反而容易變成口齒伶俐、得理不饒人、尖酸刻薄的低 EQ 之流，把人性本惡的劣根性發揮得淋漓盡致。

其中最廣為人知的是東漢時，四歲時就懂得尊重兄長讓梨的「孔融」。在三字經中就有「融四歲 能讓梨」的記載；孔融十歲時，因表現突出而被眾人稱讚，但卻有人冷言批評他說：「小時了了，大未必佳」（世說新語），可謂「一語成讖」。 孔融年長後為官，不但文不行，武的也不行，還喜歡跟曹操對著幹，結果被曹操斬全家。

孔融非常驚恐，懇求來逮捕他的士兵，放過兩個分別為八、九歲的孩子；倒是兩個孩子卻沒有一點惶恐的樣子，還在神色自若的玩遊戲，還說出了「覆巢之下無完卵」的千古名言。勸爸爸說沒有必要再哀求了。孔融是孔子的二十世孫，高智商應不在話下，他兩個小孩亦頗有父風。父子們給中華文化留下了「融四歲 能讓梨」、「小時了了，大未必佳」、「覆巢之下無完卵」的經典名句。

9. 高智商與日後成就間的相關性：本「特曼人」研究的結論認為，高智商與日後成就之間的相關性並不高，只是「弱相關」；擁有高成就更重要的關鍵為「動機、毅力、決心」。就算智商（IQ）為一般水準者，如果能有強烈的動機、堅強的毅志力及絕不休止的決心，日後的成就也不會低於天生高智商者。

四、 如何觀察孩子是否具有高智商

相信大多數的父母都好奇，我的孩子，具有「高智商」的特質嗎？高智商的孩子，從出生開始就會從細節裡顯露出不少高智商特質，父母可以從找尋這些特質來判斷，自己的孩子是否有「高智商」的可能性。

1. 說話比較早。

2. 喜歡笑：愛笑的孩子都比較聰明。聰明孩子對外界事物產生發笑的年齡會比較早，頻率也較高。

3. 勇於質疑：由小孩看問題的切入點，可以發現他們思維的邏輯性。總是喜歡用提問題來「嗆住」大人的孩子，往往特別聰明。這些孩子，所說的話、提出的問題，時常能讓大人啞口無言，不知如何回答。

4. 善於模仿：幼兒在 2～3 歲時，中樞神經逐漸開始發展，是孩子模仿的最佳時機。他們常常會模仿周圍人的動作和語言。模仿得愈逼真的孩子，其智商往往也愈高。

5. 好奇心強，喜歡問為什麼：「為什麼大家都說地球是圓的，但看到地面都是平的呀？」、「為什麼鸚鵡喜歡學人講話？」不斷提問的孩子，往往好奇心重且思維敏捷，觀察力和表達能力也都較強。

6. 喜歡看書，閱讀能力強。

7. 會「編」故事：聽孩子自己編的故事，會看到他們腦海中天馬行空的世界。

8. 記性佳，見過的事物親友都容易記住。

9. **表現出具有「管理」的能力**：高智商孩子比較喜歡發號施令，有時會被大人貼上自私和愛出風頭的標籤，有較強的主見、領導力、思維能力和組織力，未來在學校也更可能成為風雲人物。

10. **愛聽音樂**：有的孩子一聽到音樂就會開心地手舞足蹈，跟著音樂一起搖擺，那麼這個孩子一定擁有音樂方面的天賦。

11. **喜歡數字數學，對數字比較有敏感性。**

12. **會想把錢留起來**：喜歡存錢是有規劃、有自制力的象徵。

13. **運動神經發達**：運動能力強的孩子，動手能力和實踐能力都很出色，運動所支配的腦區也更為活躍。一般能靈活地運動的孩子，也更能安靜專注下來，也就是「靜如處子動如脫兔」。

14. **長時間專注一件事**：高智商孩子可以專心地聽人講完一個長故事，並且有複述能力，這都是注意力可集中，且具有理解及記憶力強的表現。在校期間可名列前茅或成為學霸，長大後表現更為優秀。

第十五章、睡眠障礙的診斷及自然療法

一、正常睡眠週期

依據腦波活動與眼睛快速移動與否,睡眠大致可分為「快速動眼期」(rapid eye movement stage, REM) 及「非快速動眼期」(non-rapid eye movement stage, NREM) 兩階段。REM 期時,全身肌肉張力會降至最低,心跳及呼吸變得不規則,男性可能會勃起,並常有夢的產生。正常的睡眠是由 NREM 與 REM 交替循環出現,其中 NREM 的淺睡第 1、2 期,以及熟睡期第 3 期,約占所有睡眠時間的 75～80%;(第 1 期)約占 5～10%、第 2 期占 45～50%,第 3 (3+4) 期共占 20～25%)。而 REM 期約占所有睡眠時間的 20～25%。正常睡眠週期由 NREM 第 1 期循序進入第 3 期,睡眠由淺進到深度,再從深度回到淺度之後進入 REM,如此週而復始,約 90 至 120 分鐘循環一次(如下圖)。

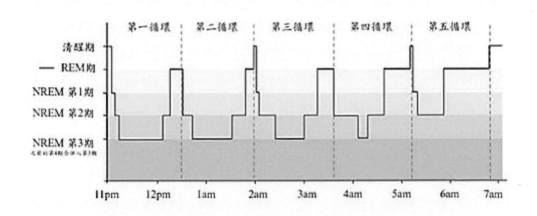

上圖:人在整個晚上可經歷四到五個睡眠週期

儘管每個人每天都要睡覺，但專家們對睡眠的了解還不是很透徹，雖然有科學儀器可以輔助紀錄，但睡眠品質到底如何，還是必須根據個人感受而定。

透過各種科學儀器的檢測，睡眠研究人員已經知道有兩種主要的睡眠類型，即 REM 睡眠與 NREM。NREM 睡眠占了整個睡眠時間的 75%，NREM 由三個階段組成，稱為 N1，N2 和 N3。

1. NREM1（N1）睡眠狀態

N1 是淺睡期，也有人叫恍神期，此時仍有部分意識存在，N1 時間比較短，約 10 分鐘，人很容易從這個階段中醒來，並且可能不認為剛剛已經睡著。N1 時期的腦波會由清醒時的 Beta（β）波（13～30Hz）變成放鬆 Alpha（α）波（8～12Hz）。正常成年人在 N1 階段睡眠中花費的時間最少，占睡眠總時間的 5%左右。

2. NREM2，（N2）睡眠狀態

N2 期的眼球運動停止，呼吸心跳變慢，體溫下降，腦波由放鬆 α 波變成睡眠 Theta（θ）波（4～7 Hz）。N2 被視為腦部跟外界環境完全隔絕前的一個中間階段，雖然 N2 比 N1 睡眠更深，但 N1 與 N2 兩者，同樣只算是輕度睡眠（light sleep stage）的淺眠階段，此時仍很容易被喚醒。

根據美國國立衛生研究所（NIH）的數據，由於睡眠週期循環在整個晚上週而復始進行，因此一個人在 N2 階段的時間，比任何其他睡眠階段都多，正常成年人在 N2 睡眠的時間約占總睡眠時間的 55%。

3. NREM3，N3 （N3+N4）睡眠狀態

N3 階段睡眠的腦波為最低頻的深度 Delta（δ）波（1～3Hz），一個人若要能在一覺醒來感到精神煥發，所最需要的就是 N3 睡眠期。

N3 通常持續 20 到 40 分鐘，N3 睡眠時，大腦對外部刺激的反應較少，也因此最難從這個階段喚醒一個人。從 N3 睡眠中被叫醒來的人時常感覺昏昏沉沉、迷失方向。N3 期間，心率和呼吸緩慢降至最低水平、肌肉活動減少、沒有眼球運動，體溫及血壓皆下降。

N3 與 REM 也是說夢話和夢遊最有可能發生的階段，夢魘和夜驚也是 N3 及 REM 睡眠異常現象。根據梅奧診所（Mayo Clinic）的說法，夜驚嚇，也稱為睡眠恐怖，較常發生在兒童身上，孩子會在睡覺期間坐在床上尖叫。N3 睡眠在嬰幼兒階段的時間較長，並隨著年齡的增長而穩定下降，原因尚不清楚，而成人的 N3 階段大約占 15%的總睡眠時間。

4. REM 睡眠狀態

一個人在入睡約 90 分鐘，並經歷所有 N1、N2、N3 三個 NREM 睡眠階段後，就開始進入 REM 睡眠，第一個 REM 週期通常持續約 10 分鐘左右，隨後每個 REM 週期都會隨著睡眠的進行而逐漸變長。REM 睡眠的特徵，是在閉合的眼瞼下方，眼珠會從一側快速移動到另一側，至於眼球為何會快速移動的原因尚不清楚。

REM 睡眠是大多數夢境發生的階段，我們常常不記得夢的內容，但也有些人從 REM 睡眠中醒來後，可以回想起夢境的一些內容。

與 NREM 睡眠相比，REM 睡眠時，大腦中多數神經元的放電率增加，事實上，REM 睡眠中的大腦，甚至比我們清醒時更加活躍。在 REM 睡眠時，大腦活動的模式更為隨機，這種大腦活動模式，很可能是基於在此狀態下所發生的強烈夢境。

在 REM 睡眠期間，心率及血壓與 N1 睡眠相比略有上升，呼吸變得快而淺，體溫則降至最低點，人會蜷縮在被子中，以確保在沒有體溫調節功能的潛在危險時間內，不會消散太多的熱量到環境中，此時全身肌肉深深地放鬆到幾乎不動的程度。

根據美國國家睡眠基金會（National Sleep Foundation）的說法，大腦會在 REM 睡眠時，處理白天收集的訊息，將訊息強化後儲在長期記憶裡。新生兒的 REM 睡眠時間可能達到其睡眠時間的 80％左右，而大多數成年人的 REM 睡眠則占總睡眠時間的 20~25％。

REM 睡眠占總睡眠時間的比例，在整個成年期保持相對穩定，但在 65 歲以上的人可能會下降，老年人的睡眠往往更淺，會經歷更多的清醒或是"微清醒"，但是這些短暫的清醒並不影響他們起床後的精神。

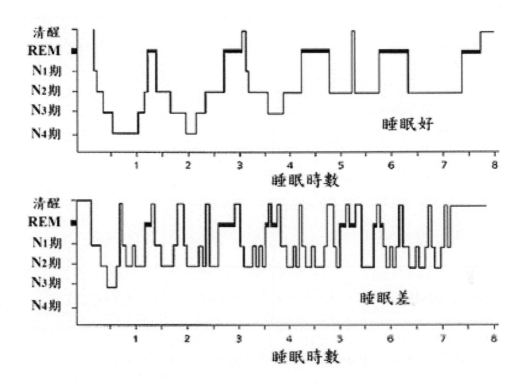

上圖 ： 睡眠狀態差或良好之 N1-3 及 REM 狀態

新生嬰幼兒青少成年老人	年齡範圍	建議睡眠時間
新生兒 Newborn	0～3 歲	14～17 小時
嬰兒 Infant	4～11 歲	12～15 小時
幼兒 Toddler	1～2 歲	11～14 小時
學齡前 Preschool	3～5 歲	10～13 小時

新生嬰幼兒青少成年老人	年齡範圍	建議睡眠時間
學齡兒童 School～age	6～13 歲	9～11 小時
青少年 Teen	14～17 歲	8～10 小時
青年 Young Adult	18～25 歲	7～9 小時
成人 Adult	26～64 歲	7～9 小時
65 歲以上老人 Older Adult	65 歲以上	7～8 小時

上圖 ： 各年齡層所需睡眠時間

二、快速動眼期睡眠行為障礙

讀者在了解了 NREM 可提供身體休息，以及細胞修復的最主要的功能後，你一定會問，那 REM 又是在做什麼呢？ 研究人員為了想要了解 REM 對人類睡眠的重要性及意義，於是做了以下的實驗。

這人體實驗就是在受測者入睡後，正要進入 REM 時，就把他叫醒。不讓受測者得到 REM 的睡眠，結果受測者因為得不到 REM 的睡眠，就會自行縮短 NREM 的睡眠時間，渴望能快一點進入 REM。受測者從實驗剛開始時，每晚被叫醒四到五次，到實

驗後期，變成每晚會被叫醒七、八次，甚至十次。受測者在無法得到 REM 睡眠時，極度渴望得到 REM 的睡眠狀態。因此受測者主觀上白天會感覺到睡眠不足及疲倦、焦慮等症狀。更令人驚奇的是晚上完全沒有作夢。

REM 是人類睡眠中所不能缺少的部分，因為這時候腦中正在進行訊息整理及儲存的功能。REM 的腦電波和清醒時很像，是以 α 波或是 β 波為主，但人卻仍然在睡眠狀態下，所以又稱之為活化的睡眠（active sleep）。

REM 時期，全身肌肉張力會降至最低，心跳及呼吸變得不規則，男性可能會勃起，並常有夢的產生。正常的睡眠是由 NREM 與 REM 交替循環出現。

「快速動眼期睡眠行為障礙」是睡眠障礙的一種，人在此時失去了抑制身體動作的能力，因此常出現夢什麼就演什麼的動作。患者如果出現很鮮明、可怕的夢境（例如被人或動物攻擊），人在沉睡不清醒的狀態下，會出現手揮舞、拳打腳踢、或大聲喊叫、甚至主動採取攻擊敵人的動作，仿佛夢在現實中出現，有時還會傷到枕邊人，也曾有患者夢到家中來了竊賊而起床抓小偷，因而撞斷了自己的手臂骨頭。

這些 REM 睡眠行為障礙，通常都是多種腦神經退化性疾病（如巴金森、阿茲海默等）的前兆，千萬不能不把它當一回事。

有 ADD、ADHD 等狀況的兒童少年，在睡眠中發生說夢話、夜驚、夜哭、夢遊、尿床等廣泛性 REM 睡眠行為障礙的比例也非常高，只要能在自家做 72 小時的「360 生理監測檢測」，就可以徹底全方位了解睡眠障礙的程度。目前也許各電子科技公司推出睡眠腕錶等裝置，可參考使用。但大多數都尚未得到 FDA 的醫療字號認證。

三、為何深度睡眠可促進腦神經健康

2020 年 9 月 2 日，來自美國紐約羅徹斯特大學醫學中心的研究人員在《Nature Communications》上發表了研究（Circadian control of brain glymphatic and lymphatic fluid flow）報告，研究生理時鐘對於腦脊液的影響。團隊使用螢光追蹤劑，觀察麻醉小鼠的腦脊液分布情形。

他們發現，與夜晚相比，老鼠大腦中的腦脊液在白天流入增加了約 53%。此外，腦脊液流入在中午時達到頂峰。這些實驗結果表明，無論麻醉狀態如何，腦脊液向腦部的淋巴流入均表現出晝夜變化，並在小鼠最容易入睡的中午左右出現峰值流入。

接下來，研究人員又測試了清醒狀態、白天和夜晚的差別，是否影響腦脊液。結果顯示，與動物行為活躍階段相比，休息階段的腦脊液流入量增加，對於腦內廢棄物的清除率，比活動階段顯著提高了 55%。

除此之外，研究人員還發現，腦脊液排出的每日變化，也受生理時鐘控制。不過，這種控制與流入變化相反。總之，這項研究告訴我們，高品質的睡眠，有助於更多的腦脊液進入大腦，清理新陳代謝垃圾廢棄物，促進大腦的健康。

不過，因為老鼠是夜行性動物的關係，因此人類的中午時分是牠的半夜，也就是老鼠休息睡眠時間。而人類則相反，人是日行性動物，休息期是在晚上。因此套用該研究的概念，人類在凌晨時要睡覺、不要熬夜，對大腦健康才有幫助。

科學家們做了個實驗，讓 13 個人帶上腦電帽，在核磁共振（MRI）機器裡睡覺。腦電圖會顯示，一個人處在哪個睡眠狀

態；而 MRI 會測量血氧水平，顯示有多少腦脊液流進流出。實驗結果發現了奇妙的現象：

　　大腦裡的血氧濃度，出現了明顯的大周期變化。也就是說，血液會大規模、週期性地流出大腦。這個時候，腦脊液就會趁機衝進大腦，把留給它的空間都填滿(如下圖)：

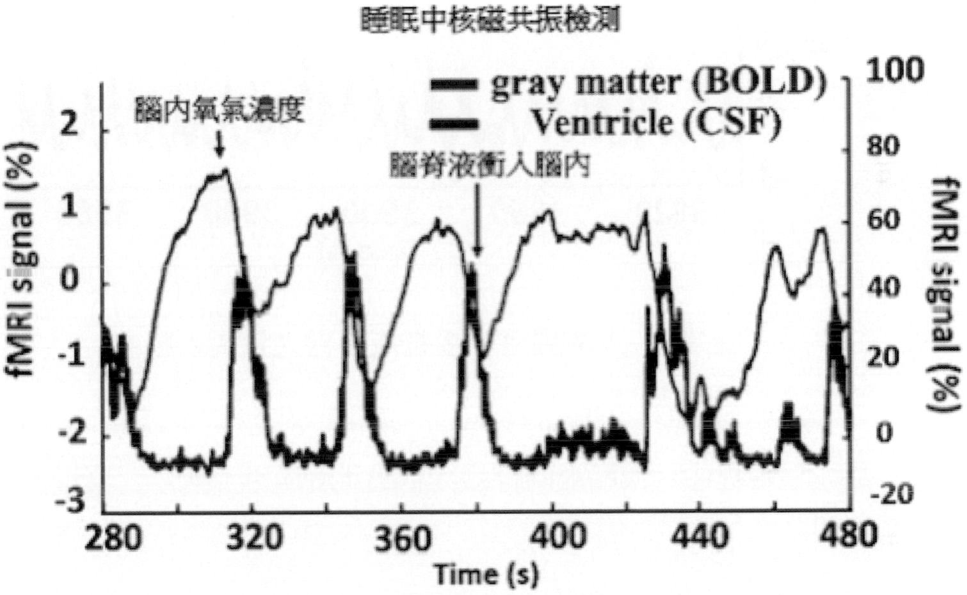

睡眠中核磁共振檢測

上圖 ： 正常睡眠期間血氧及腦脊液的變化

　　醒來之後，大周期不見了，腦脊液就沒辦法再大量衝進大腦(如下圖)。現代醫學研究已經證明，若長期睡眠品質不佳，得到阿茲海默症的機率較大，病理解剖阿茲海默症患者腦部，發現有大量類澱粉（β-amyloid protein）的堆積，這可能與腦脊液無法清洗排除類澱粉廢棄物有關。

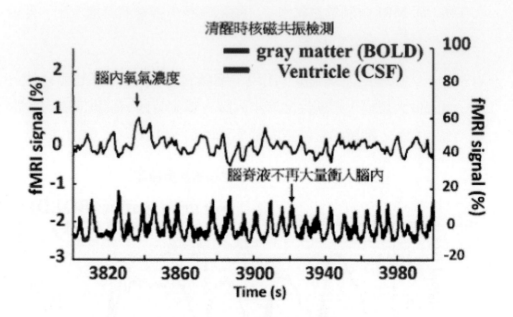

上圖： 人清醒時，腦脊液不再大量衝入腦內

論文的通訊作者 Laura Lewis （簡稱"劉易斯"）認為，這是因為睡眠過程中，大腦裡的神經元們會開始同步活動，一起開，一起關。

之所以有這樣的推測，是因為腦電圖的數據顯示，有神經節律出現後，才發生了血液和腦脊液的流轉。

四、睡眠品質的科學鑑定：「睡眠多項生理功能檢測」

許多大醫院都會附設睡眠中心，在睡眠中心可做「整夜睡眠多項生理功能檢測」（polysomography，PSG）。PSG 的準確度雖然很高，但是受測者必須在睡眠中心睡一整個晚上。

睡眠多項生理監測檢查（見下二圖）

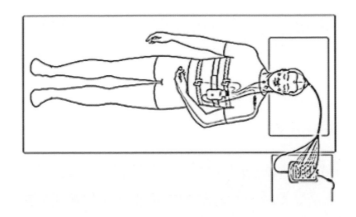

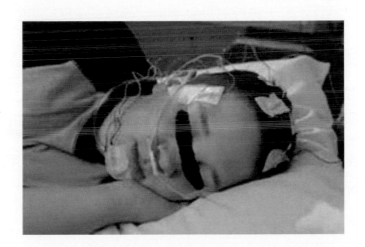

以上二圖： PSG 睡眠多項生理功能檢測

資料來源 ： https://www1.cgmh.org.tw/sleepcenterkel/uploads/2/5/5/0/25509189/psg.pdf

做 PSG 的缺點是 ：

1. 需要在睡眠中心夜宿一晚，約 6～8 小時。換了一個新的環
   境及床，睡眠品質可能會更差。

2. 身上貼滿了各種有線檢測貼片，使人更難以入睡，因此所
   做出來的報告往往失真。

3. 睡眠中心往往人滿為患，經常常要等 5～6 個月才能排到。

五、台灣獨步全球的新創睡眠鑑定裝置

坊間有許多電子廠商，推出聲稱可以監測睡眠品質的手環，但是作者發現其品質大都良莠不齊，且無醫療認證字號。所測量到的數據只能參考而已。

台灣的電子產業研發人才濟濟，在睡眠品質鑑測儀器方面，也出現了兩個全球領域隱形冠軍的居家無線睡眠檢測裝置。

這兩種睡眠品質檢測裝置，均已得到了歐美加台等地 FDA 第二類醫療品質認證，接近可以完全取代傳統的 PSG 裝置。

茲將這兩種睡眠品質檢測裝置介紹下。

1、以腕錶測量晚上 Spo2 血氧濃度（醫療儀器）

只要睡前戴上特製腕錶（如下圖），翌日交回醫療機構，醫療人員將腕錶所記錄到的資料上傳至總公司雲端判讀，就可以得知下列情況：

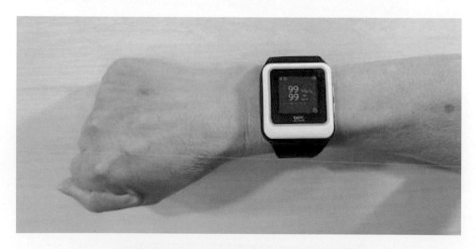

上圖:測量晚上血氧濃度 SpO_2 的裝置

(1)昨晚您血氧濃度（Spo2）最高值、最低值、平均值為多少%。

(2)您的缺氧指數（Oxygen Desaturated Indx，ODI）是否正常，正常人的 ODI 為 5%以下，但也有人得 ODI 高達 70%，為睡眠中重度缺氧。

(3)ODI 指數小於 30 為輕中度缺氧，ODI 若大於 30，則為睡眠中重度缺氧。

睡眠中的缺氧依嚴重程度分為：正常、輕中度缺氧及重度缺氧三種狀況

睡眠 Spo2 檢測報告之一： 正常，無睡眠中缺氧 ODI： 3%(如下圖)

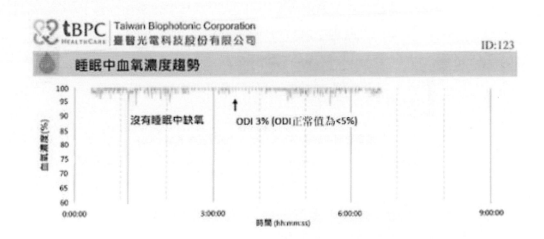

上圖:無睡眠中缺氧 ODI: 3%

睡眠 Spo2 檢測報告之二： 中度睡眠中缺氧 ODI： 27.5% (如下圖)

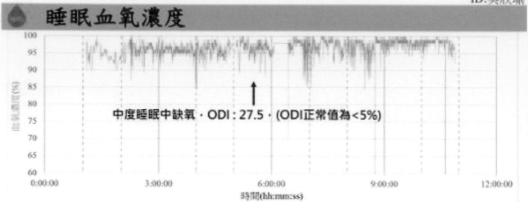

上圖:中度睡眠中缺氧 ODI: 27.5%

睡眠 Spo2 檢測報告之三： 睡眠中重度缺氧 ODI： 64.97% (如下圖)

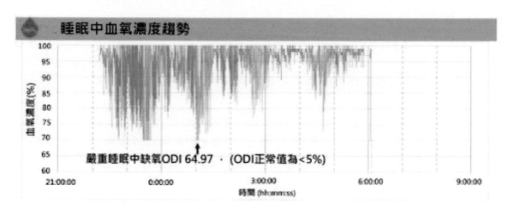

上圖: 睡眠中重度缺氧 ，缺氧指數 ODI： 64.97%

睡眠中缺氧裝置的臨床應用途:

1. 對於有打鼾或有睡眠中止症（睡醒累、睡不飽）患者，治療前先做此檢測。

2. 治療數月或半年後再做第二次檢測，前後數據比較，就可
以得知其改善程度。

72 小時「360 睡眠生理全監測」（醫療儀器）

1. 拜電子科技發達之賜，睡眠中心傳統的 PSG 設備，已經被
濃成食指般大小的無線裝置(如下圖)。

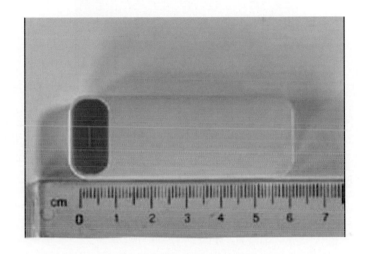

上圖： 「360 生理檢測儀」

2. 由醫護人協助將它貼在胸前(如下圖)，因有防水功能，洗澡
也不必取下，三天後再取下用雲端傳輸到總公司判讀，
就可以得到 3 天（24 小時 x 3）內的完整生理檢測數據。

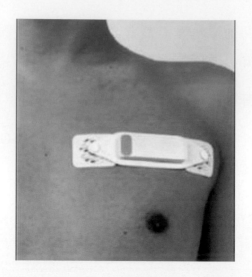

上圖：將「360生理檢測儀」貼在胸前

此「360生理檢測」測裝置可提供以下訊息(部分報告如以下三圖)

    a. 有無睡眠呼吸中止症？ 為初、中或重度？

    b. 有無心律不整

    c. 每日自律神經（HRV）變化

    d. 每日最快、最低及平均心跳

    e. 血壓變化狀況

    f. 睡眠品質總評分 ？ 合格與否

    g. 淺眠、REM 及深眠各占多少%

    h. 每天行走步數及時間

    i. 每天能量消耗卡路里

    j. 每天每時分呼吸次數變化

F12xxxx

識別代碼

活動量評估:

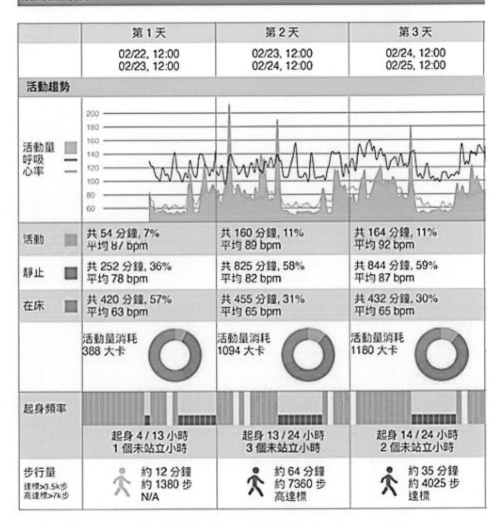

	第 1 天	第 2 天	第 3 天
	02/22, 12:00 02/23, 12:00	02/23, 12:00 02/24, 12:00	02/24, 12:00 02/25, 12:00
活動趨勢			
活動量 呼吸 心率			
活動	共 54 分鐘, 7% 平均 87 bpm	共 160 分鐘, 11% 平均 89 bpm	共 164 分鐘, 11% 平均 92 bpm
靜止	共 252 分鐘, 36% 平均 78 bpm	共 825 分鐘, 58% 平均 82 bpm	共 844 分鐘, 59% 平均 87 bpm
在床	共 420 分鐘, 57% 平均 63 bpm	共 455 分鐘, 31% 平均 65 bpm	共 432 分鐘, 30% 平均 65 bpm
	活動量消耗 388 大卡	活動量消耗 1094 大卡	活動量消耗 1180 大卡
起身頻率	起身 4 / 13 小時 1 個未站立小時	起身 13 / 24 小時 3 個未站立小時	起身 14 / 24 小時 2 個未站立小時
步行量 達標>3.5k步 高達標>7k步	約 12 分鐘 約 1380 步 N/A	約 64 分鐘 約 7360 步 高達標	約 35 分鐘 約 4025 步 達標

上圖： **72** 小時「**360** 睡眠生理檢測」報告之一

F12xxxx

識別代碼

睡眠狀態分析：

	睡眠 1	睡眠 2	睡眠 3
	02/22, 23:58 02/23, 06:58	02/23, 23:23 02/24, 06:58	02/24, 23:41 02/25, 06:53
睡眠效率分析			
睡眠效率 (>85%)	89%	90%	89%
在床時間	7 小時 0 分	7 小時 35 分	7 小時 12 分
入睡耗時 (<30分)	31 分	31 分	26 分
入睡醒來總時間 (<30分)	13 分	14 分	21 分
睡眠品質分析			
睡眠品質	低於標準	符合標準	低於標準
快速動眼期	22.9%	24.5%	15.8%
淺眠	68.1%	60.2%	70.3%
深眠 (≥15%)	9.0%	15.3%	13.9%
睡眠姿勢			
入睡後起身	0 次, 0 分	0 次, 0 分	0 次, 0 分
仰睡	292 分, 79.6% ✓	289 分, 73.7% ✓	233 分, 62.3% ✓
右側睡	75 分, 20.4%	103 分, 26.3%	123 分, 32.9%
左側睡	0 分, 0.0%	0 分, 0.0%	18 分, 4.8%
趴睡	0 分, 0.0%	0 分, 0.0%	0 分, 0.0%
睡眠呼吸指數			
• 心率紊亂指數 (CVHRI)	10 次/小時	16 次/小時	16 次/小時
• 異常胸起伏指數(CEI)	9.1 次/小時	8.8 次/小時	6.8 次/小時
姿勢型呼吸中止	否	否	N/A
睡眠呼吸中止風險指標	中度	中度	輕度

上圖： **72** 小時「**360** 睡眠生理檢測」報告之二

F12xxxx

識別代碼

活動記錄 & 心率圖表

第 1 天, 2021/02/22, 12:00 - 2021/02/23, 12:00

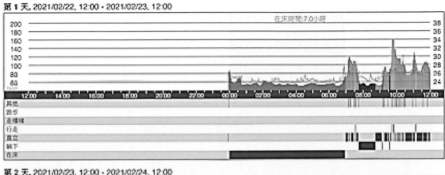

第 2 天, 2021/02/23, 12:00 - 2021/02/24, 12:00

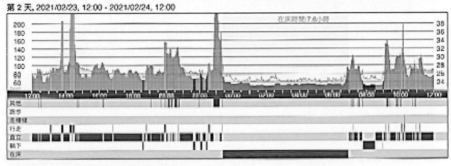

第 3 天, 2021/02/24, 12:00 - 2021/02/25, 12:00

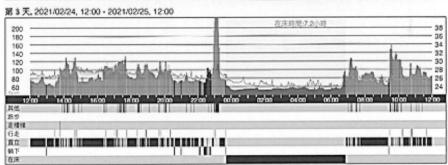

上圖： 72 小時「360 睡眠生理檢測」報告之三

六、睡眠障礙門診經驗談

很少兒童少年會因為睡眠障礙本身而來求診，這點跟成人是不同的，但是在臨床上作者發現妥瑞症、注意力不足過動症（ADHD）、注意力無法集中（ADD）、亞斯伯格症（AS）、創傷後症候群等兒少患者，許多人都有程度不一的睡眠障礙。就算父母親認為小孩睡得很好，其觀察也不見得可靠，仍需以做「360睡眠檢測」才能得到可信度高的科學證據。

根據某媒體專題報導，北台灣約 60%的兒童有入睡困難或夜間易驚醒的困擾，不過由於此報導並沒有標明詳細出處，不知其正確性如何。

1. 來求診的情緒障礙患者，都會詳細詢問下列狀況：

(1) 上床後，能不能很快睡著？有些人需要 1～2 小時或更久才能入睡。

(2) 睡眠中會不會一直翻來翻去？由床頭翻到床尾的次數多或少？會不會掉到床下？翻動的次數越多，就表示睡眠障礙程度越大。可購置「縮時攝影機」來加以記錄。

(3) 有沒有包尿布？若沒有包尿布會不會尿床？正常狀況是 5 歲以後就不該尿床。

(4) 會不會磨牙？有些人磨牙聲音很大，甚至弄到牙齒磨損。

(5) 常不常講夢話？夢遊？大哭大叫夜驚？

(6) 睡眠中會不會拳打腳踢？或者肌肉抽動？手腳不寧症?

(7) 早上起床氣會不會很重，叫不醒，或者醒來倒頭又睡，睡眼惺忪？

(8) 在室內溫度並不過高的情況下，是否會一直流冷汗（盜汗）？如果會盜汗，需要換幾次衣服？

(9) 會不會打鼾？有沒有睡眠呼吸中止症？（可做居家儀器檢測）

(10) 上課容易打瞌睡？白天很沒精神。間接表示有睡眠障礙。

(11) 會不會很淺眠？就是有人走動，出聲音他都會驚醒。

(12) 有沒有把頭鼻用布或被子蓋住或躲在被子中睡覺的壞習慣（腦易缺氧及二氧化碳過高。）

(13) 作惡夢（夢魘）

「夜驚」就是晚上會大哭，「夢魘」就是作惡夢。

(14) 有無猝睡症？

a. 白天過度愛睏超過二個月。

b. 忽然倒地就睡著（馬路、學校、任何場合），突然失去四肢的肌肉張力。

c. 剛入睡就出現幻覺（不包含視雪症）。

d. 睡眠癱瘓，在睡眠中感到無法動彈，事後說當時聽得家人叫他，但自己就是動不了。

2. 睡眠障礙是許多潛在不利因素所導致的最終結果，其可能原因及自然療法如下：

(1) 腦是一團如豆腐般柔軟的神經組織，其組成有 60% 是來自油脂，因此，不論成人或小孩，都必須遵循「常醣常油常蛋白」飲食方法（見本書第二篇第二章）來攝取足夠

的油脂，尤其是必需脂肪酸 omega-36，否則，腦神經細胞一直處於飢餓喊救命的狀態，人就不可能好睡。

(2) 所攝取食物中，碳水化合物，葡萄糖如果吃過多，會引發腦細胞酸中毒，葡萄糖若攝取過多，人會較為亢奮。因此睡前不可吃宵夜，晚餐時應儘量減少食用會轉化成葡萄糖的碳水化合物、澱粉，也就是應做減醣飲食。

(3) 抽血檢測食物 IgG 及 IgE 抗體，應避食高抗體食物（前五名食物為牛奶、蛋、小麥、黃豆、花生），因為食物中的過敏原會穿透受損的血腦障壁（見本書第一篇第六章）進入腦內。服用足量 omega-36 必需脂肪酸，可促進腸腦漏、血腦障壁及腦神經細胞的修復。

(4) 腦細胞內過酸（酸中毒）。腦細胞內液的酸鹼值應維持在恆定的 pH7.2（弱鹼性），若尿液呈現鹼性，表示體內（腦內）的酸沒有被順利排到體外尿液中，若能吸入氫氧氣，就可解除腦細胞酸及自由基中毒危機，進而睡得較好（見本書第二篇第五章）有些病情較嚴重者，必須考慮在睡覺時也吸入氫氧氣。

(5) 服用助眠劑

a. 高劑量維生素 B3 可促進排出腦細胞內的酸與自由基廢棄物，因此對於促進睡眠品質有正面效果。

b. 鎂離子 ： 鎂離子（Mg+）有穩定神經細胞的作用。

c. GABA ： 適量的 GABA 可抑制神經躁動，降低交感（LF），提升副交感（HF）神經活性。

d. CBD ： 醫藥用 CBD(大麻二酚)乃是一種安全性很高，無副作用，亦無成癮性的天然植物萃取物（見本書第二篇第六章），成人兒少均可使用，兒少劑量可按體重來計算。其助眠作用為舉世所公認。除了用來助眠，CBD對於自閉症、妥瑞、ADD、ADHD、癲癇亦可發揮強大功效。

第十六章、拒學、學校恐懼症

拒學症也被稱為學校恐懼症（school phobia）。是一種無法適應學校環境的情緒障礙。

一、 拒學症的盛行率

拒學症的盛行率大約為百分之五左右，主要分布在 6～7 歲、11～12 歲、16～17 等 3 個年齡層。6～7 歲為剛上小學，常因為跟父母分離焦慮而引發；11～12 歲剛上國中，16～17 歲上高中，都有可能是因為對學校環境適應不良所引發的。

二、拒學症的身心症狀

拒學童在面對要上學的時候，常會出現肌肉緊繃、呼吸不順暢、氣喘、噁心、嘔吐、頭暈、腹瀉、喉嚨、臉色蒼白、頭痛、胃痛以及昏厥等症狀。

如果家長同意其留在家中不去學校，上述症狀可能會立即消失，但是如果翌日仍要他去上學，上述症狀就有可能會再度出現，這乃是一種身心症（Psychosomatic Disorder）。

拒學時間愈久，就會愈退縮在家中，逃避與社會接觸，懶散，對各種事物都缺乏興趣。

三、抗拒上學的行為表現

學童先是口中說不想上學，繼之用行動反抗上學，如發牢騷、哭鬧、易怒等行為，有的甚至會直接逃家閒逛，或者佯裝去學校，但中途又折返回家。

四、拒學症學童的心理狀態

　　拒學童對上學校這件事有恐懼、焦慮感，甚至憂鬱。拒學童通常個性較為內向、退縮、缺乏自信、欠缺安全感。有這些特質者均為拒學症的高危險群。

五、拒學症的可能原因

1. 拒學童擔心成績差，進度跟不上，對學習表現不好感到強烈不安。

2. 受到同學的語言或行為霸凌排擠，導致視上學為畏途。

3. 受到教師責罵處罰、罰站，與老師同學相處不來，跟同學溝通不良。

4. 個人社會化程度低，不易融入團體，自信自尊低落，感覺被人忽視及缺乏存在感。

5. 無法認同學校氛圍，對上學這件事找不到認同感。

6. 有許多案例，都是發生在換了新導師之後，學童跟新老師合不來，所引發的。

7. 也曾見過智商（IQ）過高的學童，覺得在學堂上學不到新東西，因此心高氣傲地不想跟平庸的同學對話而不想上學，一般人的平均 IQ 為 100，低於 70 者可領智障手冊，高於 130 就會讓人覺得很聰明，如果更高的話就算天才了。不過，歷史人物誌證明，超級天才的人生過得往往並不快樂。

六、拒學症的處理方法

1. 父母不可採用打罵等強迫方式逼其就範，因為可能會引發嚴重對抗對立後果，或發展成創傷後症候群(Post Traumatic Stress Disorder, PTSD)。

2. 應尋求專業人士評估其智力，有無 ADHD、ADD、強迫症（OCD）、學習障礙、自閉症傾向等，再行進一步處理。

3. 主動跟班導師懇談，嘗試找出原因並尋求解決方法。

4. 有不少父母，對拒學童改採在家自學，由父母或家教指導，並參與自學團體及定期聚會，讓在家自學童也有同儕交友機會。

5. 尋找小班小校體制外寄宿學校，如各類型的夏山學校（Summerhill school）等，唯一缺點是學費跟公立學校比較起來偏高。

第二篇 兒少神經功能及情緒異常的自然療法

第一章、人體不可缺少的「醣鏈營養素」

一、何謂「醣鏈營養素」？

人所吃下的碳水化合物、澱粉、被分解成「葡萄糖」後，就可以透過胰島素的作用，進入細胞內，再經粒線體燃燒後產生電力（ATP），一個分了的葡萄糖可以產生 38 個 ATP 電力，這樣細胞才能獲得電力能量，呈現出生命力。

可以作為細胞燃料的醣類以葡萄糖為主，至於果糖，人體細胞無法利用它作為燃料，最後只好由肝臟負責把不受細胞歡迎的果糖，轉化成脂肪先行暫存在肝臟中，造成脂肪肝，因此果糖甜味劑並不是好東西，各種富含果糖的水果也只能淺嚐，不可以大量食用。

「醣」這個大家族中，除了「葡萄糖」，還另外有七種必需的「醣」，與葡萄糖合稱為「八大必需多醣體」，也被稱為「醣鏈」。

葡萄糖除了可以成為細胞的燃料，也可以像其餘七種醣鏈，具有作為細胞天線材料之一的功能。

---

8 種完整醣鏈（多醣體家族）

（Complete Glyconutrients）

①. Xylose 木膠醣

---

②. Fucose 岩藻醣

③. Galactose 半乳醣

④. Glucose 葡萄糖

⑤. Mannose 甘露醣

⑥. N-acetylglucosamine 乙醯葡萄糖胺

⑦. N-acetylgalactosamine 乙醯半乳糖胺

⑧. N-acetylneuraminic acid 乙醯神經胺糖

二、醣鏈對人體的重要性

西元 1999 年剛瑟·步洛貝爾博士（Dr.Gunther Blobel），因為發現「醣蛋白具有信號傳遞的功能」，因而獲得諾貝爾生理及醫學獎。

人體每一個細胞上，都密密麻麻地佈滿了許多兼具發送及接收訊號功能的「天線」，這天線就是由八種醣鏈所構成的，這些天線又被安裝在蛋白質的基座上，二者合稱之為醣蛋白。細胞之間要互相順暢溝通，就必須具備這些完整的醣蛋白天線（如下圖）。

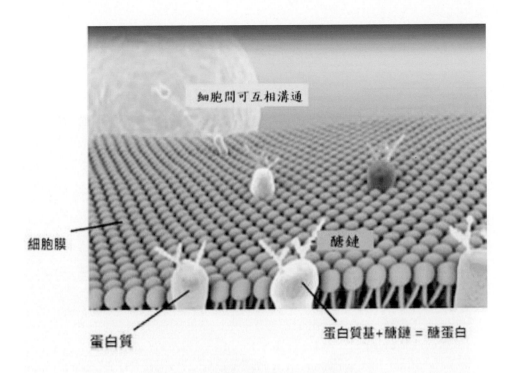

細胞間可互相溝通

細胞膜

醣鏈

蛋白質

蛋白質基＋醣鏈＝醣蛋白

上圖 ： 細胞膜上佈滿了醣蛋白

三、醣鏈醣蛋白的重要性

醣鏈、醣蛋白所構成的細胞天線，對每一個細胞都是非常重要的。

細胞天線對免疫系統、受精過程等都有關鍵性的作用。舉例來說，卵子和精子相遇的受精過程，就是以非常快的速度進行資訊傳遞，這需要醣鏈作為互相識別，若精子或卵子的醣鏈有缺陷時，就不容易受孕(見下圖)，這也是不孕症的可能原因之一。

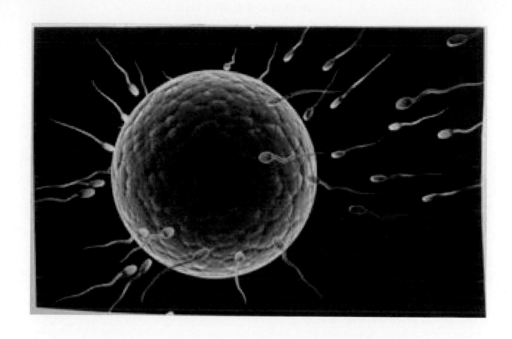

上圖： 卵子與精子的授精，需要有醣鏈作用

　　人的血型之所以會被分為 A、B、AB 及 O 等血型，也是因為紅血球細胞膜上的醣鏈結構各有不同而決定的(如下圖)。

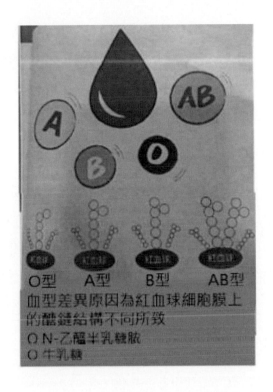

上圖： **A、B、O、AB**血型的決定性因素為「醣鏈」

四、醣鏈營養素的功能

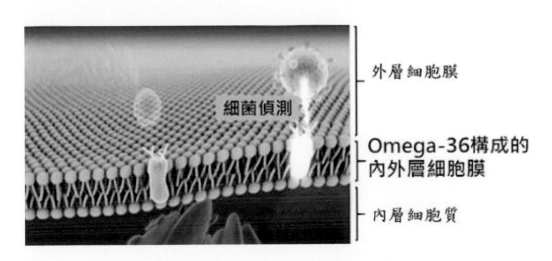

上圖： 細胞膜上的天線由 **8** 種不同醣鏈所構成

人的免疫系統，就是負責維護人體治安及修復受損細胞的機構，免疫系統中的各種細胞，如肥大細胞、巨噬細胞、淋巴球、癌殺手細胞（NK-Tcell）等，就有如人類社會中的海、陸、空軍部隊、消防局、警察局、狙擊手等。

1. 有助分辨敵我

當有細菌入侵人體時，人體的巨噬細胞（macrophage）會利用細胞膜上的偵測器（醣蛋白），偵測到細菌細胞膜上的醣蛋白之不同，而知道那些外來者並非善類，於是就發起攻擊，把細菌吃掉，否則放任細菌繁殖，就會造成細菌感染，甚至敗血症。

2. 醣鏈缺乏導致敵我不分，自相殘殺

以自體免疫、類風濕關節炎為例，免疫系統中的淋巴球細胞，本來應該好好維護關節黏膜結締組織的，但由於淋巴球的天線偵測器（醣蛋白）故障了，就把自己的關節組織當成異物（壞人），竟然通知負責製造武器（抗體）的 B 淋巴球，製造出對抗攻擊自己關節細胞的抗體（武器）。造成「自己人打自己人」或「自相殘殺」的現象，學術上稱之為「自體免疫」疾病，因此對於罹患各種自體免疫疾病的患者，我們必定會加強給其服用「醣鏈」營養素。

3. 無法辨認誰是叛徒壞人

在人體的 64 兆個細胞當中，每天都會有數千個細胞叛變，也就是細胞的 DNA 突變，變成了「癌」細胞。

人體免疫系統中，有一種專門負責殺死癌細胞的 B 淋巴細胞，被稱為「自然殺手細胞」（Natural Killer Tcells, NKT cells）。萬一 NKT cells 的偵測器（醣蛋白）故障了，就無法辨認出癌

細胞這叛徒，沒有把它殺死，任由癌細胞愈長愈大，並四處蔓延轉移。

五、如何才能攝取到完整的 8 種醣鏈營養素？

醣鏈乃是來自各種不同的食物，但是並無法找到一種含有八種完整醣鏈成分的單一食物。某一種食物有可能只含有數種醣鏈成分。

完整的醣鏈營養素，必須攝取自各種不同的食物（見下表）這也就是為什麼強調人的食物來源應該多元化，不可偏食的道理所在。

為了方便人們吃到含有完整的醣鏈營養素，因此有食品加工業者，利用各種富含醣鏈的食品原料，萃取出含有完整 8 種醣鏈的健康食品，且經過國家認證，獲得確實含有 8 種完整的醣鏈營養素的證明者較為可靠。

構成醣鏈的8種單醣

單醣類名稱	食物來源	相關作用
葡萄糖	水果類、穀類、薯類、小麥等。	主要當成能源、活化免疫作用、活化腦功能
半乳醣	山藥、薏仁、秋葵、龍鬚菜、木耳、乳製品	抑制癌細胞的成長與轉移、維持腸內細菌、增加鈣吸收
甘露醣	酵母菌、蘆薈、蒟蒻、靈芝、海帶、豆類	活化巨噬細胞、抑制細菌感染、治療糖尿病、強化骨骼
木醣	番石榴、梨、蘆薈、高麗菜、玉米、海藻、岩藻多醣、母乳	抑制癌細胞的成長與轉移、治療呼吸道感染、吸收鈣分保護胃黏膜、保溼
岩藻醣	菇蕈類、海藻、螺旋藻、綠藻、啤酒酵母	殺菌作用、抑制病原體、過敏原的結合
乙醯葡萄糖胺	牛骨、沙魚軟骨、蝦殼、蝦殼螃蟹、香菇	強化腦功能、治療變形性關節症、抗氧化、抑制癌細胞生長、強化骨骼
乙醯半乳糖胺	牛骨、沙魚軟骨、紅藻	與癌細胞的增殖、轉移有關、強化骨骼
乙醯神經胺糖	雞蛋、燕窩、蜂王漿、母乳	腦部發育、防止細菌感染、抗病毒

上表： 含有各種醣鏈營養素的食物原料

第二章、常醣常油飲食為腦神經健康根本

一、腦是人體脂肪含量最高的器官

腦是人體脂肪含量最高（60%）的器官，。由於油脂含量高，因此新鮮大腦組織用手觸摸起來，其硬度接近海綿或軟豆腐。

肌肉的蛋白質含量高，因此觸摸起來會有結實感。而骨骼的成分主要以碳酸鈣等礦物質為主，因此堅硬如石。

脂肪若按照其化學結構來區分，可分為多元不飽和脂肪酸 omega-3 及 omega-6、單元不飽和脂肪酸 omega-9 及飽和脂肪酸三種。

脂肪若依其重要性來區分，又可分為「必需」與「非必需」脂肪酸兩種。

飽和脂肪為剛性分子，可以被肝臟分解轉換成「酮體後」，作為細胞的燃料使用。必需脂肪酸中的 omega-3,6 則為彈性分子，omega-36 為構成細胞膜及製造神經傳導素的主要原料。

二、Omega-36 為修復腸肺腦漏、血腦障壁及受損神經細胞所需原料

把腸肺腦漏、血腦障壁及受損腦神經細胞修復好，乃是將先後天神經功能及情緒異常逆轉的不二法門，因此，不論是在懷孕中或胎兒出生後，都必須提供各種完整的細胞原料給胎兒或成長中的孩童，才能促進其腦神經持續發育完整。

胎兒、幼兒、孩童及成人所需要的最重要，不可缺少的巨量

細胞原料為必需脂肪酸、必需胺基酸及必需多醣體三種主要營養素。

以上細胞之原料全都是來自食物，因此必須採用「人類正常飲食」，也就是「常醣常油常蛋白質」飲食，才能獲得各種比例正確的細胞修復所需原料。

所謂常醣常油常蛋白質飲食，就是指碳水化合物占總熱量來源的 50%，脂肪酸至少占 40%，蛋白質占 10%的食物成分分配飲食法，也稱之為「地球人類正常飲食」。這比例跟母親分泌給 10 個月大嬰兒的母乳成分（46%：47%：7%）是相近的（見下表）。

人體熱量來源之成份	Carbohydrate 澱粉、碳水化合物 （葡萄糖、乳糖）	Fat 脂肪	Protein蛋白質 （必需及非必需胺基酸）	飲官內通
人母餵乳 （嬰兒10個月大） 成份所佔總熱量比例	46%	47%	7%	母乳DNA
Normal Diet （正常飲食）	50%	40%	10%	常醣常油常蛋白飲食 （地球人類正常飲食）

三、人體不能缺乏的必需巨量營養素有哪些？

食物鏈的成形

地球上生命的鎖鏈中，植物為第一級供應者，因為植物可利用葉綠素吸收陽光的能量，把捕捉自空氣中的碳（CO_2）、吸收自土壤中的氮磷鉀（NPK）及水（H_2O），在植物體內合成了碳水化合物（醣）、胺基酸及脂肪酸。

陸地上有陸生植物，水中則有含葉綠素的微藻類及大型海草。陸地上的草食動物以植物為食物，肉食動物（獅虎）則吃草食動物（牛羊馬）。也就是說，植物養活了地球上的所有生物。

人為雜食性動物，處於食物鏈的最頂層，人除了直接吃植物，也吃其他草食及肉食動物，這就是食物鏈。人體無法自行合成「醣」，必需仰賴植物的供應。人體也無法自行合成脂肪酸，全都仰賴所吃下的動植物食物來供應。

　　至於胺基酸，人體只能合成一部分，其中有九種胺基酸，是人體無法自行合成製造的，也必須仰賴其他動植物來供應。這九種胺基酸就叫「必需胺基酸」。

　　如果以上「必需」營養素吃的不夠，「非必需」的就算吃得再多，也是一種「營養不良」狀態。

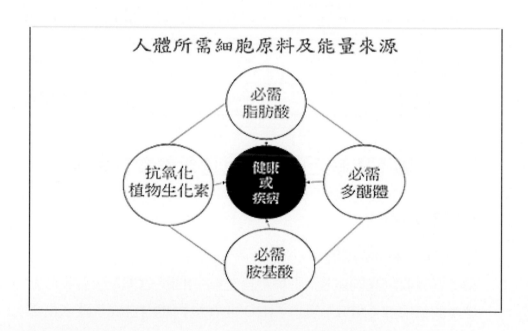

人體不能缺乏之「必需」巨量營養素

巨量營養素名稱	來源	人體合成製造能力	必需成分名稱
碳水化合物澱粉	植物	人體無法直接利用 CO_2 等原料及太陽能製造合成碳水化合物、澱粉、葡萄糖	完整醣鏈（Complete Glyconutrients） ①. Xylose 木膠醣 ②. Fucose 岩藻醣 ③. Galactose 半乳醣 ④. Glucose 葡萄糖 ⑤. Mannose 甘露醣 ⑥. N-acetylglucosamine 乙醯葡萄糖胺 ⑦. N-acetylgalactosamine 乙醯半乳糖胺 ⑧. N-acetylneuraminic acid 乙醯神經胺糖
蛋白質	植物動物	人體無法直接利用 CO_2 等原料及太陽能製造合	9 種必需胺基酸 1.色胺酸（色氨酸，tryptophan） 2.纈胺酸（結氨酸 valine）

		成必需胺基酸，只能合成製造部分非必需胺基酸	3.酥胺酸（蘇氨酸、羥丁胺酸、threonine）
			4.離胺酸（賴氨酸、lysine）
			5.苯丙胺酸（苯丙氨酸、phenylalanine）
			6.白胺酸（亮氨酸、leucine）
			7.異白胺酸（異亮氨酸、isoleucine）
			8.甲硫胺酸（蛋氨酸、methionine）
			9.組胺酸（組氨酸、histidine）甲基組氨酸（L-1-Methylhistidine）
油脂	植物動物	人體無法直接利用 CO_2 等原料及太陽能製造合成油脂。	必需脂肪酸 omega-3 及 omega-6

四、「常醣常油常蛋白質」正常飲食是誰規定的？

按官方說法，這當然是由營養醫學專家們規定的，事實上卻是由世上的母親們所共同決定的。

因為人母分泌給嬰兒（10 個月大）的母乳，就是碳水化合

物（乳糖）占 46%、油脂占 47%、蛋白質占 7%的「常醣常油常蛋白質」食物，因為母親的基因知道，這種成分比例的母乳，對嬰兒健康成長最為有利。如果奶水足夠，嬰兒由出生到 12 個月，就算只喝母乳而不吃其他副食品，營養也是足夠的，一年內體重可以增加一倍以上。

現今的營養專家都公認，斷奶後的嬰兒或成人都應該吃「常醣常油常蛋白質正常飲食」，也就是其碳水化合物的攝取量不可超過所需總熱量的 50%，油脂不可低於 40%，蛋白質則應介於 10～15%之間，這比例與母乳所提供給嬰兒的營養成分很接近。

一台在設計生產時，就被指定要採用什麼燃料的車，車子的使用者就必須按照原廠的規定來加油，而不能自行亂加錯油。

如果把人比喻成一台需要添加燃料的車，則人這台車所需要加的燃料是綜合性的，也就是醣（柴油）50%、脂肪（汽油）40%、蛋白質（機油 10%）；但是很不幸的，大部分人都沒有遵照以上比例來進食，甚至還有人提倡要吃「高碳水」、「高蛋白質」、「低油脂」的錯誤飲食觀，導致許多人健康吃出了問題。

作者所提倡的「常醣常油常蛋白質」飲食，似乎缺乏煽動力。但卻是孩童、成人或孕婦都必須遵守的飲食原則，也是治療各種神經及情緒疾病的基本原則，更是懷孕母親所應該採納的飲食方法，這樣胎兒才能得到最佳的營養。

第三章、《用糖自殺》這本書是否危言聳聽？

一、「糖」是好東西，但是不可以吃過量

「葡萄糖」是人體細胞最喜歡，最優先用來產生能量 ATP 的燃料，其副產物跟燃燒油脂一樣，都是只產生二氧化碳（CO_2）和水（H_2O），是一種非常乾淨的理想能源燃料。

人所吃下肚的碳水化合物、澱粉（來自米飯、麵食、地瓜、馬鈴薯及各種水果），部分在消化道中會被分解成葡萄糖。適量的葡萄糖雖然是好東西，但是必須在「適量」的前提下；所謂適量，就是指每天來自葡萄糖的熱量，應該占每日所需總熱量的 50%以下，油脂占 40%以上，蛋白質占 10～15%以下。

不過，絕大多數（估計 95%以上）的人，都是澱粉、碳水化合物吃過多，而必需脂肪酸（好油）吃過少，導致葡萄糖可能占熱量來源的 90%以上，這就會引起人體所需要的主要營養素嚴重失衡，就好比車子加錯油而容易故障，因而成為健康的災難。

有許多人搞不清楚，到底那些食物會轉化成葡萄糖，他們可能會誤認為說，只要不吃米飯、麵食、麵包等含高澱粉的食物就可以了。豈不知各種天然的水果、蜂蜜比一般的澱粉、碳水化合物的葡萄糖、果糖含量還要更高。

二、碳水化合物過量，容易導致脂肪肝、糖尿病

人每天所需要的熱量有一定限度，用不完的葡萄糖就會被轉化成肝糖，儲存在肝臟及肌肉中，但人血液中葡萄糖的含量只有 50 公克。被轉換成肝醣，儲存在肝臟及肌肉中的肝醣上限僅為 450 公克而已。

再多出來的葡萄糖，就會被轉換成脂肪，儲存在肝臟中。正常的肝細胞中擠了過多的油脂，就形成脂肪肝，脂肪肝久了就會變肝纖維化、硬化，肝硬化患者又是肝癌的好發族群。

許多人嗜食的鵝肝醬，其實就是將大量高澱粉食物，用管子強迫灌進鵝的胃中，導致鵝生成巨大的脂肪肝，因此鵝肝醬其實是一種不人道的「美食」。醫生都知道，沒有任何藥物能治療脂肪肝。而唯一最有效使脂肪肝恢復正常的方法，就是只有減少碳水化合物及蛋白質（有 50%的蛋白質會轉化成葡萄糖）的攝取，或在某一短時間內作全面性的「斷食」或「斷醣生酮飲食」，肝細胞中的脂肪就會自然被利用燃燒殆盡，脂肪肝也就不藥而癒。

過多的葡萄糖所形成的脂肪，除了造成脂肪肝，也會儲存在身體多處，造成肥胖。葡萄糖代謝儲存轉換，都需要依賴胰島素的作用，如果長期吃入過多之澱粉，碳水化合物，久而久之，就會使胰臟操勞過度，導致胰島素分泌不足或產生胰島素阻抗，於是就引發了糖尿病。飯前血糖如果超過 90mg/dl，糖化血色素（HbAlc）如果超過 6.5%，那就可確診糖尿病了。血糖一旦偏高，則連帶血壓、血脂，也有可能會升高，這就很容易引發心血管疾病，如中風、心肌梗塞等。

糖代謝的異常化，就是所有新陳代謝疾病（三高、四高、五高）的核心源頭，由此可見，吃下過多的碳水化合物或澱粉，確實是件要命的事。「過多的糖有毒」，也就成了社會上普遍的共識。2021年初，李遠哲先生在為了吃下少量瘦肉精對人體無害的說法辯護時還說 ：「糖有毒」，大家為什麼還都在吃「糖」呢？李遠哲先生是諾貝爾獎化學獎得主，「醣」也是他的研究主題之一，他可不是亂說糖有毒的。

三、「常醣」、「低醣」及「斷醣」飲食

　　近年很流行吃「低醣」或「斷醣」生酮飲食，國外有不少書都指出糖吃過多的害處，其中有一本叫〝Suicide by Sugar〞（用糖自殺）的書，一般人可能會覺得該作者是在危言聳聽，但其實書中所敘均是實情。

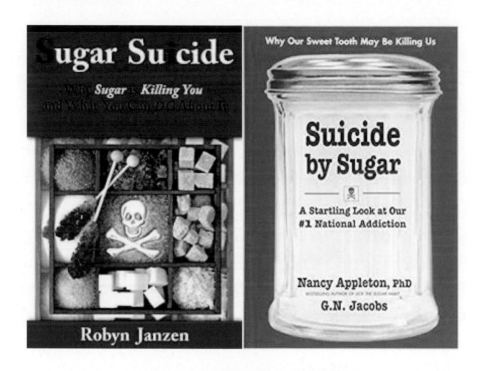

上圖： 「用糖自殺」的英文書

　　作者也曾以撰寫生酮飲食教科書的立場心情出發，於 2018 年撰寫出版了一本名為「生酮飲食的疾病斷根法」的書。如果想要更深入的了解，這本書可以成為飲食保健的基本教材

　　作者把飲食分為「常醣」、「低醣」及「斷醣」三種(見下圖)，一般健康人只要吃「常醣」飲食即可，但強調 omega-36 好油要一定吃到足夠。仍處於健康狀態者，並沒有必要一窩蜂趕流行去吃「斷醣」飲食。但是對於許多來看診的重症患者，作者都會建議

他們短期間以「斷醣生酮飲食」來作為最重要的食療方法之一。

　　有許多國內外患者，按照本書所提示指導的方法來進行自療，竟然把各種纏身多年的疾病，如糖尿病、高血壓、高血脂、睡眠呼吸中止、胃食道逆流、克隆氏症等都治癒了的患者，紛紛來函致謝。

正常及生酮飲食分類標準

「常醣常油」「限醣高油」「斷醣高油」生酮飲食之營養及人母晚乳成分所佔總熱量比例

人體熱量來源之成分	Carbohydrate 澱粉・碳水化合物 (葡萄糖・乳糖)	Fat 脂肪	Protein蛋白質 (必需及非必需胺基酸)	飲食內涵
人母晚乳(嬰兒10個月大) 成分所佔總熱量比例	46%	47%	7%	母乳DNA
Normal Diet (正常飲食)	50%	40%	10%	常醣常油常蛋白飲食 (地球人類正常飲食)
Low Glycemic Index Diet (限醣生酮飲食)	10~40%	40~60%	10~15%	限醣高油生酮
Ketogenic Diet (嚴格斷醣生酮飲食)	2~10%	75%	10~75%	斷醣高油生酮

製表：王群光醫師 王群光自然診所院長

病從口入

上圖: 母乳及常醣、低醣、斷醣飲食

四、用脂肪當燃料優於葡萄糖的原因

　　若站在燃料利用效率的觀點來看，脂肪酸所產生出來的能量（ATP），比葡萄糖多出 27%，可增加約三分之一，也就是說生產同樣多的 ATP 能量，脂肪（酮體）可減少 27%的二氧化碳（CO_2）廢棄物的產生（見下圖）。

細胞燃料，脂肪酸比葡萄糖更有效率

燃燒一個6碳的葡萄糖 分子可以產生38個ATP：
Oxidation of a molecule of Carbohydrate
$6O_2+C_6H_{12}O_6 \rightarrow 6CO_2+6H_2O+ 38ATP$
$38ATP/ 6CO_2 =6.33ATP/ CO_2/ H_2O$

燃燒16個碳的脂肪酸（棕櫚酸）分子，則可以產生129個ATP：
Oxidation of a molecule of Fatty Acid
$23O_2+C_{16}H_{32}O_2 \rightarrow 16CO_2+16H_2O+129ATP$
$129ATP / 16CO_2 =8.06ATP/ CO_2/ H_2O$

$(8.06 - 6.33) \div 6.33 = 27\%$
燃燒脂肪酸時，效率比燃燒葡萄糖增加27%

上圖：燃燒脂肪酸比燃燒葡萄糖的效率增加 **27%**

由於燃燒脂肪產生的 CO_2 廢棄物較少，因此細胞內酸中毒（Intracelluar acidosis）的情況也會得到進一步改善。

五、如何減少兒少的碳水化合物攝取

吃了過多的甜食，常是加劇妥瑞抽動、過動症的原因之一。

不過要兒少患者執行低醣飲食都很難了，若想要他們做「斷醣」飲食，那更是不可能，不過要求兒避開食用有高抗體的腦致敏食物，則是非做不可的。以下為可以降低「糖」及碳水化合物攝取的變通方法。

1. 停喝所有含糖飲料，但可採用比蔗糖還甜 300 倍，熱量又只有蔗糖 300 分之一的天然「甜菊」粉來作為代糖，取代蔗糖、果糖。

2. 平時所吃的米麵可以採用澱粉含量極低的蒟蒻飯、蒟蒻麵或

「花椰菜飯」來取代。

3. 如果對小麥過敏，又想吃麵包的話，可以 Google 找「無麵粉麵包」，批購後冷凍起來，要吃的時候再解凍加熱。

4. 絕大部分水果都含有較高的碳水化合物，尤其是葡萄糖及果糖，只有「酪梨」這種也叫「牛油果」或「奶油果」的水果，澱粉含量很低，omega-9 含量則很高。由於冬天並非酪梨產季，因此冬天只能購買冷凍酪梨，解凍後打汁飲用。酪梨除了 omega-9 油脂含量高，碳水化合物含量很少，喝了酪梨果汁又非常有飽足感。其他水果則以「低 GI」，也就是低生糖水果為主，但是淺嘗即可，不可大量食用。

第四章、必需與非必需脂肪酸的運用

一、脂肪酸的分類

脂肪酸若按照其化學結構來分，可分為 Omega-3、Omega-6、Omega-9 及飽和脂肪酸四大類。

如果按其飽和度來分的話，就可分為多元不飽和脂肪酸（指omega-3 及 omega-6），單元不飽和脂肪酸（指 omega-9）及飽和脂肪酸共三種。若按其對人體的重要性來分，則可分為「必需」與「非必需」脂肪酸兩大類，所謂非必需，就是沒有吃到也沒關係的意思，但是非必需脂肪酸無所不在，廣泛存在於各種食物中，想要不吃到也難；所謂非必需脂肪酸，指的就是 omega-9 及飽和脂肪酸，而必需脂肪酸就是指 omega-3 及 omega-6，是絕對需要吃到的脂肪酸，兩種必需脂肪酸中，最容易缺乏的是 omega-3。

大類	非必需脂肪酸		必需脂肪酸	
分類	飽和脂肪酸	單元不飽和脂肪酸	多元不飽和脂肪酸	
		Omega-9	Omega-6	Omega-3
建議攝取比例	1	1	0.5	0.5
			1 : 1	
			10公克／日	10公克／日
作用	燃料油	合成 PGE1 改善發炎	合成 PGE2 導致發炎	合成 PGE3 改善發炎
		燃料、構成細胞膜成分、合成神經傳導素及 PGE1、2、3 等		
代表性油脂種類	豬油、奶油 椰子油、棕櫚油 建議：C8、C10 MCT 油	苦茶油 橄欖油 葵花油	紅花油、大豆油 葡萄籽油、葵花油 玉米油、黃豆油	沙棘籽油、亞麻果油 紫蘇籽油、亞麻籽油

必需脂肪酸攝取比例：
Omega-6 ：Omega-3
　　　　 1 ：1 （Omega-6、3 等量　最佳）
　　　　 4 ：1 （Omega-6 稍多　尚可接受）
　 20-50 ：1 （現代人 Omega-6 超量　導致自律神經　免疫失衡）

本圖文/王群光醫師編製

上圖：各種脂肪酸來源及最佳攝取比例

二、必需脂肪酸對人體的重要性

　　四大類脂肪酸中的 omega-3 及 omega-6，之所以會被冠上「必需」的名稱，是因為科學研究發現，實驗動物如果不提供「飽和」或「單元不飽和」脂肪酸時，對動物健康並無礙，如果同時完全不給予 omega-3 或 omega-6，則實驗動物的健康很快就會出問題，甚至死亡，後續的研究發現， omega-6 或 omega-3 以 1 比 1 的比例供應時，效果最好。因為 omega-3 及 omega-6 必需脂肪酸，是用來作為製造細胞內外膜各種神經傳導素、修復腸肺腦漏、血腦障壁及神經細胞髓鞘（Myelin sheath）的必備原料。

　　人體全身的各個細胞，都會利用 Omega-3 產生前列腺素 E_3（Prostaglandins, PGE_3）來抗發炎，由 Omega-9 所產生的前列腺素 E_1（PGE_1），也有抗發炎作用，但稍弱於 PGE_3。因此為了能產生更多的 PGE_3 及 PGE_1 來抗發炎，我們建議患者要吃大量的 Omega-3，至於 Omega-6 雖然也是必需脂肪酸，但由於 Omega-6 會產生 PGE_2，其作用跟會抗發炎的 PGE_3 及 PGE_1 剛好相反（如下圖所示），PGE_1 與 PGE_3 在蹺蹺板的同一邊，而 Omega-6 則在另一邊，蹺蹺板最好能維持平衡，對人體健康最有加分作用。

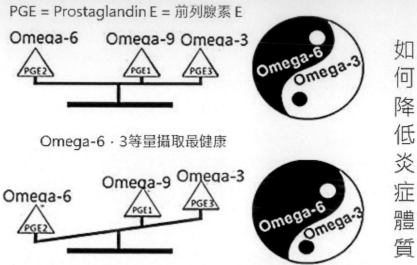

上圖：Omega-3、6、9 與 PGE_3、PGE_2 及 PGE、PGE_1 的關係

非必需飽和脂肪酸雖然也可以攝取，但飽和脂肪酸無法產生 PGE_1、E2 或 E_3。飽和脂肪酸主要是拿來當燃料用，就是透過肝臟將脂肪酸轉換成有抗發炎作用的酮體，而 Omega-3、7、9 除了可以產生酮體外，還有可以直接生成 PGE_3 及 PGE_1 抗發炎物質的作用。

Omega-3 與 Omega-6 同為必需脂肪酸，都是構成細胞膜及神經傳導素的主要成分，也是修復神經纖維髓鞘（Myelin）的主要原料。兩者以 1：1 的比例來服用時，效果最佳，由於 Omega-6 廣泛存在多種食用油中，Omega-3 卻很少，如果想要更有效的抗發炎，就需要提高 Omega-3 的含量，使 Omega-3 與 Omega-6 之比，達到 2：1 或 4：1。另外有一種來自耐熱達+60 ℃及抗寒-50 ℃的特殊沙漠植物，沙棘籽油所含的 Omega-7，也有類似 Omega-3 的

作用。

　　作者十多年來都利用各種富含 omega-3 的植物油調製而成的「自律升油」（3：6＝4：1）及「自律好油」（3：6＝1.5：1），提供給患者作為必需脂肪酸補充用油。每天的有效用量，建議要達到每公斤體重補充 1c.c.，例如 20 公斤的小朋友每天必須分次補充共 20c.c.。

　　Omega-3 的油脂如果再加以細分，又可再分為三種，分別為 18 個碳(C18)的植物油，以及 20 個碳(C20)的 EPA 及 22 個碳(C22)的 DHA 深海魚或海豹油。

　　魚或海豹這種動物本身，並沒有能力自體製造 EPA 或 DHA，他們體內所累積儲存的 EPA、DHA，其實是來自冷水藻類行光合作用所製造，透過食物鏈生物濃縮效應，海豹吃魚、大魚吃小魚、小魚吃蝦米、蝦米吃浮游生物、浮游生物吃藻類，因而累積到大魚或海豹體內，但是由於海洋汙染及生態保護等理由，我們並不鼓勵服用魚或海豹油。

　　此外，有一種被稱為「藻油」的 omega-3，則是經由直接培養會製造 EPA、DHA 的冷水藻萃取所得，雖可服用，但價格不菲，因此仍推薦以種植陸生植物行光合作用所生產製造的 C18 omega-3 (ALA)為主。

三、飽和脂肪酸及 MCT 中鏈脂肪酸

　　椰子油、棕櫚油以及各種動物油，都含高量的飽和脂肪酸，食用飽和脂肪酸並非禁忌，但是人不可以只偏重食用飽和脂肪。三大類脂肪酸的比例可各占三分之一，也就是飽和 ： 單元不飽和 omega-9 ： 多元不飽和(omega-36)的比例至少維持 1：1：1。

含 8 及 10 個碳，也就是 C8、C10 的 MCT 中鏈脂肪酸，雖然也是屬於飽和脂肪酸，但其吸收代謝路途徑卻與 C12 以上的飽和脂肪酸完全不同。提煉自椰子油及棕櫚油的的中鏈脂肪酸（Medium Chain Triglycerides, MCT） 與 12 個碳(C12)以上脂肪酸的最大不同點，是吸收路徑的不同，C8-10MCT 乃是經由靜脈吸收，直接由下腔靜脈到達肝臟，可以立即被肝臟分解成酮體，因此喝了 MCT 油之後，身體會馬上感覺溫暖起來，而 C12 以上的脂肪酸，則是經由淋巴液吸收，再經由胸管（thoracic duct），以乳糜型態進入鎖骨下方的上腔靜脈，再進入心臟及體循環，再送到肝臟分解成酮體，生酮反應的時間上會比較緩慢一些。

四、如何才能吃下足夠劑量的油脂

很多人都強調「美食」，其實「食物」是用來維持健康生命的，食物不管做得多麼色香味俱全，一旦背離了基本比例原則，也不啻是「垃圾」，甚至是「毒」。常有人錯誤的提倡人要吃「低脂肪」、「高碳水化合物」或「高蛋白飲食」。而作者則強調人要吃到「常醣常油常蛋白質」的均衡飲食。所謂「常油」飲食，就是脂肪酸應占每天總熱量來源的 40～47%之間，油脂可多不可少。

因為油脂對人體是非常重要的，構成了人體 60 兆個細胞的內外兩層細胞膜，腦神經細胞組織有 6 成的原料是來自油脂而不是「糖」。

人母分泌給 10 個月大嬰兒喝的母乳中，脂肪占了 47%，成人所吃下的食物中的油脂占每日總熱量來源，也不可少於 40%，這是全世界營養醫學專家們的共同見解。

大部分人，都吃下過多的碳水化合物、澱粉或蛋白質，而油脂的攝取，則大部分人都不足。

食物中油脂的來源可分為「可見油」及「不可見油」兩種，所謂不可見油就是指各種肉類、蛋、豆類、豆腐中所含的油，以及炒菜所用的油。每天所吃下的不可見油的總量，大約不會超過 30 公克（c.c.），因此如果沒有每天額外補充可見油，所吃下的油脂總量是不敷人體所需的。

所謂可見油就是指被榨取出來，裝在瓶或膠囊中的油，作者是把「油」當成「藥」來用的自然醫學醫師，所提供給患者服用的，是以 omega-3 為主的可見油，除了囑咐患者吃東西不必怕油，每天還必須按每公斤理想體重，額外補充 1c.c.的可見油。例如，20 公斤者，服用 20c.c.；60 公斤者，服用 60c.c.；過瘦 BMI 太低者可增加油脂的服用量來增胖；過胖者服用的油脂則必須酌情減量。

五、70 公斤者，每天食用總量 100 公克油脂的話，會過量嗎？

一般成人，如果沒有額外服用可見油的話，則其油脂攝取量每天大約只有 30-50 公克而已，是遠遠不敷人體所需要的。

茲分析如下：

1. 理想體重為 70 公斤者，每天應服用必需脂肪酸可見油 50-70 公克。

2. 來自食物中的不可見油，初估有 30-50 公克，因此，此人每天所吃進去的可見加不可見油脂總量約 100 公克。

3. 按人每公斤體重每天需要 30 大卡的需要量來算，則 70 公斤者每天需要 2100 大卡的熱量，去了零頭成為 2000 大卡。

4. 因為每公克的油脂，可產生 9 大卡的熱量，而每公克蛋白質及葡萄糖會產生 4 大卡熱量，因此人所吃下的 100 公克油脂，可提供 900 大卡的熱量。

5. 按照人體至少 40% 的熱量，需要來自油脂的生理要求，則此人必需有 800 大卡的熱量應來自油脂供應。（2000 大卡 x 40% = 800 大卡）。

6. 既然每天需要有 800 大卡的熱量必需來自油脂，那麼需要多少的油脂，才能提供 800 大卡的熱量呢？正確答案是約 90 公克（800 大卡 ÷ 9 大卡 ≈ 90 公克，因為一公克的油脂會產生 9 大卡的熱量）。

7. 此位 70 公斤者，每天所吃下的總油脂量為 100 公克，可提供 900 大卡的熱量。

8. 人每天需要 2000 大卡的總熱量，因此來自油脂的 900 大卡熱量，占了每日所需總熱量的 45% （900 ÷ 2000 = 0.45，0.45 x 100 = 45%），也就是說 70 公斤體重者，若每天吃下 100 公克的油脂，其油脂占了每日所需總熱量的 45%，與母乳中的油脂應占百分比（47%）是接近的，也就是剛剛好足夠而已，並沒有過量。

9. 由於個人體質差異，活動量的多寡。基礎代謝 BMI 指數，體脂肪佔比等的不同，需要視情況調整，以上只是就一般情況而言。

六、如何吞下讓人噁心的「可見油」

由於已經養成習慣，作者本人對於每天需要喝下 70c.c. 的可見油，都是分兩次直接喝下。

空腹喝油的效果最好，油很快就會被吸收掉，但是許多還不習慣喝油的人，喝了油會噁心、腹脹、腹瀉，這除了是個人心理感受以外，也有可能是由於長期油脂吃得少、膽酸分泌不足、胰臟所分泌的脂肪酶也不足，無法分解脂肪的緣故。如果暫時無法適應，可由極少量開始，將可見油拌在食物中，如加到精力湯、菜湯、優酪乳或豆漿中搖勻後再喝。喝完油後如果覺得有嘔心感，也可以再吃一口韓國泡菜來加以化解。

不過由於每個人體質有差異，對食物營養的消化吸收能力各有不同。最好是能在浴室內，放置一數位電子式體重計，洗澡前脫衣服後，先量體重，需要增重者可多吃一些好油，需要減肥者則少吃，肥胖需減肥者，以每天減少 200 公克體重為目標，不宜操之過急。

七、利用脂肪當燃料優於葡萄糖的原因

「常醣常油飲食」是我們所極力推薦給健康正常人的飲食方式。食物中的油脂若不足，對健康會有壞影響。

若站在燃料利用效率的觀點來看，脂肪酸所產生出來的能量（ATP）比葡萄糖多出 27%，可增加約三分之一，也就是說製造同樣多的 ATP 能量，脂肪（酮體）可減少 27%的二氧化碳（CO_2）廢棄物的排放。

由於燃燒脂肪產生的 CO_2 廢棄物較少，因此細胞內酸中毒（Intracelluar acidosis）的情況也會得到進一步改善。

第五章、氫分子醫學對腦神經組織的重要性

一、 2020 年是世界氫（H_2）分子醫學的元年

水電解氫氧氣機在日本及中國大陸，已經被列為第三類（最高等級）醫療器械，所產生的水電解氫氧混合氣體（$2H_2+O_2$），已經被醫學中心、急診室用於重症患者的急救之用。不過台灣尚未趕上第一波的氫醫學研究應用熱潮。

中日兩地的氫醫學專家學者，均異口同聲地認為，氫分子醫學將會徹底改變人類現行醫學的面貌。

日本醫學界投入氫醫學研究，已有二十年歷史，中國雖然在十年前才開始關注氫醫學，但卻後來居上領先日本。中國以舉國之力投入氫醫學的研究應用，並在 2020 年正式將水電解氫氧機列為第三類醫療器械。

中國大陸將氫氧氣用於新冠肺炎重症的救治上，取得了令人振驚的成果。在新冠肺炎救治重點醫院，讓瀕臨呼吸衰竭的新冠肺炎重症血氧濃度 SpO_2 過低的患者，直接吸入氫氧混合氣(不是純氧 O_2)，而迅速康復，不必插管使用呼吸機急救。有三億人口的美國，因 COVID-19 死了 81 萬多人，而擁有 14 億人口的中國大陸，卻只死亡 6 千多人，$2H_2+O_2$ 扮演了部分關鍵角色。

作者於 2020 年 12 月 15 日所撰寫出版的，「COVID-19 新冠肺炎中藥氫氧氣救命自然療法」一書(如下圖)中有詳細的介紹。

上圖:王群光醫師著作之一「新冠肺炎中藥氫氧氣救命自然療法」

二、 氫氧氣（$2H_2+O_2$）優於純氧（O_2）的原理

氫 H_2 與氧 O_2 的作用剛好相反，氧是一種氧化劑，是人體絕對需要的，但是如果長期吸入濃度過高的氧，則會產生太多的自由基，反而引起更嚴重的發炎，對腦、肝、眼睛最易造成傷害。而氫則為還原劑，可氧化、抗發炎、抗自由基。如果同時吸入氧氣(O_2)及氫氣(H_2)，則可以輕易達到氧化及還原效果的平衡，也就是陰陽平衡。

三、 氫氧氣的安全性

將純水加入水電解機中，就可以把水電解成氫氣及氧氣。

$$2H_2O \rightleftharpoons 2H_2 + O_2$$

純水　克氏循環(體內)　氫氣　氧氣

大氣中本來就有氫氣 H_2 的自然存在，但其濃度僅有十億分之 500，空氣中氧的濃度占 21%，而將水電解而成的氫氧混合氣

中，氧氣占 33.33%，氫氣占 66.66%，由於水電解混合氣中的氧是足夠的，因此人就算直接吸入大量的水電解氫氧氣，亦並無缺氧之虞。

氫與氧混合氣體雖可燃，但因其所使用的總積體很小，故不具燃燒爆炸傷人的危險性。

四、 氫氣 H_2 可以解除細胞內酸與自由基過多的危害

H_2 對人體最重要的功能有二，其一就是可直接中和細胞內毒性最強的 $OH^·$ 及 $ONOO^-$ 自由基，第二就是氫的分子量為 2，比分子量為 32 的氧，更容易直接穿透血腦障壁，進入（腦）細胞內，透過粒線體中的克氏循環（Krebs cycle）又再重新結合成水，稱之為內源性生成水，其方程式如下： $2H_2+O_2 \rightarrow 2H2O$。

這些水源生成水流出細胞外時，就會把細胞內過多的酸及自由基廢棄物（MDA）帶出細胞外，使日愈過酸的細胞內酸鹼值，恢復成正常的 pH7.2 弱鹼性；酸性及自由基廢棄物如果過多，就會導致神經傳導的速度變慢（正常狀態時，神經傳導速度為每秒 100 公尺），神經傳導素的釋放也會受到抑制。

人靜脈血液中的正常酸鹼值介於 pH3.5~7.45 之間，為弱鹼性，動脈血液的 pH 亦略同。高或低於此值上下限均為異常，分別為呼吸性/代謝性酸/鹼中毒。

人體細胞內的酸鹼值（Intracellular pH）以 pH7.2 為最理想。人腦神經對缺氧的承受力非常低，人只要停止呼吸 4 分鐘以上，腦細胞就有可能發生不可逆的缺氧及酸中毒死亡。但其他器官細胞，對缺氧及細胞內過酸的忍受力，均遠高於腦神經細胞，例如

手指被截斷後，只要能在 12 小時內接回，存活率仍很高。器官捐贈時，心腎離體在保存良好的情況下，24 小時內再移植到受贈者身上後恢復供氧，心腎仍可存活。

人腦細胞除了不可缺氧，也無法忍受過低的腦細胞內 pH，腦細內 pH 過低所引發的症狀，就是感覺頭昏腦脹，無法正常敏捷思考，再加上神經傳導素在低 pH 的狀態下，亦難以正常的釋放出來，供應腦細胞原料的星狀細胞，修復破損神經軸索的寡突細胞以及負責打掃腦神經環境的微膠細胞就開始「怠工」。

因此，如果能透過吸入 H₂，把細胞內，尤其是腦細胞內的 pH 變為正常，對神經的修復將有立竿見影的效果。

五、H₂ 對腦波有双向調節的效果

作者對門診的患者，都一律先做 3D 立體腦波及自律神經檢測，問診看診後，就請患者到診所附近的健康養生館，體驗吸入出氣量至少在 2,200 c.c./分以上的氫氧氣一小時，然後再回到診所做第二次的腦波及自律神經檢測。

在觀察比較過上萬名吸入 2H₂+O₂ 前後的 EEG 變化後所得到的結論，就是 H₂ 對腦神經細胞可以在一小時內就發揮可雙向調節（biphasic regulation）的作用。所謂雙向調節，就是指可以使一些強度過高的腦波，如妥瑞、躁鬱、恐慌、顫抖、過動症患者的腦波降低，又可以讓有些腦波過低，如憂鬱、阿茲海默症患者的腦波提升。

腦波的升高或降低，也伴隨著異常症狀的迅速改善，吸入 2H₂+O₂ 後的症狀改善的有效時間，常可持續長達一整天或數天。

腦波之所以能在短時間內被 H₂ 雙向調節的原因有二，一是

每一個腦細胞中都有至少 2,000 個以上的粒腺體，粒線體的作用之一，就是取下來自食物中的葡萄糖、脂肪酸（酮體）結構中的氫原子（H）作為燃料，產生能量（ATP），粒線體同時又具有可直接利用氫分子（H_2）作為燃料的能力。

因此吸入 H_2 後，血液中的 H_2 濃度迅速提升，並且透過血腦障壁進入腦細胞內，在腦細胞中的粒腺體（細胞的發電機）功能仍正常的前提下，H_2 也可以成為粒線體的燃料，也就是說細胞粒腺體，其實就是一部可利用氫原子（H）或氫分子（H_2）來發電的氫燃料發電機；不過對於粒線體及腦神經細胞已經大量死亡，腦組織已經萎縮的重度阿茲海默症患者來說，H_2 就無法發揮作用。腦組織受到嚴密的保護，許多大分子量的不良物質，都無法穿透血腦障壁（Blood Brain Barrier, BBB）進入腦內，然而作為最小分子的氫氣 H_2 則例外。可以不需要任何媒介載體，直接長驅直入腦細胞內。

氧氣的分子量為 32，可穿透 BBB 進入腦內，氫氣乃是宇宙間最小的分子，被吸入體由肺泡進入血液內後，可迅速穿透 BBB 到達腦部；H_2 進入腦細胞之後，跟 O_2 再度結合成水（$2H_2+O_2 \rightarrow 2H_2O$），這內源性水就會把腦細胞內的酸性及自由基廢棄物（MDA）排出腦細胞外，再進入尿液中，讓腦神經細胞內的 pH 趨向正常方向，自由基亦大量減少。

案例一：一位罹患憂鬱症的 40 歲女性患者，吸入氫氧氣一小時後，其腦波（EEG）的 β、α、θ、δ 波都同時升高（見下左圖），憂鬱情緒一掃而光，由情緒低落沉默不語變成喋喋不休。她離開氫氧保健館後，就直接回家家休息，未做任何治療。17 天之後，她再度體驗吸入氫氧氣，腦波亦發生了與 17 天前同樣的變化（見下右圖），證明見其可再現性很高。

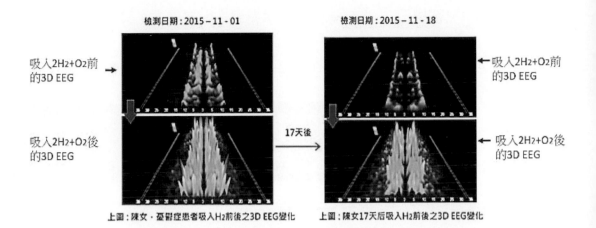

案例二：有一位罹患妥瑞（抽動）症的 21 歲男性患者，臉上出現無法控制的奇異表情，並不由自主發出極大的怪聲音，吸入一小時的氫氧氣之後，本來異常放電的腦波立即變為正常(見下圖)，奇異表情及怪聲亦同步消失。

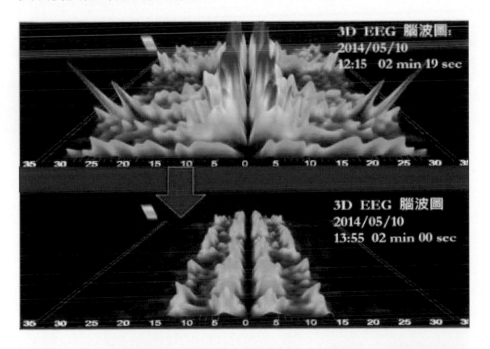

上圖：妥瑞（抽動）症患者吸入氫氧氣 1 小時後，過高的腦波
變正常

案例三： 美國萊德牧師為原發性顫抖患者，雙手顫抖嚴重到
無法拿水杯喝水及拿筆寫字，吸了 $2H_2+O_2$ 一小時後，手
就不再顫抖，腦波也恢復正常（如下圖）。

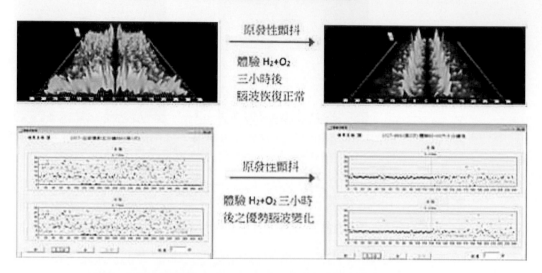

上圖:美國萊德牧師吸 H_2 前(左)的腦波過高，

吸入 H_2 後(右)變正常

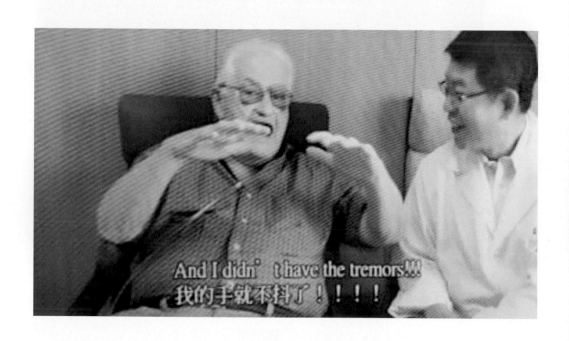

上圖:美國萊德牧師主動分享吸 H₂ 經驗

https://m.youtube.com/watch?v=2rJpxvpDc4c

六、H₂ 可双向調節自律神經活性

交感神經若過高，使人無法放鬆及入眠，H₂ 則可促使過高的交感神經活性大幅度降低，副交感神經活性提升，促使交感/副交感（LF/HF）的比例降低，也可將過低的自律神經活性提升，使人放鬆。請見以下案例。

案例四： 自律神經活性降低

這位 40 歲男性患者，長期失眠無法入睡，HRV 檢測，發現其自律神經活性（LF）過高（1540.73），副交感神經活性（HF）過低(37.87)。吸入一小時 2H2+O2 之後，交感由 1540.73 降至 187.085，副交感由 37.87 提升至 99.68；交感/副交感比例（LF/HF）由 40.68 降 1.88(如下圖)，整個人立刻感到很放鬆。

自律神經量測各項數值圖

陳 O　B2***15510　　　　　① 　　　　② 　　　　③

HRV 項目	標準值	2020/11/26	2020/11/26	
SDNN 活性	20.20±8.10	49.79	27.47	
LF 交感	121.53	1540.73	187.08	
HF 副交感	62.47	37.87	99.68	
LF + HF	184.00	1578.6	286.76	
LF / HF 平衡	1.70±1.4	40.68	1.88	
HR 平均心跳		68	74	
檢測時年齡	55	55	55	
自律神經年齡				

　　　自律神經活性極下低者，亦可經由較長時間的 $2H_2+O_2$ 吸入，促使自律神經活性提升。

個案五： 45 歲重度睡眠呼吸中止症患者

[自律神經量測各項數值圖]　　　　**黃 O H7***15135**

HRV 項目	標準值	① 2015/04/20	② 2015/04/20	③ 2015/04/21	④ 2015/04/21	⑤ 2015/04/22	⑥ 2015/04/22	⑦
SDNN 活性	24.40±10.00	6.71	16.59	4.55	12.47	18.98	23.93	
LF 交感	221.46	10.59	35.94	4.08	20.95	116.75	282.67	
HF 副交感	92.56	8.11	31.55	3.65	13.69	41.79	40.91	
LF＋HF	314.02	18.7	67.49	7.73	34.64	158.54	323.58	
LF／HF 平衡	2.39±1.2	1.31	1.14	1.12	1.53	2.79	6.91	
HR 平均心跳		116	100	101	92	87	79	
檢測時年齡	40	40	40	40	40	40	40	
自律神經年齡								

1. 患者 4 月 20 日首測 HRV 活性極低，為 6.71（正常值為 24），經過 5 小時的 $2H_2+O_2$ 吸入（劑量為 4400c.c./分）之後，活性提升為 16，三天後（4 月 22 日）活性提升至 23.93，趨近正常值。

2. 4 月 20 日首測交感神經活性極低，10.59（正常值為 221.46）。

   吸入 $2H2+O2$ 後，當天提升為 35.9，第三天提升至 282.67。

3. 心跳也呈現戲劇性變化，首日（4/20）的心跳為 116/min（正常值為 60～70），當天吸完 $2H_2+O_2$ 後，心跳降為 100/min，第三天（4～22），心跳降至 79/min 接近正常。心跳過快表示身體已經嚴重缺氧及發炎，身體必須經由增加心跳來取得代償，其 4/20 靜止時心跳高達 116/min，表示心血管系統已趨近喘不過氣及盜汗的失控崩盤前狀態。

分析：

1. 此患者在前三天之內，只有吸入 $2H_2+O_2$，並未做任何其他輔助治療，就已經達到如此驚人的效果。

2. 他後來再加上斷醣生酮飲食等綜合性自然療法及睡覺中持續吸入 $2H_2+O_2$ 後，血糖、血壓、體重均由過高降至正常後，降血糖及降高血壓藥物停止服用，睡眠呼吸中止症亦自動痊癒。

七、H_2 可矯正細胞內酸及自由基過多

細胞內酸中毒（Intracellular acidosis）是許多新陳代謝及慢性病的源頭之一。

1. 人體細胞內的正常酸鹼為弱鹼性（pH7.2），人必須盡一切努力來維持此 pH7.2 的恆定值（如下圖）。

Item 物質名稱	Extracellular 細胞外	細胞內 Intracellular
	細胞外液 Extracellular Fluid	細胞內液 Intracellular Fluid 細胞膜
Na^+ 鈉	142 mEq/L	10 mEg/L
K^+ 鉀	5 mEq/L	141 mEg/L
Ca^{++} 鈣	5 mEq/L	<1 mEg/L
Mg^{++} 鎂	3 mEq/L	50 mEg/L
Cl^- 氯	103 mEq/L	4 mEg/L
HCO_3^+ 碳酸氫根	28 mEq/L	10 mEg/L
Phosphate 磷	4 mEq/L	75 mEg/L
SO_4^{--} 硫酸根	1 mEq/L	2 mEg/L
Glucose 葡萄糖	90 mg%	0-2 mg%
Amino Acids 胺基酸	30 mg%	200 mg%
Phospholipids 磷脂	0.5 mg%	2-95 mg%
PO_2 氧分壓	35 mmHg	20 mmHg
PCO_2 二氧化碳分壓	46 mmHg	50 mmHg
pH 酸鹼值	pH7.35-7.45	pH7·2
Osmolarity 滲透壓	281 m Osm/L	281 m Osm/L

(細胞核 Nucleus 粒腺體 Mitochondria)

上圖： 細胞內外液的正常酸鹼值 pH

2. 測定細胞外（血液中）的 pH 操作技術極為簡易，但是想要測定細胞內的酸鹼值在技術及操作上則相當困難，最簡易的方法，就是經由尿液的 pH 來間接推測。

3. 如果身體細胞內的酸性廢棄物有順利被排出體外，則尿液會呈現酸性，尿液酸鹼值會在 pH6 以下，如果尿液中酸性物質極少，

則尿液的 pH 就會呈現中性（pH7）或鹼性（pH>7、pH>8、pH>9），這就意味著酸性廢棄物並沒有被排出體外到尿液中，而是堆積在細胞內，只要採用價格低廉的尿液檢測試紙，就可以鑑定出吸入 $2H_2+O_2$ 前後，尿液 pH 的變化。

4. 人體酸與自由基廢棄物的排放都是同步的，酸如果排不出來，自由基廢棄物也必然無法排出。

5. 正常人有自行排出細胞內的酸與自由基（如下圖所示）的能力，下圖左側為吸入 $2H_2+O_2$ 前的尿液 pH6，採用自由基檢測試劑，呈現深紅色，表示細胞內的酸及自由基 MDA 廢棄物，都有被自動地被排出細胞外再排泄到尿液中，吸氫前後尿液 MDA 自由基廢棄物檢測，呈現深紅色且有沉澱物。

吸入 $2H_2+O_2$ 後的尿液，自由基的顏色反而變淺（下圖右側），也不再如吸 H_2 前的尿液有沉澱物(下圖左側)，這才是身體健康的典型表現。

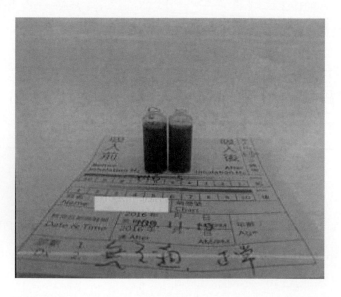

上圖： 正常人吸入 $2H_2+O_2$ 前的尿液 pH 及 MDA 自由基廢棄物變化

案例 六： 嚴重偏頭痛及腦霧患者

說明 ： 此患者吸 $2H_2+O_2$ 前的尿液為 pH9(下圖左側)，表示尿液中缺乏酸性廢棄物（堆積在腦細胞內），吸 $2H_2+O_2$ 後的尿液 pH 為 5.5(下圖右側)，表示原本堆積在細胞內的酸性廢棄物，已經被 $2H_2+O_2$ 所形成的內源性水驅趕出細胞外，再被排放到尿液中。吸入 $2H_2+O_2$ 前的尿液自由基檢測報告呈現透明狀(下圖左側)，表示其無法自動排出細胞內的自由基。

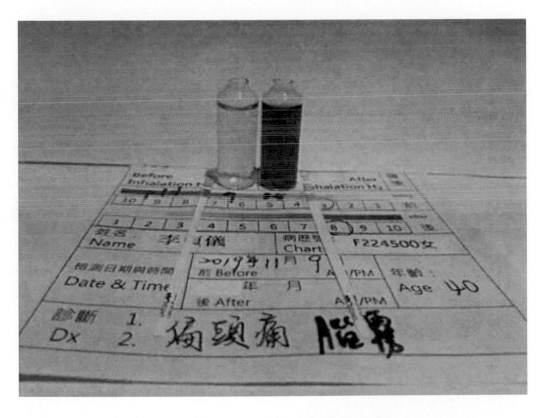

上圖： 嚴重偏頭痛及腦霧患者，吸入氫氧氣前後的尿液 pH 及
自由基變化

體驗吸入（2200c.c./min）的氫氧氣後，大量的自由基廢棄物，被排放到尿液中，以致吸入氫後的尿液檢測報告呈現

深紅色(如上圖右側)，患者在西 $2H_2+O_2$ 前感覺到的強烈頭痛立即瞬間消失，腦霧（人有如處在迷霧中）也頓覺全消，自述感覺陽光普照，心情變好。

不過由於人體細胞在燃燒葡萄糖、脂肪酸作為能量(ATP)的過程中，會持續生成酸性的自由基廢棄物，因此吸氫排毒素的效果雖然可立刻見效，但能持續維持神清氣爽的時間也不是很長，必須要搭配其他措施才能加長維持效果的時間。

個案七：心情煩悶想跳樓自殺的 13 歲少年，一小時後變快樂。

這位罹患憂鬱症的 13 歲小朋友，一直想找機會跳樓自殺，以致母親惶惶不可終日，視線不敢稍微移開，他在吸入 $2H_2+O_2$ 一小時後，再做尿液自由基檢測，顯示排出很濃的自由基（下圖左起第二支試管）。

作者問他有沒有比較舒服啊？ 他一直在噗哧地笑，說感覺到前所未有的快樂，請注意下圖第 10、11 支尿液的自由基檢測變透明，表示自由基廢棄物已經被吸入的 H_2 所形成的水排光了。

第二天（下圖下方）他繼續吸了 9 小時的 $2H_2+O_2$，心情一直很好，高興的笑個不停，也不再有自殺的念頭，他母親一直覺得很不可思議。因為她的小孩已經很多年沒笑過了。

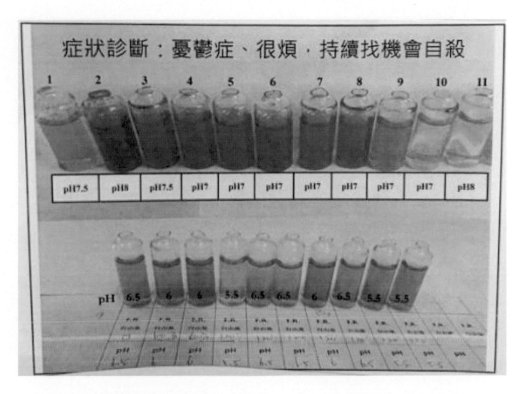

上圖： 13 歲想自殺少年吸入 $2H_2+O_2$ 後的尿液 pH 及自由基變化

個案八： 嚴重睡眠障礙

這是一位 9 歲的小朋友，乃是因妥瑞症、ADD 及嚴重睡眠障礙來看診，他體驗吸入 $2H_2+O_2$ 4 個小時之後的尿液 pH 及自由基檢測報告如下。

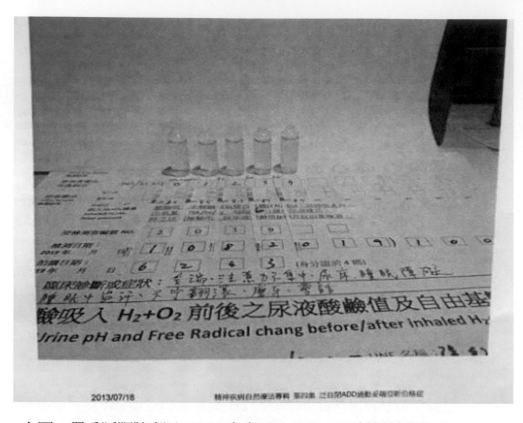

上圖：嚴重睡眠障礙及 ADD 患者吸入 $2H_2+O_2$ 前後的尿液 pH 及自由基檢測報告變化

1. 此小朋友有很嚴重的睡眠障礙，症狀為整晚磨牙，由床頭翻滾到床尾，還不時摔到床下，也同時有講夢話、尿床，更令人擔心的是一直盜汗，媽媽每晚要幫他換 2～3 次濕透的睡衣。

2. 小朋友吸了 4 小時成人劑量的 $2H_2+O_2$，但是細胞中的酸自始自終都沒有被排出來，尿液 pH 一直維持在 pH8.5，自由基廢棄物也絲毫未被排出，由其第 1、2、3、4 支尿液樣本均為透明來看，表示自由基一直累積在（腦）細胞內排不出來。

孩子媽媽說：「我兒子其實沒有睡過覺!」

作者一時聽不懂他想表達的是什麼意思。就問他，「他才 9 歲，難道您一直讓他打電動嗎？不然怎麼會沒睡覺？」

「並不是打電動，他雖然是有在睡，但卻非常淺眠。」

「您有用睡眠腕表來監測的報告嗎？否則您怎樣能確認他淺眠呢？」

「不必做檢測，因為兒子跟我睡，我每次輕手輕腳起床小便，他都立刻知道」，還問我說：「媽媽您要去哪裡？多久才回來？」

評語：

睡眠障礙是很多小朋友注意力無法集中（ADD）的主要肇因之一。

1. 如果他能夠持續的避食過敏原，每天吃到足夠的 omega-36 必需脂肪酸，每天吸 $2H_2+O_2$ 數小時，痊癒的機率還是很大的，由於他並沒有自閉症、學習障礙或智力障礙，因此治療預後將會是很好的，有痊癒的可能。

2. CBD 的微量使用，對於嚴重睡眠障礙的改善，更可以發揮臨門一腳的作用。

3. 但很可惜此患者並沒有複診並持續接受治療。

個案九： 達到酸與自由基都排光的黃金交叉點。

有一位成人患者，尿液 pH8，吸入 $2H_2+O_2$，每隔一小時紀錄其尿液 pH 及自由基變化，其結果如下圖：

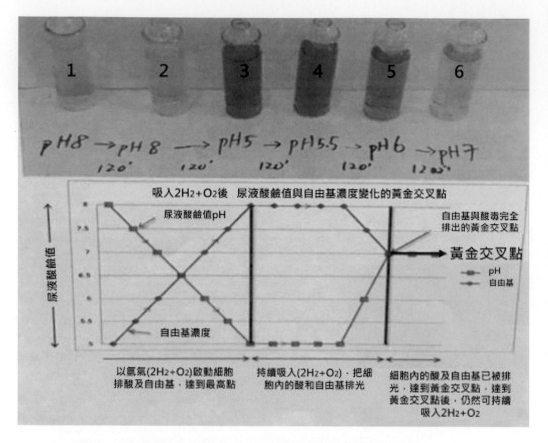

上圖： 達到體內的酸與自由基都排光的黃金交叉點

上圖： 第 1 支試管為透明，表示吸入 $2H_2+O_2$ 前，尿液中的自由基 MDA 少，第 3 及 4 支試管的紅色變深，表示細胞內的自由基 MDA 已被大量排放到尿液中。

上圖：第 6 支試管的顏色又變淺，表示細胞內的自由基 MDA 已被排光，第 1～2 支尿液的 pH 均為 pH8，第 3 支是管 pH5，表示細胞內的酸已被大量排放到尿液中。

上圖： 第 6 支試管的尿液 pH7，表示酸已被排光，再也沒有酸可排了，這就表示達到了酸與自由基 MDA 都被暫時排光的「黃金交叉點」。

本章小結語：

1. 本章對 H2 的臨床應用，及觀察尿液 pH 與自由基變化的檢測報告，都是來自本人上萬案例累積的經驗總結。不過礙於繁瑣的行政申請程序，因此有關吸入 $2H_2+O_2$ 前後的 3D EEG、HRV、尿液 pH 及自由基廢棄物（MDA）的論文尚未能公開發表在醫學期刊上。醫學文獻資料庫中，亦未能查到有人發表過。

2. 就筆者八年來的臨床應用觀察心得，感慨氫氣 H2 雖尚未被重視，但將來必定會在醫學上，尤其是精神神經疾病領域，發揮非常重要關鍵的作用，甚至改寫精神神經疾病治療方法的整體面貌。

第六章、CBD 大麻二酚為神經精神疾病療法的臨門一腳

一、CBD 是什麼？

CBD 乃是萃取自「大麻」植物的一種結晶粉狀物。大麻植物含有數百種成分，但以 CBD 及 THC 為主，兩者若以適當安全比例合併使用於人體，對於免疫及神經精神系統疾病，可發揮強而有力的治療作用。

由於歷史性的誤解，過去數百年來，大麻一直被人們列為毒品，那是因為大麻植物所含的 THC 會令人亢奮，讓吸大麻煙的人感覺興奮、心情變好、很想笑或哭，因此開 party 時，常流行抽 THC 含量高的大麻煙，那就是「娛樂用」大麻。美國有九個州已經開放娛樂用大麻，其他州只開放醫療用。但大部分國家仍然禁止娛樂用大麻。

CBD 的作用與 THC 剛好相反，由於 CBD 對免疫及神經精神系統有很強的抗發炎、止痛、鎮定作用，並且完全不會有成癮性，安全劑量範圍很寬廣，適量使用幾乎沒有副作用，也不會有成癮性，因此全球目前已有 50 多國家開放 CBD 的醫療用途。美國、加拿大、歐洲各國、日本、韓國、菲律賓、泰國等國，都已經完全開放給大眾可自行購買 CBD 使用，CBD 也被廣泛運用在化妝保養品及各種健康食品中。

台灣對於醫療用大麻 CBD，則是採取有條件的開放，民眾需要以進口個人用藥方式，向衛生署提出申請。另外就是台灣嚴格規定 CBD 產品中的 THC 濃度不可超過 10ppm，而在化妝品及食

品領域，則完全禁止使用 CBD。

二、CBD 大麻二酚對人體作用的原理機轉

人體會分泌各種神經傳導素，如腎上腺素（Epinephrine）、正腎上腺素（Norepinephrine）、多巴胺（Dopamine）、血清素（Serotonim）、β 腦內啡（β-Endophin）等等，最新的研究新發現，其實人體內還有一種非常重要的內源性大麻素系統（Endocannabinoid system）。

「現代大麻研究之父」梅喬勒姆所撰寫，刊登在《美國心理學年鑑》（Annual Review of Psychology）的研究中，強調「人體內可自行產生超過 150 種內源性大麻素類化合物，不僅可維繫人體健康，更是塑造人們各有不同個性的關鍵。」

過去數十年間，科學家們一直在尋找運動後有欣快感，也叫「跑者高潮」（runner's high）的原因，起初以為是跟「腦內啡」（endorphin）有關，近年才找出原來是跟體內產生的內源性大麻素（Anandamide）有關，此物質也被發現少量存在於巧克力中，猜測或許這也是為什麼很多人嗜食巧克力的原因之一吧！此物質之所以被發現者命名為「Anandamide」，乃是來自梵文的「Anada」，ananda 的原意，是「永恆的幸福」或「至高無上的快樂」；的確，有許多使用過 CBD 的憂鬱症患者，在舌下滴了若干劑量的 CBD MCT 油之後，就感到無比的寧靜及情緒提升。不過其效果也因人而異。

2011 年有一篇刊登於《精神神經內分泌學》（Psychoneuroendocrinology）期刊的研究論文，他們找來了 11 名健康且受過訓練的男性單車騎士，發現在激烈運動時，人體會自動產生大量內源性大麻素，而內源性大麻素可能造成「腦源性神

經滋養因子」（BDNF）的水平增加，因而有抗憂鬱症的效果。

內源性神經傳導素的作用

系統	神經傳導素	作用	分泌釋放的時機	缺乏時所引發症狀
交感	腎上腺素 Epinephrine 正腎上腺素 Norepinephrine	心跳增快 血壓升高 瞳孔變大	生氣、動怒、害怕、受到驚嚇、被狗、野生動物攻時，選擇戰鬥或逃走。（Fight or Flight）	腎上腺疲乏症候群，如情緒低落，缺乏動力，不想跟人接觸。剛退休者容易罹患此症。
副交感	乙醯膽鹼 Acetylcholine	心跳變慢 腸胃蠕動增加 瞳孔縮小	休息、進食、睡覺（Rest or Digest）	腸胃蠕動變少、胃口變差、便秘、不易深度睡眠
多巴胺	多巴胺 Dopamine	引導快樂正向開心情緒	開心、快樂、被讚美	巴金森氏症（臉無表情、撲克臉）
血清素	血清素 Serotonin	容易感受快樂	快樂高興時	憂鬱症

腦內啡	β-endorphin	緩解焦慮 止痛效果	助人時，得到受助者感謝您時的快樂、滿足感	易焦慮、緊張、不夠放鬆
內源性大麻素系統 （人體可自行分泌約150種內源性大麻素）	CBD （大麻二酚）	抗發炎、平靜、促眠藥用	內源性大麻素（CBD+THC等） （Anandamide）引發「跑者高潮」欣快感: Ananda 在梵文中的原意是「永恆的幸福」或「至高無上的快樂」	易緊張、易發炎、易失眠
	THC （四氫大麻酚）	輕飄飄、愛笑、想哭、娛樂用 （微量 THC 與高比例 CBD 合併使用，效果最好）		

近年又發現人體內有三種大麻素的接受體，分別為 CB1、CB2 及 CB3，這些受體廣泛而又密集的存在於大腦及免疫系統中，可影響人類的睡眠、食慾、情緒甚至減低疼痛感，這就可以解釋，為何足量的 CBD（有含少量 THC 效果更好）滴在舌下，可令人一夜好眠，妥瑞（抽動）及巴金森氏症患者，往往足量使用後數分鐘內就停止抖動的原因。

三、作者對 CBD 的第一手臨床經驗

作者生性喜歡新鮮事物及接受新挑戰，尤其是解決難治之症，於是便鎖定了一般上被認為既使採用藥物，也難以治癒的兒少妥

瑞症、過動、注意力不集中、巴金森氏症、阿茲海默症、多發性硬化症、纖維肌痛症、思覺失調（精神分裂）、嚴重失眠、睡眠呼吸中止症等高難度疾病來做為攻堅標的。

所採用的是中道自然療法，就是不使用傳統西藥，而是採用足量的必需脂肪酸修復腸肺腦漏、血腦障壁，同時採用巨量維生素 C，促進腦細胞間結締組織的的再生，復建議吸入水電解氫氧氣（$2H_2+O_2$），可排盡腦細胞中所堆積的酸與 MDA 自由基廢棄物。（註：水電解氫氧氣在中國及日本兩國都已經被列為正規的醫療氣體）。CBD 也是作者推薦的中道自然療法的處方之一。

經由眾多 CBD 使用者的直接回饋，再加上廣泛深入閱讀大量 CBD、THC 的研究論文報告，因此對 CBD 有了非常深刻的了解。由於尋求中道自然療法協助的，有很多都是已經發病多年，病情比較嚴重，且接受過各種傳統藥物治療，又無起色的精神神經疾病患者，作者發現 CBD 對他們的病情進展有很大的加乘放大效果。

不過話說回來，如果沒有補充能修復神經及免疫系統的細胞原料，也沒有排出細胞內的酸與自由基，而單純只有使用 CBD，或吃中西藥物再加上 CBD 的效果，則作者因缺乏這種方式的使用經驗，故無法提供。

四、CBD 的臨床療效個案分享

由於大麻受體密集遍佈全身，尤其是腦細胞及免疫系統內，因此 CBD 對於絕大部分的腦神經精神及免疫失調疾病患者的效果尤其顯著。

根據我們的臨床經驗顯示，對於腦神經細胞發炎所引起的神經疾病跟精神情緒障礙，例如妥瑞、巴金森氏症、失眠、強迫症、

恐慌、過動、PTSD、癲癇，只要使用作者所推薦的排除腦內酸與自由基，以及修復腸腦漏及腦神經細胞的自然療法，就可以收到一定成效。若再加上 CBD 的使用，則有加乘效果。

1. 失眠、睡眠障礙

對於各種型態的失眠，如無法入睡、易驚醒、磨牙、尿床、夢話、夢遊、極度淺眠或狂翻身等，不論成人或孩童，均可迅速收效，若安全劑量足夠，使用者的滿意度很高。不過初次使用者，最好選在休假日前一天晚上開始試用，不然有可能睡得太熟，連鬧鐘都叫不醒；作者發現，沒有學習障礙，而又有 ADD 或 ADHD 的兒少，大部分都有程度不一的睡眠障礙。

2. 妥瑞抽動症

可用在治療妥瑞症的正式西藥，只有「安立復」一種，但其療效並無法令人人滿意，作者並不使用藥物，而是採用避開高抗體過敏食物及服用足量 omega-36 必需脂肪酸來修補腸肺腦漏、血腦障壁及受損神經的自然療法，可達到9 成以上的療癒效果。不過對有些頑固型妥瑞症，就必須進一步使用 CBD 舌下滴劑，患者通常會在足量使用數分鐘後，抽動或發聲就大幅度降低，若效果未達預期，在每日安全劑量之內可重複多次使用。

3. 巴金森氏症

巴金森氏症患者在作者的門診患者中，占了很高的比例。 經自然療法治療一段時間，症狀改善之後，如果仍有殘留一些諸如僵硬、抖動、行動遲緩或無力的症狀，CBD

則是最後的（the last choice）最佳選擇，CBD 對巴金森異常症狀的緩解，效果很明顯。國外文獻報告案例非常多。

有一位手一直抖動、流口水，但卻未曾接受過西藥治療的巴金森氏症老師，他剛開始時每天使用 CBD 油 4 次，每次 50 mg，由於症狀大幅度改善且穩定，他一年後改為每天 2 次，兩年後減為每天 1 次的維持劑量。如今他之前的肢體抖動、無力、僵硬、碎步及口齒不清等症狀，均已經消失，行動說話一如常人，頗令人欣慰。

作者的許多個案都已經打破了傳統神經科學所形容，巴金森氏症患者對藥物有蜜月期的魔咒，所謂藥物蜜月期，就是說巴金森藥物即使剛開始有效，但過了若干年(約 5-8 年)所有藥物就會無效，而需要長期臥床。

上圖：<u>首次使用 **CBD** 的巴金森患者驚人效果視頻</u>
https://m.youtube.com/watch?feature=youtu.be&v=wWOIQ QnvJw0

4. 創傷後壓力症候群（PTSD）

人在遭受重大心理或肉體的打擊之後，時常會出現焦慮、恐懼、憤怒、憂鬱、失眠等多重症狀，這種情況就叫做創傷後壓力症候群（Post Traumatic Stress Disorder，PTSD），CBD 對 PTSD 症狀的緩解作用非常明顯迅速。

5. 自閉症

作者雖然並沒有親自將 CBD 運用於門診自閉症患者的第一手經驗，但是根據以色列醫院的兒童神經科主任阿朗（Adi Aran）發現，CBD 是自閉症兒童的有效治療方法。他在知名期刊《神經學》（Neurology）發表的一項研究中，研究人員使用高濃度的醫療用大麻油（20% CBD、1%THC）治療 60 名自閉症兒童，結果有 61%的患者得到顯著改善或非常大的改善。療程結束後，院方讓家長填了問卷，以進一步了解孩子的後續病情狀況，有 80%家長指出自閉症兒童的問題行為減少，62%的家長表示有顯著改善。

6. 焦慮與憂鬱症

一般常見的抗焦慮劑和抗憂鬱劑，都是作用於血清素系統。CBD 的作用方式可能與常見可提升血清素的精神科藥物如百憂解（Prozac）和樂復得（Zoloft）類似，在 2016 年的一項動物研究中，西班牙的科學家發現 CBD 可能比一般抗憂鬱劑（SSRIs），能更快地提升大腦中血清素水平。

7. 注意力不集中過動症 ADHD

CBD 對於單純性 ADHD 的效果相當好，不過如果同時又合併有智障、自閉症或學習障礙者的效果，則需要另行評估。

8. 癲癇

2013 年，美國知名媒體《CNN》推出有關 CBD 的深度報導，由具有神經外科醫師身分的首席醫療記者古普塔（Sanjay Gupta）擔綱主持。

古普塔醫師舉出美國科羅拉多州，小女孩夏綠蒂（Charlotte），罹患一種罕見的癲癇疾病「卓飛症後群」（Dravet Syndrone）。她 3 歲時，儘管每天服用 7 種不同的藥物，但每周都要經歷 300 多次地獄般的癲癇發作，也嘗試過許多偏方，但始終都毫無起色。

後來經人推薦使用高 CBD（21%），低 THC（1%）的大麻品種製品，使用了這種製品之後，原本一個禮拜會發作 300 多次的癲癇，變成一禮拜只發作一次。得到顯著改善，再也不必依賴餵食管，可以自己吃東西，講話甚至走路。

CBD 在夏綠蒂身上發揮了不可思議的效果。經報導後，私底下使用大麻的父母，不但未被舉發吃官司，反而改變了美國將大麻視為毒品管制的政策，最終開放了大麻的醫療用途，因此夏綠蒂也被稱為「改變美國大麻政策的孩子」。

上圖:改變美國大麻政策的孩子夏綠蒂

https://youtu.be/zQwv9Y75_0I

五、台灣患者也有機會合法使用 CBD

台灣對於 CBD 的使用，原本是完全禁止的，但是後來由於有一群超過藥物蜜月期的無助巴金森氏症患者，請立法委員安排，在立法院舉辦過 CBD 大麻二酚公聽會之後，台灣衛署終於在 2017

年 6 月宣佈，開放 THC 含量在 10ppm 以下的 CBD 製品的進口使用。不過民眾（患者）必需向衛生署提出申請自用藥物專案進口，獲准後才能進口，且不得轉讓轉賣。

美中不足的是，由於缺乏宣導，許多人可能還並不知道可合法申請進口 CBD，因此常有不少人自行從國外攜帶 CBD 或以郵包闖關，每年因違法攜帶闖關而被以販賣毒品罪移送法辦者，不下百起，且刑期並不輕。

全世界目前約有 50 多個國家開放醫藥用大麻 CBD，不過台灣大部分醫師及民眾都未曾聽聞過 CBD 可合法入藥，因此不論醫師或民眾，只要一聽到「CBD 大麻二酚」中的「大麻」兩個字，第一印象就是把它與「毒品」畫上等號。

上圖 ： 將 60 公克 CBD 晶粉溶於 30ml MCT 油中成為 30ml 的 CBD 油(標準品)

1. CBD 使用年齡限制 ： 無年齡限制，由幼兒兒童到少年，青壯老年均可使用。

2. 每次每日劑量 ： 因年齡、體重、病情嚴重程度，由醫師依個案情況來下決定。

3. 個人有效及耐受性：每個人對 CBD 的有效及耐受性各有不同，有些成人用來治療失眠，只要用 20mg 就覺得很有效，有人卻要用到 50～100mg，甚至 200mg，必須試了才知道。

4. 成癮性及戒斷症候群：全世界所有文獻均一致公認 CBD 無副作用無成癮性，也不會發生戒斷症候群。

5. 副作用： 建議由最小有效劑量開始逐步增加，CBD 副作用罕見被討論報導。

6. 何時可停止使用 CBD

停止使用 CBD 時機，需視個人情況而定，例如一直搖頭或發出聲音的妥瑞症，舌下滴數滴含著 5 分鐘後，如果搖頭發聲停止，就不必一直再用，下一次發生搖頭時，才再使用一次。

7. 何時可以減量或停止使用 CBD

由於停用 CBD，並不會發生反彈或戒斷症候群，因此症狀改善後，可隨時自行減量或停用。

六、CBD 油的劑量如何計算及使用

1. 目前 CBD 劑型可分為粉劑或已調配好的油劑。但油劑較方便使用，故以油劑為主，滴在舌下使用，含在口中五分鐘後，再配開水喝下。大部分 CBD 均可從舌下口腔吸收。

2. 如何計算 CBD 油濃度？ 把 6 公克（6000mg 毫克）的 CBD 晶粉，溶解在 24c.c.的 MCT 油中，就會得到 30c.c.含有 6000mg 的 CBD 油。其濃度就是每 1c.c.的油中，含有 200mg 的 CBD。如果想用到 100mg，就用所附滴管吸取 0.5c.c.，CBD 油使用，即為 100mg。

3. CBD 油所附的玻璃滴管吸滿管時為 1c.c.，1c.c.的油可滴出 40 滴，也就是每一滴 CBD 油中，含有 5mg 的 CBD 成分。

4. 若以 30c.c.MCT 油含有 6000mg 的 CBD 作為標準品如果每天使用 200 mg (1c.c.)，一瓶 30c.c.的 CBD 油，可以使用一個月。

5.成人每天 200mg 是腦神經廣泛發炎性疾病的標準基礎用量，至於較嚴重的患者，則需在醫療專業人員的觀測指導下調整劑量，成人 CBD 的每日用量可以達到 600～1000mg；要是感覺到使用 CBD 油已經發揮了不錯的效果之後，就可以逐漸降低每天使用的次數或劑量。各種不同年齡體重兒少的 CBD 使用狀況劑量，宜請示醫師。

小結：

1. 作者原本跟大多數人一樣，把大麻當成毒品的想法根深蒂固，但得知各國紛紛開放使用醫療用大麻二分(cbd)，為時代趨勢以後，就受到了啟發。因而改變了自己過時落伍的老舊觀念。

2. 研讀過許多國外有關大麻 CBD 和 THC 的研究論文報告之後，就將 CBD 運用在患者身上，得到了很多實際臨床經驗和心得。

3. 作者所自創的「中道自然療法」本來就已經收效宏大，如今再加上 CBD 大麻二酚，這種來自植物的天然物質，已然成了作者自創中道自然療法中的最後一塊處方拼圖，CBD 好比是讓「中道自然醫學」飛得更穩的翅膀，CBD 也將會是所有醫師治療精神神經疾病的臨門一腳。在 CBD 已開放，可在藥局上架，不必醫師處方，民眾就可以自行購買的美國，精神專科醫師的門診看診人數，已然因民眾紛紛自行購買 CBD 使用，而大幅度降低。

4. CBD 主要是被用來緩解精神及神經疾病的症狀，據說若與各種西藥同時並用，也有機會降低西藥的用量，不過巴金森患者若

有使用力必平(Ropinirole)藥物時，CBD 的作用就較難以發揮。

5. CBD 雖然廣受追捧，但作者只是把它當成有協同作用的自然醫學處方之一而已，如果沒有各種修復神經細胞所需原料的加持，CBD 的長期效果，恐怕會讓人有過度期待的失落感。

第三篇 生酮飲食對兒少神經功能及情緒異常的效果

本篇撰稿人：呂丹宜

（台大農學士、雪梨大學食品博士、美國自然醫學醫師）

第一章、原理一：生酮（**Ketogenesis**）和常醣常油正常飲食的分別定義及其反應

一、 生酮反應

葡萄糖及脂肪酸是人體可利用在粒腺體(內燃機)中燃燒,產生 ATP 能量的兩種主要燃料。人所吃下的碳水化合物、澱粉,經過腸胃道消化分解成葡萄糖。葡萄糖是由 6 個碳(C)原子組成的葡萄糖小分子,它在胰島素的協同作用下,可以經由細胞膜上的葡萄糖通道進入細胞內,作為燃料產生能量 ATP。葡萄糖並非人體唯一的燃料來源,另一種同樣重要的燃料,就是脂肪酸(見下圖)。根據人體 DNA 的安排,人類這種生物對於葡萄糖及脂肪這兩種燃料的熱量比例,最好是呈現 50%(葡萄糖): 40%(脂肪酸)的比例,而蛋白質則佔 10%熱量來源。人在嬰兒 10 個月大時期,所吃的哺乳晚期母乳中的營養成分比例,則是為 46%(醣): 47%(脂肪): 7%(蛋白質) ,與公認的成人營養成分比例相當接近。

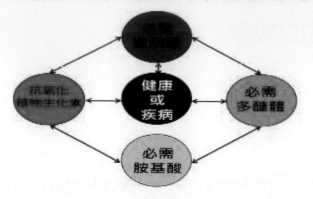

人體所需細胞原料及能量來源

　　6 個碳(C)的小分子葡萄糖，可以直接進入細胞成為燃料，然而，大分子的脂肪酸卻無法直接進入細胞內，而是必須經由肝臟的轉換作用，分切成三種稱之為酮體(ketone body)的化合物，這三種化合物，分別為 4 個 C 的 BHB 酮體(Beta-Hydroxybutyrate)，佔 78%，另一種也是 4 個 C 的 AcAc 酮體(Acetoacetic acid)，佔 20%，第三種酮體為丙酮(acetone)佔 2%。BHB 是儲存在肝臟的酮體，釋出到血液中。當 BHB 進入肌肉及大腦，經過代謝產生 AcAc，同時也產生 aceton 氣酮，進入肺臟呼出身體。生酮能量來源是 AcAc，同時產生 acetone。當人體對酮體能量需求減低，過多的酮分子 AcAc 將被排出在尿液中或是轉換成更穩定分子型態 BHB。

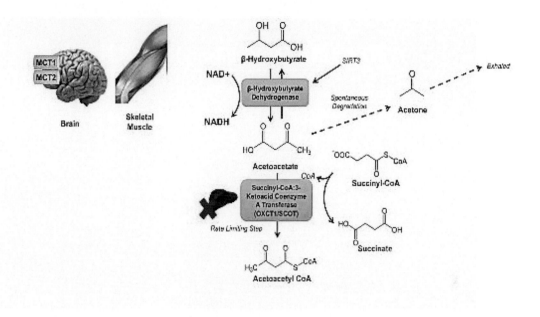

上圖:酮體的代謝路徑

二、 以澱粉為主食者，血酮低

血液中的酮體值

　　飢餓一整天之後，存留在血液中的 50 公克葡萄糖用完之後，內分泌系統就啟動把肝臟及肌肉中庫存的約 450 公克醣元(Glycogen)搬出來轉換成葡萄糖使用，等到醣元也用完了，就只好開始燃燒脂肪。

　　燃燒脂肪的第一個步驟就是要由肝臟先把無法進入細胞的大分子脂肪，轉變成小分子的酮體。因此，檢測血酮，就會發現凡是飢餓或斷食者，比每天飽食碳水化合物者的血液中酮體濃度較高，可以達到 0.3mmol/L 左右，至於長期採用生酮飲食者，可以長期把血酮維持在 1-3mmol/L 之間。

人體內生酮體(Ketone body)種類及其作用

縮寫	名稱	酮體比例	作用
BHB ↑	Beta-hydroxybutyrate (β-羥基丁酸)	78%	1.優質粒腺體燃料 2.阻斷NLRP3發炎體(inflammasome)-誘發之發炎反應
AcAc ↓微量	Acetoacetate (乙醯醋酸)	20%	
Acetone	Acetone (丙酮)	2%	

　　酮體是以 BHB 為主體，轉換為 AcAc 燃燒，多餘的酮體還會再轉成 BHB 儲存。4 個 C 的 BHB 酮體分子，比 6 個 C 的葡萄糖分子還小，不必經由胰島素的協助，可以直接進入細胞內，成為粒腺體燃料。肝臟細胞把脂肪酸轉換成 BHB、AcAc、Acetone 三種酮體的生化反應叫「生酮反應」(ketogenesis)(見圖表 1-1)

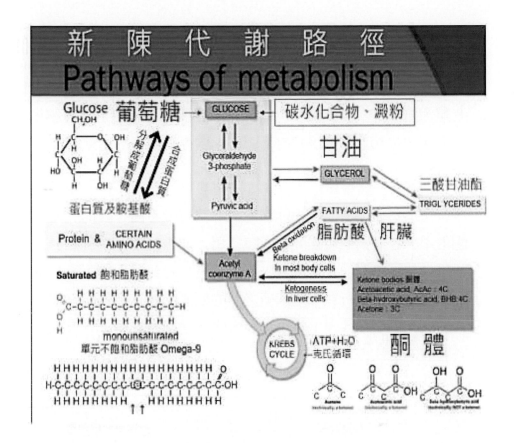

圖 1-1: 生酮反應

三、 如何經由血液、尿液以及呼氣監測生酮程度

1. 血酮值

　　人體細胞有優先利用葡萄糖作為燃料的特性，一個每日準時吃三餐，並且以碳水化合物澱粉為主食者，較少有機會利用脂肪作為燃料，因此血酮濃度較低，通常都在 0.1mmol/L 以下。有採取斷醣生酮飲食者,血液中的酮體值可維持在 1-3mmol/L 之間，我們稱之為良性血酮化(benign ketosis)或營養性血酮化(nutritional ketosis)(見圖表 1-2)。檢測血酮值的小儀器，外觀像極了血糖機，有些廠牌甚至可以做到同時檢測血糖及血酮。乍看之下，似乎只

要以類似檢測血糖的裝置，來檢測血酮就可以有效監測一個人是否有進入生酮狀態，也就是有否達到良性血酮化或營養性血酮化的情況。事實上卻不然，不論是食物內容、有無運動、睡眠狀態、有無大量流汗、有無喝水、有無脫水、腹瀉都會影響到血酮值，讓人想要依賴血酮值來判定是否有達到生酮狀態的希望落空，茲舉例如下：

由於每個人在血液採樣前的狀況都有所不同，因此，把血酮值用來在不同個體之間作比較之用，並不是 100%可靠的，它並不像採血檢測血紅素濃度來界定人是否有貧血那樣可靠。不過如果是個人自行在固定狀態之下的檢測比較，還是很有意義的。例如固定每天早上醒來，尚未喝水之前做檢測，就可以較有意義的做比較。

身體狀況	血液中的酮體量
用餐後 (After a meal)	0.1 mmol/L 良性血酮化，營養性酮化
飢餓一整天 (over night Fast)	0.3 mmol/L 良性血酮化，營養性酮化
採用生酮飲食 (Ketogenic Diet)	1~3 mmol/L 良性血酮化，生酮飲食性酮化
長期飢餓 (starvation)	3~8 mml/L 非良性酮化，病態性酮化
飢餓超過 20 天 (>20 days fasting)	10 mmol/L 非良性血酮化，病態性酮化
失控的糖尿病 (Ketoacidsis)	>10 mmol/L 且動脈血 pH<7.35 為血液酮酸中毒

上表:身體狀況反應出血液酮體量

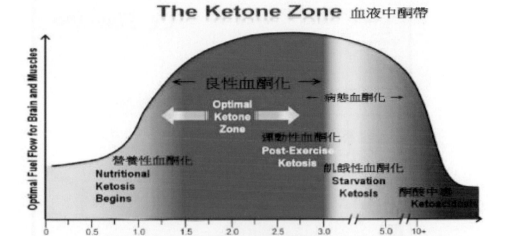

圖：血液中酮體濃度與血酮化及酮酸中毒

圖 1-2:血液中酮體濃度與血酮化

2. 尿酮

由肝臟利用脂肪酸所製造出來的酮體進入血液中，必有一部份會經由腎臟進入膀胱尿液中。檢測尿酮也可以瞭解人是否正處在生酮狀態,因為多餘的酮也會隨著尿液排放出來(見圖表 1-3)。不過影響尿液及血液呈現酮體增加的因素很多，例如飢餓、運動後、脫水，也都會影響判讀結果，也就是說，凡是體內啟動燃燒脂肪的時候，血酮及尿酮值就會提升。想要做尿液酮體檢測，可購買尿酮試紙 (見圖 1-3)，自行 DIY 檢測及判讀。判讀方法可由廠商所提供的標準色差來作對比。

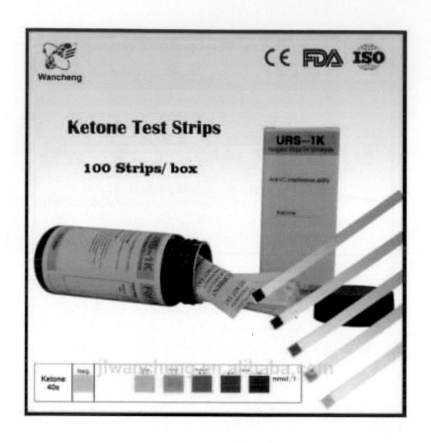

圖 1-3:尿酮試紙檢測

3. 氣酮

　　身體將脂肪轉化為酮體的過程中,大約會產生 2-3%的丙酮,並經呼吸排出,故又稱之為氣酮。近年已有大量文獻說明可以透過氣酮的濃度來測量燃脂率,並且氣酮可與血酮水平相對應來測量酮症水平。氣酮的產出,也成為是否進入生酮狀態的一個很好的指標,因為代謝醣類或蛋白質,並不會產生氣酮 acetone。氣酮機,是一次性購買的機器,不用替換試紙,非侵入性的測量,整體來說,氣酮機(圖 1-4)是比較實惠的,是初試生酮飲食者不錯的選擇。

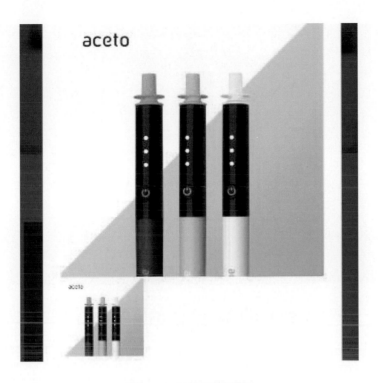

圖 1-4:氣酮檢測器

生酮飲食的分類標準，大致如下表:

生酮飲食分類標準

「常醣常油」、「限醣高油」、「斷醣高油」生酮飲食之營養及入母歸乳成分所佔調養單比例

人體熱量來源之成分	Carbohydrate 醣料、碳水化合物 (葡萄糖、乳糖)	Fat 脂肪 (多單元不飽和及飽和脂肪)	Protein 蛋白質 (必要及非必需胺基酸)	飲食內涵
人母哺乳(嬰兒10個月大) 成分所佔總熱量比例	46%	47%	7%	母乳 DNA
Normal Diet (正常飲食)	50%	40%	10%	常醣常油生酮 (照人體正常飲食)
Low Glycemic Index Diet (限醣生酮飲食)	10~40%	40~60%	10~15%	限醣高油生酮
Ketogenic Diet (嚴格斷醣生酮飲食)	2~10%	75%	10~15%	斷醣高油生酮

病 從 口 入

以下圖表顯示 1-5 常醣常油生酮飲食、1-6 高醣低油生酮飲食、1-7 全醣飲食以及在治療緊急情況下執行的 1-8 斷醣生酮飲食生理機制的轉變。

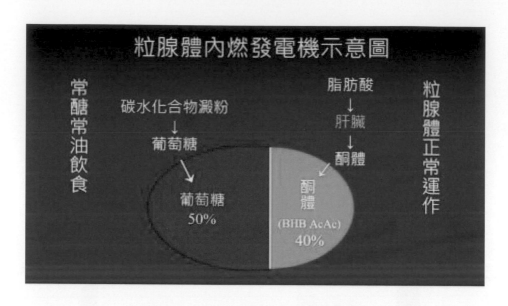

圖 1-5:人類正常飲食(常醣常油)

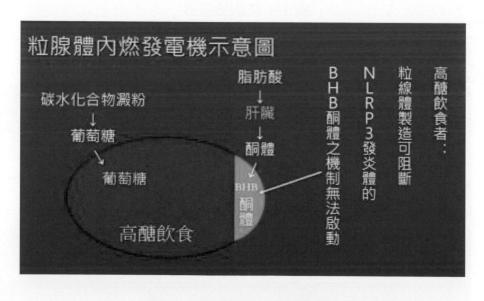

圖 1-6:錯誤飲食：高醣低油

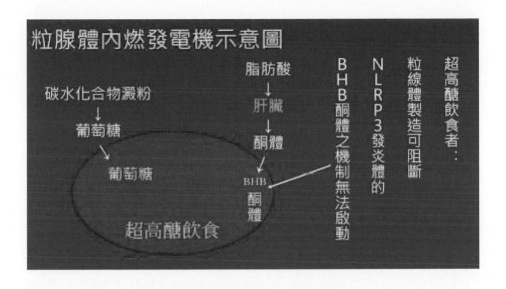

圖 1-7:要命飲食：全醣飲食

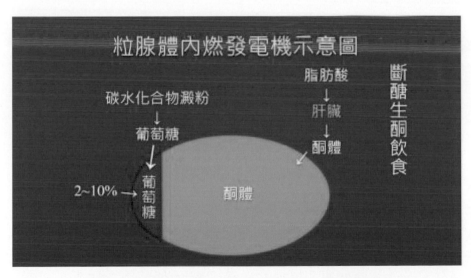

圖 1-8:不得已情況下的救命飲食：斷醣生酮

第二章、原理二：葡萄糖、果糖、澱粉，碳水化合物究竟是甚麼？

一、光合作用產生的碳水化合物與醣

陸上、水中植物及藻類等生產者和某些細菌，能利用光能把二氧化碳(CO_2)、水(H_2O)、硫化氫或氮(N)磷(P)鉀(K)等無機物，轉變成碳水化合物、脂肪或蛋白質的過程，稱之為光合作用。可分為產氧光合作用和不產氧光合作用。植物之所以被稱為食物鏈的生產者，是因為它們能夠透過光合作用，利用無機物生產有機物並且貯存能量，葉綠素將太陽光能轉換的效率約為 6%。通過食用植物，食物鏈的消費者可以吸收到植物所貯存的能量，效率為 10%左右。對大多數生物來説，這個過程是賴以生存的關鍵。而地球上的碳氧循環，光合作用是其中最重要的一環。

動物則缺乏此能力，因此，必須靠植物和其他動物作為他們的食物。雖然光合作用是地球上所有生物延續最主要之方法，當太陽光照在綠色植物上時，被很小微粒的葉綠素質吸入細胞內，葉綠素將太陽光轉為太陽能並儲存於 ATP 分子內，經一連串複雜的反應且每一反應需要一特殊的酵素，這些能量豐富的份子才能活化而將二氧化碳及水轉變為葡萄糖、氧和一些水，其反應如下：

二氧化碳+水(日光、葉綠素)→葡萄糖+氧+水

$$6CO_2 + 6H_2O \rightarrow 6C_6H_{12}O_6 + 6O_2$$

植物能製造本身的糖，亦會將糖轉變為澱粉、纖維素(皆為碳水化合物)以及脂肪和蛋白質。它在行光合作用時，利用光能，將

水及二氧化碳合成醣類的特殊機能，反應過程之中可分為光反應及暗反應，前者將光能轉變為化學能，後者將固定二氧化碳合成為單醣(葡萄糖)。

由碳(C)氫(H)氧(O)所構成的化合物，統稱為碳水化合物，碳水化合物與醣可說是同義詞。碳水化合物又可以分為單醣、雙醣、寡糖及多醣。

1. 葡萄糖(Glucose)是一種單糖，也叫右旋葡萄糖(Dextrose)，是一種人體細胞可利用來燃燒產生能量(ATP)的重要物質。而果糖的分子式跟葡萄糖是完全一樣的，為 $C_6H_{12}O_6$，但是其結立體結構卻不一樣(見下圖 2-1)。

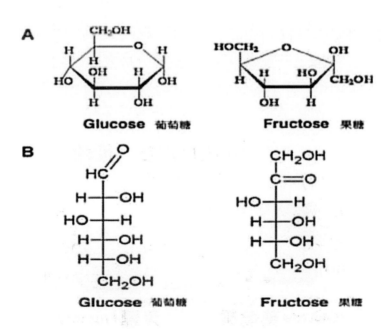

圖 2-1:葡萄糖與果醣的結構

雖然葡萄糖與果糖都是屬於單醣(monosacharide)，但由於其立體結構並不一樣，因此，人體細胞其實是無法利用果糖來作為燃料來產生能量 ATP 的，人身上沒有任何細胞喜歡果糖，最後只好由肝臟把這不受歡迎的廢棄物打包起來，轉換成脂肪，儲存在肝臟，成為脂肪肝的元凶之一。果糖普遍存在於蜂蜜、各種水果、地瓜之中，市售瓶裝飲料的甜味劑，絕大部份都採用口感好又便宜的果糖，這就是果糖飲料不宜喝的原因之一，各種水果及蜂蜜也是只能淺嚐。半乳糖不能單獨存在於自然界，主要來自於乳糖的分解，它的甜度低於葡萄糖，在體內被吸收後，在肝臟中也能被轉變為葡萄糖。

「天然」不一定就是好，站在生酮飲食的角度，再天然的水果、蜂蜜中所含的葡萄糖及果糖，都被劃歸為碳水化合物。做生酮飲食的人，要把水果看成是天然的糖果。

2. 蔗糖則是屬於雙糖，由一分子的葡萄糖及一分子的果糖所組成，因此也不宜多吃(見下圖 2-2)。經過酵素分解之後，蔗糖很快產生一分子的果糖和一分子的葡萄糖，對身體的影響也很巨大。

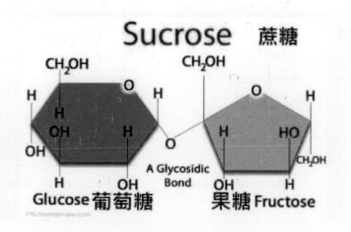

圖 2-2:蔗糖的結構

常見的雙糖為蔗糖、乳糖、麥芽糖。乳糖是由葡萄糖和半乳糖組成，麥芽糖則是由兩分子的葡萄糖所組成。

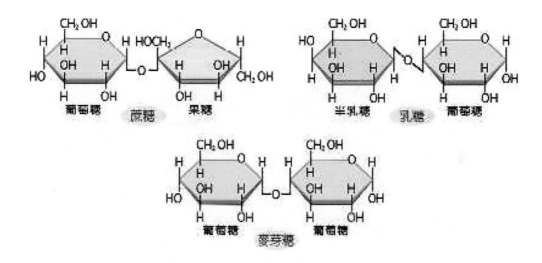

圖 2-3:蔗糖、乳醣及麥芽糖化學結構

3. 寡醣又稱低聚醣(奧利多 oligosaccharide)，為普遍由 3-10 個單醣分子聚合而成的碳水化合物。寡糖普遍存在於動物細胞的細胞膜，並有著辨別其他細胞的功能。根據營養專家及許多醫學研究，寡糖有類似水溶性膳食纖維的功能，能促進腸蠕動，改善便秘、腹瀉等問題。原因是人體小腸只能不完全消化寡醣，而易引發腹瀉、脹氣。如豆類所含的四碳水蘇糖 stachyose，因此食用過多豆類食品容易造成放屁。寡醣未能消化的部份，目前則有利用生物技術所生產的果寡糖 fructooligosaccharide 及異麥芽糖 isomaltose 可助腸胃道有益菌利用增殖而有益於整腸作用。例如：棉籽糖 raffinose、水蘇糖 stachyose、果寡糖 fructo-oligo(見圖 2-3)、乳寡糖 galacto-oligo。

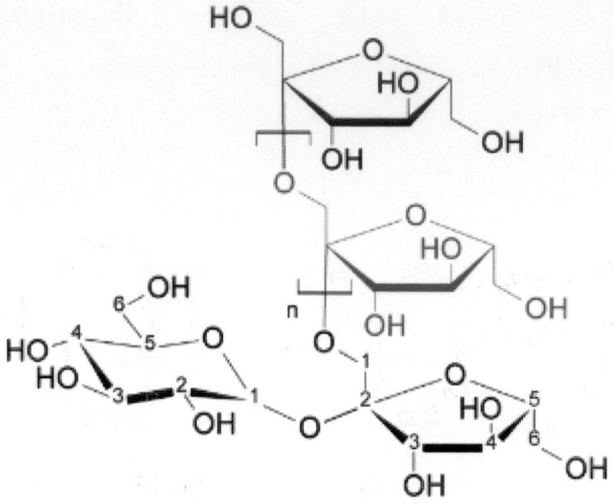

圖 2-4:果寡糖　Fructo-oligo

4. 澱粉則是由許許多多六碳糖組成的多醣　polysacharide (圖表 2-4)，由數百至數千個單醣分子連合而構成的大分子，亦稱高聚糖。無固定形狀，不會結晶、不甜、不溶於水。又可分為可消化的多醣類，如澱粉、糊精、肝醣，及不可消化的多醣類，如纖維素、樹膠、果膠等。例如：澱粉　starch、肝醣　glycogen。

　　而纖維素　cellulose (見下圖 2-5)也是一種多醣，也稱為「非澱粉性多醣」，是植物細胞壁與細胞間質的成份，在消化道中無法被人體的消化酵素所分解。纖維素在結構上與澱粉有很大不同，人體胃腸道對於纖維素較難以消化，吃下的澱粉，則可以透過唾液或胰液中的澱粉酶(amylase)來加以分解成單糖。 雖然這類成分不被人體吸收，但是對消化道的生理有重要的影響，間接也影響到體內的代謝和增加免疫力。例如：水溶性纖維 soluble fiber、不溶性纖維 insoluble fiber。

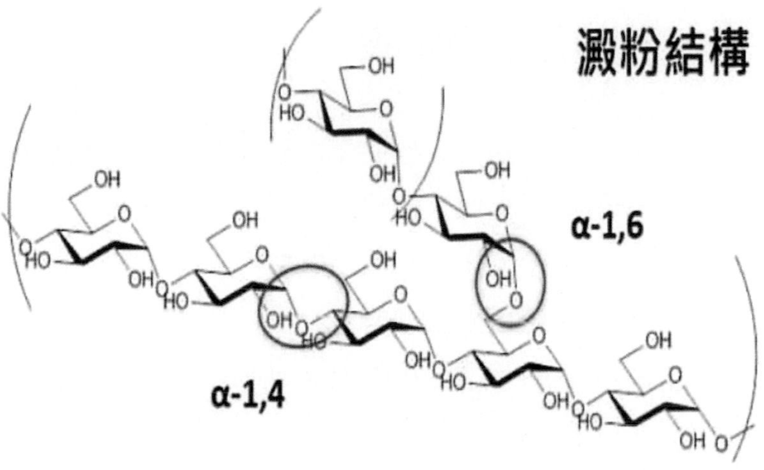

圖 2-5:澱粉的化學結構

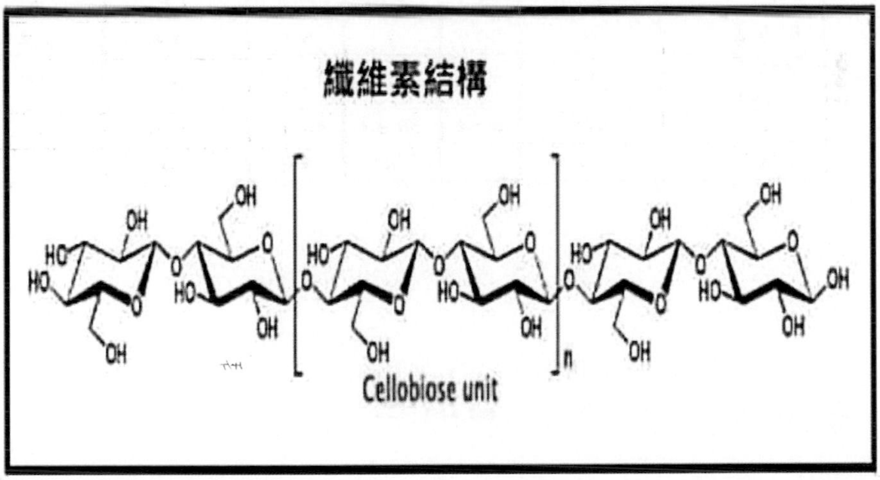

圖 2-6:纖維素的化學結構

二、 植物的種子與莖葉

　　植物的種子通常都含有較高量的碳水化合物、油脂及蛋白質，這是因為種子是要用來傳宗接代的。種子發芽後，可以依賴種子胚乳中所提供的養分，讓小苗長出根系，吸收土壤中的營養;而植物的塊根，則主要是用來儲存能量而已，因此含比較大量的水分及碳水化合物，脂肪及蛋白質的含量則較少(見下圖 2-6)。

常見主食的營養成分及熱量　單位：100 公克

品項	熱量 (大卡 kcal)	水分 (g)	蛋白質 (g)	脂肪 (g)	碳水化合物 (g)	膳食纖維 (g)	膽固醇 (g)
白米	355	14	7.5	0.9	77.2	0.3	-
糙米	364	12.2	7.9	2.6	75.6	3.3	-
白飯(乾硬)	183	55.6	3.1	0.3	41	0.6	-
白飯(溫軟)	122	68.6	2.7	0.3	28	0.4	-
意麵(溫)	288	26.8	10.1	1	60.1	4.5	3
白吐司麵包	299	32.5	9.4	7.5	49	2.2	13
地瓜	85	78.3	1.6	0.1	17	3	-
馬鈴薯	76	80.9	2	0.1	14.8	2.2	-
瘦豬肉 (前腿)	115	76.7	20.1	3.2	0	71	-
黃豆	446	8.54	36.49	19.94	30.16	-	0
豆腐	76	-	8	4.8	1.9	-	-

表 2-7:常吃食物的營養成分

　　植物地上部分的葉莖，所含的碳水化合物、蛋白質及油脂均極少，在食用時完全不計算其熱量，只把它當纖維素看待。

第三章 原理三：生酮飲食的安全性

一、生酮飲食不會引發酮酸中毒

在執行斷醣生酮飲食的小組中，成員見到自己的血酮或尿酮升高就會覺得很高興，因為那表示成功了，可是同樣的一份檢測報告，如果落在現行主流醫事人員手裡，他們的直接反應就是:「有問題」。主流醫護人員基本上是聞「酮」色變的，那是因為傳統觀念血液中或尿液中如果出現過高的酮體，就表示這人可能很久沒吃東西，餓過頭了才會去燃燒脂肪(脂肪變成酮才能燃燒)，不然就是發生酮酸中毒的危險(見下圖及表)。血酮在 1~3mmol/L 之間稱之為營養性血酮化或良性血酮化，與酮酸中毒是完全不相干。

身體狀況	血液中的酮體量
用餐後(After a meal)	0.1 mmol/L 良性血酮化，營養性酮化
飢餓一整天(over night Fast)	0.3 mmol/L 良性血酮化，營養性酮化
採用生酮飲食 (Ketogenic Diet)	1~3 mmol/L 良性血酮化，生酮飲食性酮化
長期飢餓 (starvation)	3~8 mml/L 非良性酮化，病態性酮化
飢餓超過 20 天 (>20 days fasting)	10 mmol/L 非良性血酮化，病態性酮化
失控的糖尿病(Ketoacidsis)	>10 mmol/L，且動脈血 pH<7.3 為血液酮酸中毒

表 3-1:血液中的酮體值

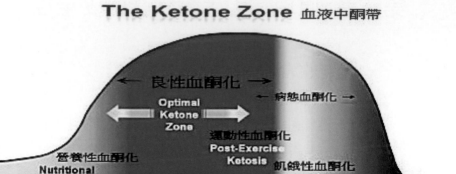

資料來源 http://www.diabetes.co.uk/forum/threads/ketosis.69956/

圖：血液中酮體濃度與血酮化及酮酸中毒

圖 3-2:血液中酮體濃度與血酮化

處理酮酸中毒的臨床經驗

撇開教科書的長篇大論不說，王醫師在加護病房及急診曾醫治過的酮酸中毒患者，絕大部分都是原本就罹患第一型糖尿病而擅自停打胰島素的人，也有一些人本來就知道自己有早型糖尿病，卻放任不管。據說酒精中毒患者得到酮酸中毒的機率也較高。診斷酮酸中毒，除了血酮高達 8-10mmo/L 或更高之外，血液 pH<7.3 或更低也是條件之一。雖然媒體曾報導說有一知半解，照書(可能書中指導錯誤)，自行做斷醣生酮飲食者，最後因不適而被送到急診室。但如果有確實按照合格人員的指導來執行，生酮飲食應安全無虞。若有不適，請隨時跟您的合格指導員聯繫。

糖尿病的三種常見急性併發症為:1.酮酸中毒(Diabetus Ketoacidosis, DKA); 2.高血糖高滲透壓非酮體性昏迷(Hyperglycemic Hyperosmolar Nonketotic Coma state,HHNK); 3.低血糖。所以,糖尿病患如果想要嘗試做生酮飲食,必須跟醫生請教討論,如何針對藥物或胰島素的施打進行調整。

D K A 、 H H N K 與 低 血 糖 的 比 較 (下表取自台大內科學手冊)								
	血糖	酮體	呼吸急促	脫水	血壓	皮膚	酸中毒	滲透壓
DKA	>300	+~+++	++	++	下降或持平	溫暖	+	+
HHNK	>500	0~+	0	+++	下降或持平	正常	-~+	+++
低血糖	<50	0	0	0	持平	冷濕	-	-

資料來源:http://www.wretch.cc/blog/dremt919/9422028

表 3-3:DKA 酮酸中毒、HHNK 高血糖高滲透壓非酮體性昏迷與低血糖的比較

	DKA 糖尿病酮酸血症	HHNK 高血糖高滲透壓非酮體性昏迷
病因	胰島素之重度缺乏	胰島素缺乏
病理機轉	無法抑制脂肪酸之分解	足夠抑制脂肪酸之分解
誘因	停藥、併發症	血糖控制不良、併發症
臨床表現	噁心嘔吐、意識障礙、脫水、呼吸深而大	意識障礙昏迷、感覺低下、脫水、併發症症狀
診斷參考條件	血糖BS > 250-350 mg/dl 血酸鹼度pH < 7.3 碳酸氫離子HCO_3 < 15 MEq/L 血清酮體Ketone+++ 血尿素氮BUN↑ 血滲透壓 脫水+	血糖BS >600 mg/dl 血酸鹼度pH > 7.3 碳酸氫離子HCO_3 >20 MEq/L 血清酮體1:2 (−) 血尿素氮BUN↑↑ 血滲透壓 > 330 mOsm/kg [正常285-295] 脫水+++
治療	輸液/胰島素、鉀補充、碳酸氫鈉補充、併發症	輸液/胰島素、併發症
死亡率	較低(1%)	較高(20%)
致死原因	敗血性休克、呼吸窘迫症、腦水腫	敗血性休克、尿毒症、發血管意外

資料來源：http://tw.knowledge.yahoo.com/question/question?qid=1305093004921

表 3-4:糖尿病酮酸血症與高血糖高滲透壓非酮體性昏迷之比較

正在注射胰島素患者應謹慎防意外

長期打胰島素的患者，千萬不可輕易自行做斷醣生酮飲食。原因如下：

1. 擅自停打胰島素，易產生酮酸中毒。

2. 做斷醣生酮飲食之患者，如果胰島素之注射劑量未做逐步調降時，也就是停吃碳水化合物之後，但胰島素仍打原劑量，極易發生低血糖休克。

二、限/斷醣飲食不會引發低血糖休克

正常最高血糖值

葡萄糖乃是人體絕對不能沒有的物質，醫學界一致同意，空腹血糖為每 100c.c.血液中的葡萄糖含量在 100mg 以下為最高正常值，記錄成 100mg/dL。如果高過此標準，就視為不正常，醫師就有可能會幫您做飯後 2 小時血糖值，葡萄糖耐受性試驗(Glucose Tolerance Test，GTT)或檢測糖化血色素(HbA1c)，糖化血色素的正常上限是 6%，若高過 6%就會被認為有糖尿病。

低血糖(Hypoglycemia)

醫學上把血糖值低於 70mg/dl 定義為低血糖(Hypoglycemia)。血糖值在 70mg/dl 以下，症狀可能 50mg/dl 以下才會出現。以下乃是血糖值分別為 60、50、40、30、20 mg/dl 的時候引起的症狀(見下表)。

另外如果血糖在短時間內由高值急速下降，例如由 300 降到 100，雖然血糖值仍在正常範圍內，也可能產生類似低血糖症狀。

血糖值	分期	症狀	處理方法
60	副交感神經期	可能有飢餓感、噁心、哈欠	有臨床症狀發生 則單醣類 80 卡
50	腦機能減退期	沒力氣、哈欠、倦怠感、計算能力減退、談話停頓、cortisol 開始分泌	單醣類 80 卡＋多醣類 80 卡
40	交感神經期	意識喪失、行動異常	
30	昏睡前期	抽筋、昏睡	單醣類 120-160 卡＋多醣類 80 卡
20	昏睡期		20-50%葡萄糖靜脈注射(0.5-1g 葡萄糖/kg 體重) 或 Glucagon 0.5-1mg 肌肉注射

表 3-5:低血糖休克分期症狀

引發低血糖的可能原因

1. 突然增加運動量，又沒預先食用點心。

2. 延誤或遺漏餐食，或未吃完應攝取的份量。

3. 胰島素處方劑量不當。

4. 胰島素或口服血糖藥和進食時間未配合。

如何避免低血糖之發生

1. 自主性、階段性降低碳水化合物澱粉的攝取，應該不致於發生低血糖。

2. 正常人如果立即停食所有碳水化合物，也就是立即斷醣後發生低血糖的可能性不是沒有，但機率並不高，不過葡萄糖戒斷症候群所引發的不適，其實很難跟低血糖症狀作鑑別診斷。最可靠的方法，還是自行做指尖血糖檢測，才有科學依據。

3. 如果是參加三天或七天的清水斷食營，就必須由具備醫學或護理專業者駐點協助。

成功進入斷醣生酮狀態者，反而不會發生低血糖

一個已經長期進入生酮狀態者，其血糖值就有可能偏低，維持在 55mg-75mg 之間，因為這時葡萄糖已經不再是他的主要燃料來源，而是已經改成酮體作為燃料，但是人體某些重要細胞組織，仍然必須依靠葡萄糖才能運作。人如果完全不吃碳水化合物，體內哪來的葡萄糖呢?其實人體的葡萄糖、蛋白質、脂肪之間是可以互相轉換的。徹底斷醣者，葡萄糖可以來自蛋白質轉換(見下圖新陳代謝路徑)

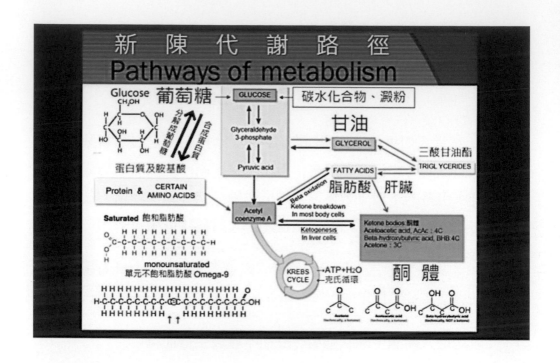

圖 3-6:酮體的代謝路徑

　　人所吃下的蛋白質，其中將近 50%會轉變成葡萄糖，因此，斷醣生酮飲食者，蛋白質的適量補充還是必要的，不然就會消耗小部份的肌肉來轉換成葡萄糖供人體使用。因此只要是身體沒有嚴重疾病的健康人，就算清水斷食(完全不吃任何食物，只喝水)一個月，血液中的葡萄糖濃度還是可以維持在 55-75mg 之間，人若長期挨餓，對整體生理來說，是一種壓力(stress)，應付這種壓力會動用到一些蛋白質，但人體不會先動用到主要器官上的蛋白質，而是先動用骨骼肌(橫紋肌)，而不是其他內臟肌肉(平滑肌)上的蛋白質。

清水斷食也不易發生低血糖

　　以只喝水，不吃任何食物的清水斷食者的生理變化為例子，剛開始挨餓時，身體每天會從肌肉中提取 75 公克的蛋白質，把

它轉變成葡萄糖，供應向來都依賴使用葡萄糖作為燃料的腦脊髓中樞神經、周邊神經及紅血球使用。雖然剛開始挨餓時，人體會每天損失 75 公克的蛋白質，把它轉換成葡萄糖來供神經系統及紅血球使用，但蛋白質若長久這樣每天 75 公克消耗下來並不是辦法，含大量蛋白質的器官很快就會因為蛋白質急速流失而受損。因此人體 DNA 中的能源自動調控系統會自我調整，讓依賴葡萄糖器官組織，慢慢調整成也可以使用酮體作為燃料，把每天消耗掉 75 公克蛋白質的量逐漸降低，到清水斷食 10 天後，蛋白質消耗量降到每天只消耗 20 公克蛋白質。

20 公克蛋白質可提供 80 大卡的熱量(20 公克×4 大卡=80 大卡)，只佔每天總熱量的 5%以下(80÷1800×100%=4.4%)，跟剛開始挨餓時，每口消耗 16.8%(75 公克×4=300 大卡，300 大卡÷1800 大卡×100%=16.7%)來自蛋白質情況相比，對蛋白質的依賴度已經降低了 12.3%16.7%-4.4%=12.3%)。一個長期挨餓的人，他每天到底需要消耗掉多少的自體蛋白質，由他尿液中的尿素氮(urea nitrogen)排泄出量就可以推算出來。

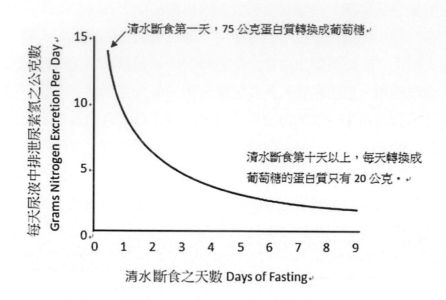

圖 3-7:清水斷食之葡萄糖來源

蛋白質吃過多，血糖也會過高

設計出「阿金飲食」(Atkin Diet)的阿金博士，他並不吃碳水化合物，只吃肉，但他死時，體重還高達 117 公斤，同時也有糖尿病、心臟病等，人都已經不吃碳水化合物，怎麼還是會得到糖尿病呢?這就是因為人所吃下去的蛋白質，有一半會變成葡萄糖，因此人在選擇食物時，每公斤體重只能吃到 0.7 公克蛋白質(乾物量)，不可超過 1 公克(0.7 -1 g/kg 1day-1 g/kg 1day)。

蛋白質吃過多，生酮飲食會破功

有一次，有一位患者去王醫師門診諮詢，他的問題是無法理解為什麼他雖然吃斷醣生酮飲食，但血液中的酮體卻一直上不來，只有在 0.2mmol/L 左右，問診花不到 30 秒鐘，王醫師就告訴他因為他肉吃太多，人所吃下去的蛋白質有 50%都會變成葡萄糖，表示他仍是在燃燒葡萄糖啊!並沒有在燃燒脂肪，當然不會出現酮

體。(見營養素動態平衡圖)後來他發現停掉肉食三天後,血酮就上升到 2mmol/L。

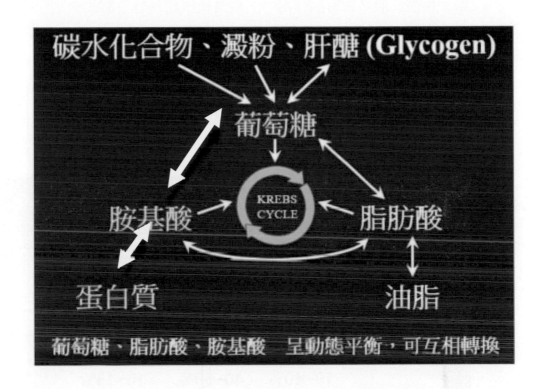

圖 3-8:葡萄糖、胺基酸與脂肪酸之動態平衡

三、生酮飲食不會有副作用

　　在人類醫學史上,生酮飲食曾經被研究的十分透徹,且曾運用過數十年之久,只可惜其功用被藥物取代。以王醫師完整西醫學訓練背景,早年又從事加護疾病重症、急診科等的西醫臨床經驗,再加上轉型自然醫學十年及輔導過數千人轉型為限、斷醣生酮飲食,自己也本身執行嚴格斷醣生酮飲食,收集了數千位以斷醣生酮飲食來作為主要飲食療法的第一手臨床經驗,只要按照本書所指示的生酮飲食 SOP,安全性無虞,如果是油脂攝取量只佔

每日總熱量 40%的常醣常油生酮飲食，那就不必提了，因為那是每個人如果想活得健康，都必須遵照的飲食方式。不做「常醣常油」生酮反而才會有副作用，。最常被誤認為是生酮飲食副作用的，其實只是因為平時油脂攝取太少，一旦增加油脂攝取後所感受到的暫時不習慣而已。除了正在吃降血糖藥物或正在打胰島素的患者，在調整過程中必須逐漸同步調降血糖藥物或胰島素劑量，不宜自行立即停藥之外，正常人做常醣限醣生酮飲食是不必顧慮太多的。

各種常見飲食方式之分類

「常醣常好油正常飲食」、「限醣/斷醣飲食」之營養及人母晚乳成分所佔總熱量比例

人體熱量來源之成分	Carbohydrate 醣類 碳水化合物（葡萄糖 乳糖）	Fat 脂肪（多單元不飽和及飽和乳脂肪）	Protein 蛋白質（必需及非必需胺基酸）	飲食內涵
人母晚乳（嬰兒10個月大）成分所佔總熱量比例	46%	47%	7%	母乳 DNA（由基因決定之比例）
Normal Diet（正常飲食）	50%	40%	10%	常醣常好油飲食（健康人類正常飲食）
Low Glycemic Index Diet（限醣高好油飲食）	10~40%	40~60%	10~15%	限醣高好油飲食（治療性飲食）
Ketogenic Diet（緊縮斷醣高好油飲食）	2~10%	75%	10~15%	斷醣高好油飲食（治療性飲食）

病 從 口 入

身心靈油脂厭食症

見過許多自認為「很養生」，平時滴油不沾，自詡吃得「很清淡」或「少油」的人士，只要吃了 5c.c.的可見油，就立馬嘔吐、腹瀉、噁心、腹脹，但這並不是副作用，而是他本人的腸胃道不習慣「可見油」，誤認為油是壞東西，於是起了反抗反彈，想要把它吐掉或拉掉。像這種對可見油脂有激烈反應者，唯一的破解之道，就是逐漸增加劑量，或混在食物裡一起吃。作者本人初期

也曾感覺到嘔心，還必須用咖啡、豆腐乳或泡菜來消除油膩感，但隨後就適應習慣了。

葡萄糖戒斷症候群

1. 戒煙、戒油、戒毒都會有令人難以忍受的痛苦，身體習慣了高醣低油飲食的人也一樣，有些人會產生非常多難以忍受的斷醣苦痛，例如類似感冒症狀，餓得發昏、暈眩、嘔吐、四肢無力、劇烈頭痛、憂鬱、發脾氣、盜汗，其實那些症狀只是像戒煙酒及毒品後的脫癮症候群而已，並不是副作用，停食葡萄糖後產生的戒斷症候群，會隨著時間過去而減緩，最後會在一個月內消失。

2. 對於生酮飲食不曾深入探討的人，尤其是某些健康專業人員，就一口咬定那些脫糖症候群症狀都是生酮飲食的副作用，實在令人遺憾。

3. 完全不吃碳水化合物，對 90%的人來說，真的很難做到，因此並沒有特別要求每一位患者都要做「斷醣」生酮飲食，只要能做到減醣(10~40%)或常醣(50%)就很不錯了。

4. 葡萄糖戒斷症候群之所以發生的原因，是因為該個體的肝臟之前很少執行把脂肪轉化成酮體(BHB、AcAc 和 acetone)的工作，一時之間，各種酶的反應還不是很好，把脂肪轉換成酮體的酶及生化反應無法及時到位，如果這時能吃下 BHB 酮體晶粉，先提供細胞作為燃料，則各種葡萄糖戒斷症候群的症狀就會降到最低。BHB 酮體結晶粉末只可臨時急用，雖然沒有什麼副作用，但是長期依賴外來(exogenous)酮體健康食品，總比不上自己體內產生的好，何況台灣地區目前也買不到此商品。

5. 尿量增加是正常反應，只要多喝水，不要等到口渴到不行才喝水，如果腎功能良好，成人每天喝 2-3000c.c.的水亦無妨。尿量增加是好事，但尿量增多又不喝水，尿路結石風險會提高。

6. 尿量增加之後，電解質的排泄也會增加，因此食物可吃鹹一些，另外補充一些鎂鈣離子滴劑或多種微量元素是有必要的。

第四章、原理四：好油的重要性及如何選擇

一、 人體不能缺的巨量營養素有哪些？

　　地球上生命的鎖鍊中，植物為生產供應者，人為消費者，植物吸收天地能量，養活了所有動物。植物利用葉綠素吸收陽光的能量，把捕捉自空氣中的碳、吸收自土壤中的氮磷鉀(NPK)及水，在植物體內合成了醣、氨基酸及脂肪酸。陸地上有陸生植物，水中則有含葉綠素的微藻類及大型海草。陸地上的草食動物以植物為食物，肉食動物(獅虎)則吃草食動物(牛馬羊)，人(葷食者)處於食物鏈的最頂層，人除了直接吃植物，也會吃其他草食及肉食動物，這就是食物鏈。人體無法自行合成醣，必須仰賴植物供應，人體也無法合成脂肪酸，全都仰賴所吃下的動植物食物來供應。至於氨基酸，人體只能合成一部份，有九種氨基酸(必需氨基酸)是人體無法自行合成製造的，也必需仰賴其他動植物來供應。如果以上「必需」營養素吃的不夠，非必需的就算吃再多，也算是「營養不良」(見下圖)。

表 4-1:人體不能缺乏之「必需」巨量營養素

巨量營養素名稱	分子式及結構	來源	人體合成製造能力	必需成分名稱
碳水化合物 澱粉	分子:醣類 以葡萄糖為代表	植物	人體無法直接利用 CO_2 等原	(Complete Glyconutrients) ①. Xylose 木膠醣

			料及太陽能製造合成碳水化合物、澱粉、葡萄糖	②. Fucose 岩藻醣 ③. Galactose 半乳醣 ④. Glucose 葡萄糖 ⑤. Mannose 甘露醣 ⑥. N-acetylglucosamine 乙醯葡萄糖胺 ⑦. N-acetylgalactosamine 乙醯半乳糖胺 ⑧. N-acetylneuraminic acid 乙醯神經胺酸
蛋白質	分子：胺基酸	植物 動物	人體無法直接利用 CO_2 等原料及太陽能製造合成必需胺基酸，只能合成製造部分非必需胺基酸	9 種必需胺基酸 1.色胺酸（色氨酸，tryptophan） 2. 纈胺酸（結氨酸 valine） 3.酥胺酸（蘇氨酸、羥丁胺酸、threonine） 4.離胺酸（賴氨酸、lysine） 5.苯丙胺酸（苯丙氨酸、

				phenylalanine）
				6.白胺酸 （亮氨酸、leucine）
				7.異白胺酸（異亮氨酸、isoleucine）
				8.甲硫胺酸 （蛋氨酸、methionine）
				9.組胺酸 （組氨酸、histidine） 甲基組氨酸（L-1-Methylhistidine）
油脂	分子：脂肪酸	植物 動物	人體無法直接利用 CO_2 等原料及太陽能製造合成油脂。	必需脂肪酸 omega-3 及 omega-6

二、 油脂對人體的重要性

　　人的神經系統有 60%的成分為油脂，人體有 60 兆個細胞，油脂也是所有細胞膜的最重要成分。由人類母親分泌給襁褓中嬰兒(10 個月大)喝的乳汁，其中的油脂就佔了 47%，碳水化合物佔

46%，而蛋白質只佔 7%來看，就可以知道油脂對人體的重要性。營養醫學界所公開承認的事實，就是成人在日常飲食中，碳水化合物不可超過每日熱量來源的 50%，而油脂則不可低於佔熱量來源的 40%，至於蛋白質，則只要佔 10%就夠了，蛋白質如果攝取過量，對人體的傷害也很大。

三、 「必需」與「非必需」脂肪酸

油脂，依其雙鍵之有無或多寡，可以分為飽和及多單元不飽和(Omega-369)脂肪酸;沒有不飽和雙鍵的脂肪酸，稱之為飽和脂肪酸，有一個不飽和雙鍵的， 18 個碳(C18)的脂肪酸稱之為 Omega-9，有三個雙鍵的十八個碳(C18)脂肪酸，則稱之為多元不飽和脂肪酸，由於雙鍵所在部位的不同，分為 Omega-3 及 Omega-6 兩種。

依其重要性來分，可以分為「必需」與「非必需」脂肪酸兩種，所謂「必需」，就是如果沒有它就不行的意思。「必需」脂肪酸係指 Omega-3 及 Omega-6 多元不飽和脂肪酸。Omega-6 脂肪酸，由於它會產生前列腺素 E2(prostaglandin E2 ，PGE2)， Omega-6 攝取的量如果多過 Omega-3 很多，PGE2 比較會引起發炎反應，於是有人就誤以為 Omega-6 是壞的脂肪酸，其實那是誤解了。其實 Omega-3 及 Omega-6 都是「必需」的，不能沒有的脂肪酸，如果兩者能夠維持 Omega-3：Omega-6=1：1 的比例，那是最理想，對人體最好，但是 Omega-3 在油脂中含量較少，不易取得，因此如果把標準放寬一些，兩者能維持 1：4 的比例也就不錯了。

四、 飽和脂肪酸

　　飽和脂肪酸在人體內，主要是當作燃料用途，而不是構成細胞膜或製造神經傳導素或修復細胞膜及神經的材料，飽和脂肪酸普遍存在於各種油脂及食物中。有學者認為飽和脂肪會造成膽固醇升高等壞處，雖然不無道理，但是來自食物中的飽和脂肪酸，其實不必有顧慮，不過如果在食物之外想要另行補充可見油來增加油脂總攝取量的話，我們建議也可以補充 12 個碳(C12，月桂酸)以上的飽和脂肪酸，或直接補充 MCT 中鏈脂肪酸(Middle chain Triglyceride， MCT)。

　　凡是十二個碳以上的脂肪酸，不論它是否為飽和，或是單元多元不飽和，它都必須先經由吸收到淋巴系統，再到乳糜管、胸管，然後才注入人體左上方的大靜脈中，才進入人體循環，人所吃下去的 C12 以上的長鏈脂肪酸，必須經過 3-4 個小時才能經肝臟轉換成酮體作為燃料。而 MCT 就不必經由淋巴管吸收，而是直接被吸收進入靜脈中到達肝臟，只要幾分鐘就可以轉變成酮體。

五、Omega-369 脂肪酸

　　Omega-369 除了同飽和脂肪酸一樣，可以作為燃料之外，也是細胞膜、神經組織的主要成分，更是構成百千種神經傳導素及賀爾蒙(激素)的原料前驅物質。

Omega-369 可合成對健康具關鍵性影響的前列腺素：

　　研究指出，人體內的多元不飽和脂肪酸 Omega-6 太多或 Omega-3 缺乏，會導致長期發炎、癌症的擴散、心臟病、關節炎及免疫系統失調等毛病。專家說，食物中如果含過量的 Omega-6，

會促使體內炎症的發生,而 Omega-3 則有提高對抗炎症的效果。因此,Omega-6 過量被視為有害的,Omega-3 則被認為對身體有利。事實上兩者皆有其必需性,如何維持平衡才是焦點。要瞭解兩者平衡的重要性,必須明白這兩種必須脂肪酸在體內轉化成前列腺素的原理所在。多元不飽和脂肪酸是合成前列腺素的絕對必需原料,前列腺素是一種高度活躍,有類似賀爾蒙般作用的物質。我們所攝取的脂肪酸經過一連串反應步驟,在身體內任何地方都可合成前列腺素,並參與了調節血壓、心跳、血管的擴張、中樞神經系統、血液凝固、水分平衡、皮膚健康、消化系統及肝臟功能健全等等,由前列腺素的重要功能可以理解,為何多元不飽和脂肪酸被稱為是「必需的」,甚至被稱為維他命 F。

1. PGE1(前列腺素 E1)

人體合成的前列腺素有三種,即 PGE1、PGE2、PGE3,各有不同的功能,三者需適當搭配方能至平衡狀態,由 Omega-9 合成的 PGE1 是影響神經系統細胞釋放傳遞神經脈衝訊息的重要物質,此物質具抗發炎性,並可增強免疫力。

2. PGE2(前列腺素 E2)

PGE2（前列腺素 E2）

Omega-6　　Cox-2 酶

↓　　　　　　↓

花生四烯酸　　→　　PGE2（導致炎症、紅腫熱痛）

Omega-6 系列中的花生四烯酸會促進 PGE2 產生。PGE2 是一種高度致發炎性的物質，能引起紅腫熱痛發炎反應，令血液變黏稠，縮窄血管，造成血管硬化和心臟病，而且，花生四烯酸亦能產生一種叫白三烯(leukotriene)的物質，此物質致炎性更強，它能使白血球聚集於身體某部分，雖然在某些時候是生理上所必需的，但在非生理必需時積聚太多就會造成傷害。花生四烯酸屬於 Omega-6 系列的一種必需脂肪酸。食物中含量很少，必須由 Omega-6 油轉換而來。

3. PGE3(前列腺素 E3)的合成

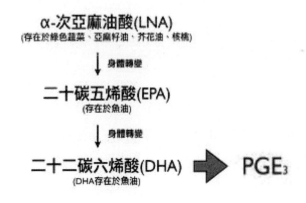

圖 4-2:Omega-3→PGE3(抗發炎)

PGE3 具消炎及增強免疫力的作用，被認為是可抵銷 PGE2 引發炎症的物質，它能阻止血小板聚合，防止血管痙攣，降低三酸甘油脂，改善神經協調的功能，還能降低細胞中花生四烯酸的量。必須強調的是，前列腺素 PGE2 並不是全都對身體有害的，

而是說，當前列腺素 PGE2 過多，作用太過激烈，而 PGE1 和 PGE3 量太少，不足以平衡它時，疾病就難以避免。研究顯示，如果 Omega-6 與 Omega-3 攝取比例不對時，身體會製造過多的 PGE2 和過少的 PGE3。三種前列腺素若不平衡，將導致長期炎症、癌症的擴散、心腦血管疾病、關節炎、過敏症、糖尿病、皮膚病及免疫系統失調等。近年來，醫學界曾做過許多試驗，研究過量 Omega-6 對動物腫瘤生長的影響，結果發現，凡餵飼過量 Omega-6 的動物，腫瘤生長得特別快。而 Omega-3 較多時，可抑制腫瘤生長。

植物油中值得特別推薦的是星星果油，因為它所含的 Omega-369 共有 93.7%，Omega-3(48.6%)含量又大過 Omega-6(36.8%)，是頗適合人體的食用油。其他含 Omega-3 量高的又適合食用的植物油，還有沙棘油、紫蘇油、鼠尾草油等。王醫師有將上述 Omega-3 含量高的植物油，調配成 Omega-3 及 Omega-6 比例為 4:1 的私房調和油，已經用了十多年，給患者作為自然醫學處方使用。

陸地上生長的植物油脂中，所含的 Omega-3 油脂，都是含 18 個碳(C18-3)的，但是在冰冷海水中的單胞藻類所製造出來的 Omega-3，卻是含 20 個碳的 EPA(C20)或是含 22 個碳(C22)的 DHA。由於生物濃縮效應，這些 EPA、DHA 就被濃縮到了大魚或海豹身體內，人們殺了海豹或魚，萃取出來成了富含 EPA 或 DHA 的海豹油或魚油，成了一種健康食品。

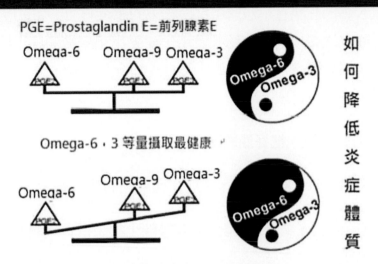

圖 4-3:Omega-3、6、9 與 PGE 1、PGE 2、PGE 3 及發炎的關係

六、 壞油

1. 反式脂肪

　　最令人印象深刻的壞油就是經過不完全氫化後的反式脂肪，在人類油脂史上，反式脂肪是一場大災難。反式脂肪的發明，曾被譽為人類史上的創舉，經過氫化的植物油，能達到穩定、好保存，並用來加工食物，尤其油炸食物更酥脆可口。經過一世紀後，才發現這個人體無法利用，人工合成的「反式」脂肪，是引發糖尿病、肥胖、心臟血管疾病等的元凶，這種油脂，近年已被禁止銷售使用。

2. 地溝油

有人專門收購在污水溝中打撈起來的髒污廢油，加以脫膠脫酸脫色除臭之後，再販售給人食用，如果用化學檢測法來檢驗，可能符合檢驗標準，但是來源不符合人類食品規範，潛在食品安全危機，實在不可取。

3. 烹調方式錯誤，把好油變壞油

(1) 用不耐高溫的油來煎炸，或把炸過食物的油再做菜給人吃。

(2) 火烤煎炸等烹調方式，難免會有被碳化的蛋白質或油脂，這些都是致癌物。

(3) 選擇錯誤的油脂

曾發現有人做斷醣生酮飲食之後，引起停經、掉髮等副作用，原來是因為只吃飽和脂肪，沒有補充必需脂肪酸 Omega-3、6 所引起。

第五章、原理五：MCT 油在生酮飲食中的重要性

一、油脂(脂肪酸)的含碳數目

來自動植物的食用油脂，其含碳數目由四個碳(4C)到 22 個碳(22C)不等，常見的油脂含碳數目，多為偶數，罕有奇數，有其化學鍵上的原因使然，可以用 C4、C6、C8、C10、C12、C14、C16、C18、C20 來表達。在中文命名上，C10 以前的中文名稱都用甲乙丙丁來命名，C4 的脂肪酸稱為「丁酸」，C6 的脂肪酸稱為「己酸」，C8 稱為「辛酸」，C10 稱為「癸」酸。

碳數	中文名稱	英文名稱	中文俗名	英文俗名	結構簡式
1	甲酸	Methanoic	蟻酸	Formic	$HCOOH$
2	乙酸	Ethanoic	醋酸	Acetic	CH_3COOH
3	丙酸	Propanoic	初油酸	Propionic	CH_3CH_2COOH
4	丁酸	Butanoic	酪酸	Butyric	$CH_3(CH_2)_2COOH$
5	戊酸	Pentanoic	纈草酸	Valeric	$CH_3(CH_2)_3COOH$
6	己酸	Hexanoic		Caproic acid	$CH_3(CH_2)_4COOH$

8	辛酸	Octanoic		Caprylic acid	$CH_3(CH_2)_6COOH$
10	癸酸	Decanoic		Capric acid	$CH_3(CH_2)_8COOH$
12	十二酸	Dodecanoic	月桂酸	Lauric	$CH_3(CH_2)_{10}COOH$
14	十四酸	Tetradecanoic	豆蔻酸	Myristic	$CH_3(CH_2)_{12}COOH$
16	十六酸	Hexadecanoic	軟脂酸、棕櫚酸	Palmitic	$CH_3(CH_2)_{14}COOH$
18	十八酸	Octadecanoic	硬脂酸	Stearic	$CH_3(CH_2)_{16}COOH$
20	二十碳五烯酸	Eicosapentaenoic acid		EPA	$CH_3(CH_2)_{18}COOH$
22	二十二碳六烯酸	Docosahexaenoic Acid		DHA	$CH_3(CH_2)_{20}COOH$

表 5-1:脂肪酸之種類

二、短鏈及中鏈脂肪酸

短鏈脂肪酸(Short-chain fatty acids 簡稱 SCFAs)是一組由五個或以下的碳原子組成的飽和脂肪酸。當食物出了小腸後，沒有被消化的膳食纖維在結腸內酵解，釋放出短鏈脂肪酸。乙酸(醋酸)、丙酸及丁酸佔了人體腸道 SCFA 的 83%，其中乙酸(醋酸)/丙酸/丁酸在腸道中恆定的比例關係約 60:25:10。SCFA 會快速地在胃腸道的上皮細胞被吸收，是腸道細胞的主要能量來源。

中鏈三酸甘油酯(MCT oil) 是碳數介於 6~12 之間的甘油酯，在室溫下是無色的脂肪，不需要膽汁乳化即可被消化，能快速代謝氧化產生能量，且不會在人體的脂肪組織裡儲存。C6、C8、C10 這三種脂肪酸的英文命名都跟羊有關，C6 己酸的英文名稱叫 Caproic acid，Caproic 為「羊油」的意思，因此 C6 己酸又稱為「羊油酸」;C8 辛酸，英文名稱為 Caprylic acid，故 C8 辛酸又叫「羊脂酸」;C10 癸酸的英文名字為 Capric acid，故 C10 癸酸又叫「公山羊酸」。這跟 C6、C8、C10 在羊奶、羊油中含量特別高有關，研究人員就以此來命名。

三、長鏈脂肪酸

長鏈脂肪酸係指含碳數由 12 到 22 的脂肪酸。依序為月桂(C12)、豆蔻(C14)、棕櫚(C16)、硬脂(C18)、花生(C20)酸。每一種油脂的命名都有其故事背景，不過值得一提的就是「硬脂酸」，在可可油、龍脂香果油，在某些植物油脂中的硬脂酸含量特別高，如可可油(38%)、龍腦香果油(45%)，乳油木果油(39%)，這些油在陽光曝曬下仍為固態，熔點很高，所以才叫「硬脂」。

王醫師對龍腦香果油(Illipe，Enkabang，樹枳，狗黃油)特別有感覺，因為那是婆羅洲島(世界第三大島)的特產，種植後 60 年才會結第一次果，為當地重要的油料食物及經濟作物。其樹幹受傷後，會流出自我保護的汁液，汁液在土中凝固後，成為堅硬如石的油脂團塊，王醫師孩提時常去採集來當作起火燒木柴的火種。

四、真正的 MCT 中鏈脂肪酸(Medium-chain Triglyceride，MCT)

在很古早，大約在十九世紀的時候，化學家把油脂中含 8、10、12 個碳的脂肪酸，都劃歸為中鏈脂肪酸，但近年隨著科技的進步，發現 C12(月桂酸)在人體中的生理表現跟 C8、C10 是完全不一樣的，C12 跟其他的長鏈脂肪酸(Long chain Triglyceride LCT)一樣，都是屬於 LCT。MCT 一喝下去，只需要數分鐘，就會被腸道直接吸收，由肝臟轉換成酮體，這除了可經由檢測血液及尿液中的酮體濃度來得到證實，更可靠的是身體馬上會發熱，手變暖的感覺。

椰子油及油棕櫚仁中的 C12 含量都很高，或許有人會一時不察，把 C12 月桂酸含量佔 45%的全椰子油，當成 MCT 銷售，是不符合科學求真精神的。分辨到底是全椰子油還是 MCT 的最簡單方法，就是熔點(Melting Temperature)，也就是由固體變成液體時的溫度。全椰子油的熔點為 25°C，室溫低於 25°C 時(凝結點)，它就會凝結成白色不透明的固體，而只含 C8 及 C10 的MCT 油，熔點極低，在室溫下呈現液體狀。

五、MCT 中鏈脂肪酸的特點

　　MCT 中鏈脂肪酸同時兼具脂肪及醣類的特色及優點，可快速提供足夠能量，體內不產生發炎反應，另外可減少體脂肪，減少蛋白質耗損，改善代謝症候群疾病等等。中鏈脂肪酸具有下列幾項特點:

1. MCT 較 LCT 易被消化分解，消化速度(亦即水解速度)快，親水性比較強，形成的乳化膠體微滴更小，所需要的乳化劑(膽汁酸)更少，更容易發生水解反應。在腸道中不需膽汁及胰脂解酶即可被水解，直接被吸入進入靜脈，再經門靜脈循環送至肝臟，不像 LCT 需經由淋巴系統運送。LCT 則被吸收進入淋巴系統，再集中到乳糜池(Cisterna chyli)，經由胸管，注入在內頸靜脈和左鎖骨下靜脈的交界處，再進入心臟。

2. 吸收速度快:LCT 必須在腸道上皮細胞裡，重新與甘油結合成甘油三酯，再與載脂蛋白、磷脂和膽固醇形成乳糜微粒，而後才能經淋巴系統進入血液循環，整個過程需要三到四個小時才能完成。相形之下，中鏈脂肪酸只需要幾分鐘就能直接從腸道上皮細胞吸收，再通過肝門靜脈進入血液循環，喝下 MCT 數分鐘後手掌就會發熱，精神變得比較好。

3. 在人體內分解代謝中，更容易被分解利用和氧化:MCT 比 LCT 容易被分解利用，隨時提供熱能而不易被當成脂肪儲存起來，不會讓人發胖，MCT 由肝臟直接轉換成酮體，酮體並無法儲存，多餘的酮體就會經由尿液排出體外。

4. 由於中鏈脂肪酸的鍵比較短，在沒有發生延長碳鍵的代謝反應前，它們不能被當作脂肪細胞的結構材料使用。日本的一項對比

研究發現，吃中鏈脂肪酸時，能量消耗及脂肪氧化量增加，飽足感增加，在人體內沒有累積，有利減肥，與吃長鏈脂肪酸的人相較，體重、腰圍、腰圍臀圍比都明顯減少。

5. MCT 被吸收後，迅速被肝臟代謝成酮體，酮體中以 BHB(β-Hydroxy butrate)為主，BHB 除了是優質燃料，一公克 MCT oil 可提供約 8.3 大卡熱量。BHB 酮體也可以抑制由 NLRP3 發炎體(inflammasome)所誘發的發炎反應。

六、MCT 中鏈脂肪酸的運用

1. MCT 屬於飽和脂肪酸，生酮飲食選擇食用油脂時，應維持多元不飽和(Omega-3、6):單元不飽和(Omega-9):飽和的比例維持在1:1:1，MCT 不含必需脂肪酸(Omega-3、6)，就算是全椰子油，Omega-3 的含量亦為 0%，而全椰子油 Omega-6 的含量，僅有1.4%;最理想的生酮飲食用油搭配係「星星果油+MCT」，因為星星果油的 omega-3+6+9 為 93.7%，飽和脂肪酸只有 6.3%，因此以 50%星星果油+50%MCT 油的組合是最佳。

2. 防彈咖啡添加 MCT

推廣業者把 MCT 及草飼奶油加到咖啡中雪克(shake)混合後，可取代早餐，可使精神變好且有飽足感。防彈咖啡除了添加 MCT，也可以同時添加少量 BHB 酮晶粉，效果更快速。

3. MCT 對人體的整體好處，以如上所述，但是我還是強調必須要跟 omega369 一起食用。Omega-3、6 必需脂肪酸，尤其是 omega-3 是不可缺少的。

4. 必須大量使用 MCT 之異常狀況

(1) 吃了其他 LCT 油會產生脂樣腹瀉者，建議減少 LCT 的攝取，增加 MCT 的比例。

(2) 膽汁分泌受阻，胰液分泌受阻，而產生黃疸者，服用 MCT 會比其他 LCT 為佳，或乾脆直接服用外源性酮晶粉，也就是食品工廠中製造好的酮體，不必再增加肝臟負擔。

(3) 由於輸送油脂的淋巴管受阻，產生乳糜肚或乳糜胸者，如各種腫瘤壓迫淋巴管或淋巴管平滑肌瘤病(Lymphangioleiomyomatosis LAM)，只好改用不需由淋巴管運送的 MCT 油。

(4) 此外，還有一些民間流傳，非傳統的 MCT 用法，如直接將高純度，不含 C12 的 MCT 油，直接塗抹在皮膚上，可迅速經皮吸收，據說可以滋潤皮膚，減少色素斑，增加皮膚緊緻度，縮小毛孔，甚至有用來點眼瞼保養。這些用法在傳統西醫師眼中看來，可能有些匪夷所思，但是身為從事自然療法的醫師，對於這些並不會造成傷害(do no harm)的自發性民俗療法，亦樂觀其成。若能撿拾無患子果肉，自製成乳化劑，再用 MCT 或星星果油混合成不透明狀乳液來擦在皮膚使用，其潤膚效果更佳。

七、長鏈脂肪酸

含碳數在 12 個碳(C12)以上的脂肪酸，就叫長鏈脂肪酸(Long Chain Triglyceride，LCT)。LCT 的消化、吸收、利用較 MCT 慢，路徑也不同，這在本文章前半部已有說明。

嚴格來說，C6-C22 的脂肪酸，就好像可見光及不可見光 NIR 一樣，每一碳數的脂肪酸都有其特別的功能，C12 以上的飽和長

鏈脂肪酸，在膽固醇、HDL-C、LDLC 及 TG 的影響上，仍有一些疑點待釐清。多單元不飽和的 Omega-369 則無此疑慮。

　　椰子油是一種很特別的油脂，其所含的 C12 月桂酸佔 45%(棕櫚油 C12 佔 43%)，是其他植物油所沒有的。有一份最近的研究報告指出，月桂酸會引起免疫 T 細胞製造更多發炎反應。不過含有極少量 C12 的 MCT 油還是很安全的。由於椰子油耐高溫，是很好烹調用油。但是如果是用來作為「養生保健」用途的話，則還是以提煉自椰子及棕櫚的 MCT 油為首選。

第六章 實用一：廚房美味油脂料理

一、大多數人油脂攝取量不到需要量的四分之一

　　一天就算吃兩個含肉便當，而沒有額外補充可見油的話，一天下來，所吃下食物中的油脂含量，也不可能達到「常醣常油」正常飲食中的 40%，頂多不會超過 15%，嗜食碳水化合物者，每天油脂的攝取量，可能未能達到佔總能量來源的 10%，這種油脂吃不夠，碳水化合物或蛋白質吃過多的飲食法，就是各種新陳代謝疾病的源頭。

二、喝了油會脹氣、噁心怎麼辦?

　　平時沒有習慣喝油的人，腸胃道會以為油是壞東西，因而產生排斥。有些人喝了油後會覺得脹氣，產生油狀腹瀉、噁心或嘔吐等等。作者剛開始時，也會一整天都覺得噁心，但經過 2-3 個月後就習慣成自然，初期喝油後要喝點咖啡，吃豆腐乳或韓國泡菜來壓制油膩感，如果在杯中加入卵磷脂，將油脂乳化，腸道會更容易分解吸收，若有腸胃道嚴重不適應者，最好由少到多，慢慢再增加劑量。

三、喝油最佳時機

　　喝油的最好時機，是在早餐。早餐最好在吃任何固態食物之前喝油。喝下 40c.c.的油，就可以得到 360 大卡的熱量(1c.c.油可產生 9 大卡熱量)。一早喝下 40c.c.(360 大卡)的油，等於吃了兩碗乾硬飯，三碗濕軟飯(濕軟飯一碗 122 大卡，乾硬白飯一碗 183

大卡)。早上喝油的好處是可以刺激膽汁排空,避免膽汁累積過久,沈澱物成結石。

有些小朋友胃口奇大,變成小胖子,或是想要減重的成人,最好是在餐前喝油,喝了油以後,有飽足感,對其他碳水化合物的需求將會下降,就不會過量。

有時忙到沒時間用餐,覺得餓時,就用喝油(MCT)來解決。MCT 可直接進入由肝臟轉換成酮體,不會變成體脂肪或三酸甘油脂。若沒有 MCT 時,星星果油或外源 BHB 酮晶粉也很有用。

四、油的湯品和飲料

人的飲食習慣、口感很難改變,「想」到要一口氣「喝」下40c.c.的可見油,就難免有噁心的感覺,但是剛出生的嬰兒就不同了,如果從小用吸管滴一些油給他喝,每天訓練下來,最後都會很喜歡喝油,常會吵著要喝油。有些大人很勇敢,倒了油就直接喝下去,但還是很多人沒有勇氣直接喝油。作者本人起初也是不敢直接喝油的,你可以先試著將油在料理端盤時,拌在菜餚中,或是菜湯之中。下方建議幾款飲料,各位可以試試:

生酮巧克力奶昔

1.1/2 顆酪梨。

2. 2 大匙可可粉。

3. Omega-3 油(星星果油)10-20c.c.，MCT
油 10-20c.c.(1c.c.約等於 1 公克)。

4. 添加一匙堅果粉。

5. 添加少許菊糖，調味用。

6. 少許香草精。

7. 果汁機高速打 30 秒，直到飲料呈現光滑質地為止。

蘋果醋冰茶

1. 500c.c. 冷泡茶。

2. Omega-3 油(星星果油)10-20c.c.，
MCT 油 10-20c.c.(1c.c.約等於 1 公克)。

3. 1 大匙蘋果醋。

4. 添加少許菊糖，調味用。

5. 冰塊少許。

火箭燃料大骨湯

1. 2 杯大骨湯。

2. Omega-3 油(星星果油)10-20c.c.，MCT 油 10-20c.c.(1c.c.約等於 1 公克)。

3. 1 小瓣大蒜。

4. 1/2 茶匙生薑。

5.少許海鹽調味。

6. 少許胡椒粉。

(可以添加喜歡的蔬菜:青花菜、花椰菜、高麗菜或是白蘿蔔)

精力滿滿冰咖啡

1. 3/4 現泡咖啡。

2. Omega-3 油(星星果油)10-20c.c.，MCT 油 10-20c.c.(1c.c.約等於 1 公克)。

3. 1/4 香草粉。

4. 1/4 肉桂粉。

5. 少許菊糖，調味。

6. 冰塊 3-4 顆。

五、製作「油冰淇淋」給小朋友吃

小朋友都愛吃冰淇淋，如果把適量的油跟無糖巧克力及蒟蒻粉等混合，再加上菊糖，放在布丁盒或購自西點店的蛋糕鋁箔小盒中冷凍，小朋友上學前就不用吃早餐，而改為吃「油冰淇淋」。製作油冰淇淋以用星星果油最理想，因其 omega-369 佔 93.7%，飽和脂肪酸極少，且有天然青草香味。孩童的油脂攝取量，可達到每天每公斤體重 1-2c.c.的星星果汁。以 10 公斤體重幼兒為例，可給他吃到 1.2c.c.，也就是總共 12c.c.的星星果油。很多兒童喝了成績進步，因此把星星果油暱稱為「聰明油」。10 公斤的孩童，每天每公斤體重約需 30 大卡熱量，而 12c.c.油脂，可提供 108 大卡的熱量(12c.c.x9=108 大卡)，這樣一來，除了來自食物中的不可見油，他所吃下的可見油就可提供 108 大卡，佔他每日總熱量的 36%(108 大卡÷300 大卡=36%)。早餐並非只能吃稀飯、饅頭、三明治或喝牛奶、豆漿不可，給小朋友吃早上製作好的油冰淇淋，也是健康、方便和省時間的選擇。

香草冰淇淋

1. 一罐椰奶。

2. 2 茶匙香草精。

3. Omega-3 油(星星果油)10-20c.c.，MCT 油 10-20c.c.(1c.c.約等於 1 公克)。

4. 2 大匙木醣醇顆粒。

5. 磨細海鹽少許。

6. 把食材放在果汁機內高速打到光滑為止。

7. 將打好的食材放入冷凍冷卻 2 小時。

8. 可以在冰淇淋上頭撒上杏仁片。

六、生酮料理

九層塔酪梨抹醬

1. 酪梨 1 顆，去皮去核

2. 1/2 新鮮九層塔

3. 1/4 杯白醋

4. Omega-3 油(星星果油) 30c.c.，MCT 油 30c.c.(1c.c.約等於 1 公克)。

5. 2 茶匙洋蔥粉

6. 少許海鹽、黑胡椒調味

7. 將食材放入果汁機，打到質地光滑。

8. 3 天內食用完畢。

培根捲蘆筍

1. 10 條蘆筍及 10 條培根。

2. 將培根捲蘆筍，如附圖，放置烤盤。

3. 將烤盤至於烤箱烤陪 2000C，15-20 分。

4. 冷卻 5 分鐘，可沾酪梨抹醬食用。

莓果酪梨沙拉

1. 1 顆酪梨。

2. 1/2 匙新鮮檸檬汁。

3. Omega-3 油(星星果油) 15c.c.，MCT 油 15c.c.(1c.c.約等於 1 公克)。

4. 少許海鹽。

5. 5 顆草莓(藍莓或蔓越莓)，視情況調整。

6. 1 大匙香菜。

7. 將食材混合，淋上油、檸檬汁，撒上海鹽，即可享用。

第七章、實用二：外食選餐與低斷醣食物建議

　　台灣的美食滿街，作者曾因為糖尿病，為執行低糖生酮與斷醣生酮，認真在超市貨架、大賣場、市街外食餐廳以及夜市尋找生酮食物。站在街頭，舉目所望，十家商店有九家幾乎都提供高澱粉食材，例如:牛肉麵店、肉羹麵店、滷肉飯、豆花店、比薩店、日式丼飯、義大利麵店、麵包店。。。等等，非常困擾。

　　作者也曾經在超市、7-11、大賣場，環顧貨架，幾乎 80%都是高碳水化合物食材。麵粉真是個百變神奇的食物，回想小時候，印象中的美食，都是餅乾、糖果、蛋糕和麵包，而台灣名產，知名伴手禮，鳳梨酥、牛舌餅、太陽餅、碗糕、肉圓，我們都是這樣被養大的，醣食文化已經浸潤我們的飲食世界。高醣文化導致我們出現膽固醇過高、肥胖、三酸甘油脂過高、心臟病、以及越來越多神經性疾病，如本書所敘述，實在不得不用心選擇外食食物，身為父母的您們，如何為孩子選購食材，也成為急迫要務。讓我們再回顧一下常醣常油正常飲食、少醣生酮以及斷醣生酮所應該攝取的碳水化合物的量(見下圖)。

各種常見飲食方式之分類

「常醣常好油正常飲食」、「限醣/斷醣飲食」之營養及人母晚乳成分所佔總熱量比例

人體熱量來源之成分	Carbohydrate 澱粉、碳水化合物 (葡萄糖、乳糖)	Fat 脂肪 (多單元不飽和及飽和脂肪)	Protein 蛋白質 (必需及非必需胺基酸)	飲食內涵
人母晚乳(嬰兒10個月大) 成分所佔總熱量比例	46%	47%	7%	母乳 DNA (由基因決定之比列)
Normal Diet (正常飲食)	50%	40%	10%	常醣常好油飲食 (地球人類正常飲食)
Low Glycemic Index Diet (限醣高好油飲食)	10~40%	40~60%	10~15%	限醣高好油飲食 (治療性飲食)
Ketogenic Diet (嚴格斷醣高好油飲食)	2~10%	75%	10~15%	斷醣高好油飲食 (治療性飲食)

製表：王群光醫師 王群光自然醫學院院長

病 從 口 入

　　如果一天以常醣常油正常飲食，碳水攝取量 50%，大約 250g (每日熱量需求 2000 大卡，碳水來源 1000 大卡，1000 大卡/4 碳水提供的能量=250g)。至於 250g 的量，是多少？

　　低醣生酮飲食的控制量約在 10-40%，也就是限制澱粉量在 50g - 200g 之內。請參看圖 7-1，50g 碳水(乾物量)，大約如圖所示。

圖 7-1:含 50g 碳水(乾物量)食材每日建議量

資料來源: https://zhuanlan.zhihu.com/p/67473292

斷糖生酮並不是完全無醣,而是限制在 2-10%之間,醣的量要限制在 10-50g 之間,而 20g 醣的量,請參看圖 7-2。

圖 7-2:含 20g 碳水(乾物量)食材每日建議量

資料來源: https://zhuanlan.zhlhu.com/p/67473292

　　下列食物(參看圖 7-3)，含醣量極低，如果很飢餓，建議可以大量食用，吃到飽。當然足夠的可見油，omega-369，必不可少。

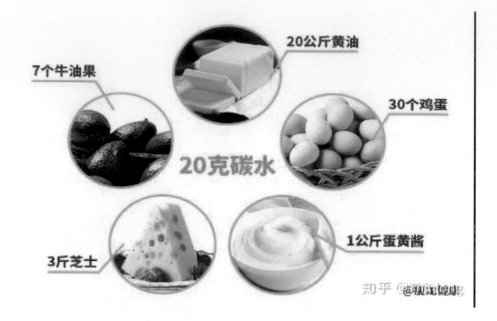

圖 7-3:含極低量醣份食物

資料來源: https://zhuanlan.zhihu.com/p/67473292

一、餐廳外食

現在我們來檢視一下,外食餐廳所供應的食物,一般人只注意其卡路里,害怕肥胖。殊不知過量的碳水化合物,才是肥胖和諸多疾病的元兇。下圖 7-4 列表,清楚標示醣類的總量。所有簡餐、套餐幾乎含醣量都很高。需要限醣的族群可能要注意了。

簡餐便當熱量和營養比一比

食物名稱	熱量 (大卡)	蛋白質 (公克)	脂肪 (公克)	醣類 (公克)	脂肪佔熱量比 (%)
牛肉飯	610	36	20	80	28%
牛腩燴飯	680	56	35	72.5	38%
咖哩雞飯	688	44	25	92.5	29%
滷雞腿飯	990	77	50	82.5	41%
烤雞腿飯	786	60	37.5	80	38%
炸雞腿飯	810	59	35	95	34%
炸排骨便當	925	65	42.5	92.5	38%
豬腳飯	815	53	35	80	37%
控肉飯	935	70	45	82.5	40%
烤肉飯	655	44	25	80	31%
招牌飯	743	45	27.5	87.5	32%
鮭魚飯	533	38	25	52.5	38%
三寶飯	960	70	50	95	41%
什錦滑蛋燴飯	673	42	25	87.5	30%
三鮮燴飯	513	39	25	55	37%
滑蛋肉片燴飯	513	39	25	55	37%
蝦仁蛋炒飯	703	40	25	77.5	32%
肉絲蛋炒飯	718	44	27.5	77.5	34%
蔥燒牛肉飯	670	46	30	72.5	36%
香酥雞腿飯	800	60	42.5	72.5	42%
燒烤鮭魚飯	600	37	22.5	72.5	32%

圖 7-4:外食餐廳常見套餐營養標示

二、夜市美食

下表列出八種夜市美食，逛一趟夜市，很可能 8 種美食全部購買，吃進肚裡。因為雖然有些食物份量極少，總醣量看似不多，但是要填飽胃，往往加總起來非常可觀。

食物名稱	烹調方式	重量(g)	總醣量(g)	大約等於幾份醣類(份)*	總熱量(Kcal)	熱量/公克(熱量密度)
1)蚵仔煎(份)	煎	230.0	56.9	4	468.8	2.0
2)芋丸(個)	蒸	120.0	38.4	2	197.5	1.6
3)麵線糊(份)	煮	500.0	48.7	3	390.6	0.8
4)芋頭酥(顆)	烤	50.0	26.0	2	200.5	4.0
5)肉包(顆)	蒸	100.0	42.0	3	290.1	2.9
6)牛舌餅(塊)	烤	60.0	41.6	3	248.0	4.1
7)鹹麻糬(顆)	蒸	30.0	16.5	1	78.7	2.6
8)碗粿(個)	蒸	120.0	33.6	2	180.8	1.5

圖 7-5:夜市常見台灣小吃營養標示

三、超市貨架

　　超市、大賣場貨價上琳瑯滿目的食材，就拿孩子最喜歡的洋芋片來說，其成分表標示如下，每包碳水化合物就高達 62.8g。

PRODUCT NAME: Pringles® ORIGINAL FLAVOUR POTATO CRISPS		

品名: 品客® 洋芋片 (原味)

成分(台灣)：馬鈴薯粉、軟質棕油、小麥澱粉、玉米粉、乳化劑(脂肪酸甘油酯)、麥芽糊精、鹽、調味劑(檸檬酸)。本產品有含有麩質的穀類及其製品。有效日期(日/月/西元年)：請參照罐底標示最後一行。臺灣進口商：美商家樂氏行銷有限公司 臺灣分公司 臺灣臺北市內湖區內湖路一段314號4樓之1。☎臺灣消費者免付費服務專線：0800-888-926；週一至週五上班日：10:00-17:00

For Hong Kong Market / 通用於香港		適用於台灣		
Nutrition Information / 營養資料		**營 養 標 示**		
Serving Size / 每一份量: 27.5 g / 克		每一份量 27.5 公克		
Servings per Package / 本包裝含: 4 servings / 份		本包裝含　4 份		
			每份	每100公克
Per serving / 每份		熱量	142 大卡	516 大卡
Energy / 能量	140 kcal / 千卡	蛋白質	1.4 公克	5.1 公克
Protein / 蛋白質	1.4 g / 克	脂肪	7.7 公克	27.9 公克
Total Fat / 總脂肪	7.7 g / 克	飽和脂肪	3.4 公克	12.3 公克
Sat. Fat / 飽和脂肪	3.4 g / 克	反式脂肪	0 公克	0 公克
Trans Fat / 反式脂肪	0 g / 克	碳水化合物	17.3 公克	62.8 公克
Total Carb / 總碳水化合物	17.3 g / 克	糖	0 公克	0 公克
Dietary Fibre / 膳食纖維	1.0 g / 克	膳食纖維	1.0 公克	3.6 公克
Sugars / 糖	0 g / 克			
Sodium / 鈉	129 mg / 毫克	鈉	129 毫克	469 毫克

四、建議選擇

　　在充滿醣食的市場，我們要學習如何聰明選擇食材，才不會誤觸地雷。長久過多醣食累積，難保不生重病。作者以食品博士的建議，如果您要到餐廳外食，也許點快炒，不吃米飯，以蔬菜、豆腐、蛋及肉類為主。夜市低醣選擇非常少，牛排、排骨酥、鵪鶉蛋及油雞，也是不錯的選擇。而超市購物，則盡量不要選購加工食品，多以蔬菜、生鮮肉品為採購目標。如此，您將能輕易達到生酮飲食的理想，為自己和家人尋找真真正正的健康生活。

第八章、實用三：素食者的生酮飲食

一、人體對蛋白質的需要量

有些人會擔心，蛋白質缺乏，其實人體所需要的蛋白質並不多。蛋白質並不像碳水化合物及脂肪那樣，用來當燃料的，而是用來當細胞的結構體，就好比房子建築的鋼筋架構。

1. 由母乳看人體蛋白質需求量

當嬰兒 10 個月大的時候，媽媽分泌出來餵嬰兒的乳汁(晚乳)，蛋白質含量才佔總熱量 7%，嬰兒仍在成長期，母乳的蛋白質含量才佔 7%，表示說，人已經成年後，其實蛋白質需要量不必超過 7%，現今的營養學家所說的蛋白質攝取建議量是佔整體熱量來源的 10%。

2. 如何依熱量需求來核算蛋白質攝取量

舉例來說，一位體重 70 公斤者，每天每公斤體重需要的熱量為 30 大卡(30kcal/kg/D)，因此，他每天所需要的總熱量為 2100 大卡(70 kg x 30 大卡/kg/D = 2100 大卡)，我們取整數 2000 大卡來作計算。由於來自蛋白質的熱量為 10%，也就是 200 大卡(200 大卡 x10% = 200 大卡)，由於一公克的蛋白質可以產生 4 大卡的熱量，因此，只要 50 公克的蛋白質，就可以產生 200 大卡的熱量(200 大卡÷4 大卡/公克=50 公克)。由以上計算，可以得知人每公斤體重需要的蛋白質只需要 0.7 公克就足夠了(50 公克÷70=0.7 公克)。

二、植物性食物蛋白質含量不比動物性少

多數人都有動物性食品(指肉類、蛋、奶等)的蛋白質含量高於植物性食品(豆類等)的先入為主觀念，事實上並非如此。由下列統計表所列，就可以得知，大部分同等重量的植物性食物之蛋白質含量都不低於動物性食物。(見下圖表)

素食‧營養豐富(續)

肉食、素食裡「蛋白質」的含量

肉類食品	每百克含量	素食食品	每百克含量
雞　蛋	11.0 g	黑　豆	37.1 g
蝦	18.4 g	黃　豆	36.8 g
豬肉(瘦)	12.3 g	豆　皮	51.7 g
牛　肉	16.7 g	紫　菜	28.4 g
牛　奶	3.0 g	花　生	24.7 g

素食的營養成分不一定比肉少

11

表 8-1:肉食蔬食-蛋白質含量比較

動物性食物		植物性食物					
食品名稱	平 均 蛋白含量(克)	食品名稱	平 均 蛋白含量(克)	食品名稱	平 均 蛋白含量(克)	食品名稱	平 均 蛋白含量(克)
雞蛋	13	穀物	12	素火腿	13.2	凍豆腐	12.9
魚肉	18	豌豆、毛豆	12.6	百頁豆腐	13.4	腰果	18.1
豬肉	19	五香豆乾	19.3	干絲	18.3	米豆	20.8
雞肉	19	豆腐皮	25.3	杏仁	24.4	紅豆	22.4
牛肉	19	花生	25.6	素肉鬆	32.9	開心果	23.5
奶酪	21	黃豆	36.5	豆漿粉	37.4	黑豆	34.6

表 8-2:動物與植物性蛋白質含量比較

三、植物性食品比動物性食物有較多有益因素

由以下圖表可得知

1. 植物性食品的蛋白質含量與動物性食品之含量在伯仲之間。

2. 植物性食品的脂肪含量遠低於動物性食品(素食者更需要補充 omega369 可見油)。

3. 植物性食品不含膽固醇。

4. 植物性食品的胡蘿蔔素、膳食纖維、維他命 C、鐵、鎂、鈣含量,遠高於動物性食品。

5. 植物性食物,使用水分遠少於動物性食物。

6. 蔬食的一年碳排放量遠低於動物性食物。

植物性／動物性食品－每500cal營養比較表

營養物	等分量的蕃茄、菠菜 青豆、豌豆、馬鈴薯	等分量的牛肉、豬肉 雞肉、全脂牛奶
膽固醇 (mg)	—	137
脂肪 (g)	4	36
蛋白質 (g)	33	34
β 胡蘿蔔素 (mcg)	29,919	17
膳食纖維 (g)	31	—
維他命 C (mg)	293	4
葉酸 (mcg)	1,168	19
維他命 E (mgATE)	11	0.5
鐵 (mg)	20	2
鎂 (mg)	548	51
鈣 (mg)	545	252

蔬食／肉食－資源消耗、碳排比較表

營養物	蔬食	肉食
水資源	1磅全麥麵包需139加侖水	1磅牛肉需2,500加侖水
碳排量	430公斤／1年	1,500公斤／1年
能源消耗	等量能源可提供20人份的蔬食	等量能源只能提供1人份的肉食
分享或排擠	2,500萬公頃黃豆→ 可餵養所有人	南美洲約四億公頃黃豆→ 用於畜牧肉食

資料來源：《紅色牧人的綠色旅程》、南亢存《21世紀素食》、環保署、世界展望會、BBC、《直到肉類的真相》

表 8-3:植物與動物性食品的營養比較

四、素食者須多關心必需胺基酸的欠缺與互補

1. 蛋白質是由眾多胺基酸所組成的,其中有九種胺基酸是人體無法自行合成製造的,必須仰賴外來的供應。有關必需、半必需及非必需胺基酸列表如下:

Essential 必需氨基酸	Conditionally essential 半必需氨基酸	Non-essential 非必需氨基酸
Histidine (H)	Arginine (R)	Alanine (A)
Isoleucine (I)	Cysteine (C)	Aspartic acid (D)
Leucine (L)	Glutamine (Q)	Asparagine (N)
Lysine (K)	Glycine (G)	Glutamic acid (E)
Methionine (M)	Proline (P)	Serine (S)
Phenylalanine (F)	Tyrosine (Y)	Selenocysteine (U)
Threonine (T)		Pyrrolysine (O)
Tryptophan (W)		

表 8-4:人體必需非必需基酸

2. 穀類與豆類共食必需胺基酸才完整

　　眾所周知,豆類甲硫胺酸含量較低,而穀類的離胺酸含量較低。一餐的食物中,只要有同時吃到穀類及豆類,就不必擔心必需胺基酸不足(見下圖)

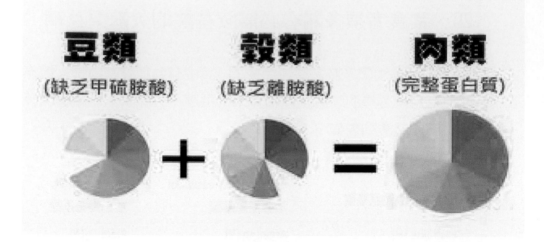

圖 8-5:豆類穀類胺基酸可互補

五、素食者之生酮食譜

素食餐廳，往往依賴大量的碳水化合物作為主食，例如：麵線糊、米糕、菜飯、蘿蔔糕。在此建議可以白花椰菜替代米、麵食。

製作白花椰飯

1. 將白花椰菜切成小花。

2. 用刨絲器將花椰菜刨成米狀。

3. 杏鮑菇 2 朵切絲。

4. 將 1/4 紅蘿蔔切絲。

5. 油鍋放入一湯匙椰子油(或 MTC 油)(Omega-3 油不適合烹煮)。

6. 將所有食材放入油鍋，炒到熟，即可食用。

蒟蒻湯麵

1.蒟蒻麵 150g，洗淨待用。

2.蔬菜一把洗淨待用。

3.魚板 2 片、貢丸 2 顆。

4.杏鮑菇數片。

5.將所有食材放在滾水中煮熟。

6.煮熟以後，放入一湯匙椰子油(或 MTC 油) (Omega-3 油不適合烹煮)。

7.調味，即可食用。

第四篇 案例篇

第一章、注意力不集中過動症（ADHD）案例分享

ADHD 個案之一

一位母親帶 4 歲女童來看門診，其主訴為眼睛癢、打鼾、腳底長濕疹、異位性皮膚炎，母親只把重點放在尋求過敏的治療。不過女童不肯好好坐在椅子上，而是在小小的診間中往覆狂奔，不肯停下來，並且持續發出刺耳尖銳，幾乎要蓋過母親與醫師交談說話聲音的叫聲，尖叫聲沒有一秒停息，除此之外，她還想把電腦大螢幕推倒，又爬到桌子底下想把醫師的鞋子脫掉。

作者點開她的腦波檢測報告圖譜，發現強烈的 β 過動腦波佈滿了整個畫面，比作者心中所預估的異常腦波還要更高，配合她以上過動的症狀，就非常肯定的告知母親「您女兒除了皮膚、眼睛有過敏，腦細胞也有過敏，表現出來的症狀就是注意不足過動症」。母親驚訝得完全無法相信，她說，「我的女兒很正常啊！只是比較頑皮一點罷了！」

原來這女兒是她的第一胎，雖然她是親自照顧，但肯定是缺乏育兒經驗。

這種把異常當正常的情況是很常見的，就算是有自閉症、智障、學習障礙等，還沒有育兒經驗的母親，也很難自行察覺小孩有何異樣。

於是作者換另一個方式問媽媽：她上安親班時，肯不肯進教室上課? 媽媽竟然回答說：「我女兒從來不會進教室的，老師同學進教室上課的時候，她都一個人在教室外狂奔。」

由於皮膚及腦組織都是來胚胎時期的外胚層，治療腦細胞過敏發炎的方法，跟治療皮膚過敏，用的都是同一套方法。作者於是就不再多話，直接安排她抽血取血清做 IgG 及 IgE 抗體檢測，並給予補充診所特調的「自律升」 Omega-36 必需脂肪酸好油，每天喝 20 c.c. (每公斤體重 1-1.5 c.c.)，再加上麩醯胺酸、八種必需醣鏈及維他命 C 與維他命 B 群，這些都是可以用來作為修復腸腦漏、皮膚及受損的腦神經細胞之用的原料。

兩個星期後，檢驗中心發來的過敏抗體報告顯示她對蛋、豬肉、羊肉、雞肉、米飯、小麥、黃豆等均過敏(如以下二圖)。

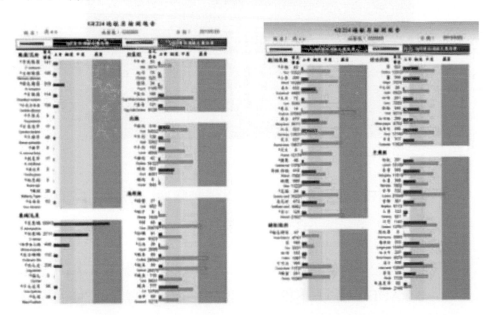

上圖: 4 歲 ADHD 女童之食物抗體 IgGE 報告

把檢測報告用 LINE 發給患者的母親，並囑咐小孩必須停止食用那些有高抗體，也就是會引發皮膚及腦細胞過敏的食物，同時不可再喝含糖飲料(甜味可用天然的甜菊粉代糖取代)，兩個月後再複診時，發現她不但過敏已經痊癒，連之前的 ADHD 過動症狀也都消失了，她複診時乖巧的坐在椅子上，還主動跟醫師打招呼，「醫師阿伯，您好!」前後完全判若兩人。複診時的 EEG 腦波，也由原來的極高異常強烈 β 腦波(下圖上方)轉變為正常腦波(下圖下方)。

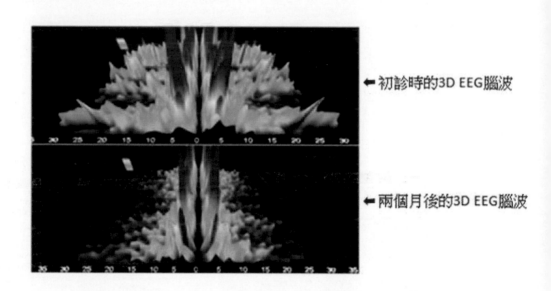

← 初診時的3D EEG腦波

← 兩個月後的3D EEG腦波

上圖:ADHD 過動患者初診時之過動腦波(上)及兩個月後(下)之正常腦波

她後來的表現一切都很正常，再沒有表現出 ADHD 過動，也沒有 ADD 注意力不集中。試想當初如果沒有提早接受治療，一旦上了小學，家長肯定是會經常接到老師的投訴電話，或在聯絡簿上留言，要求把小孩帶去給醫師看診，不過醫師也只能開出「利他能」或「專思達」藥物處方給學童服用，並無其他的方法。

ADHD 個案之二

基本資料:姓名:姚 XX　性別:男　年齡:9 歲

主訴: 此患童由特教老師帶來看門診，老師所勾選的主訴為情緒起伏不定、上課不坐在位子上，而是走來走去，打斷干擾老師授課，易生氣、暴怒、常動手打人。

抽血檢測，發現他血液中有牛奶、蛋、小麥、黃豆、花生等最常見的前 5 名過敏食物中的蛋白質都有極高(重度)的抗體(如下圖)，對這種檢測結果，作者常戲稱是得了「五燈獎」。

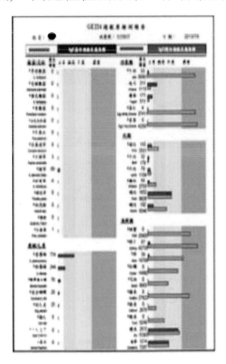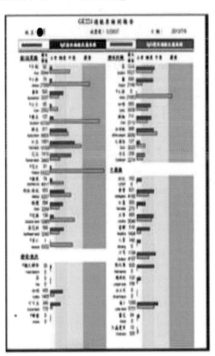

上圖: ADHD 姚童的過敏食物檢測報告

初診時的 3D 立體腦波(3D EEG)檢測發現有極高的異常 β 腦波，與 ADHD 症狀相吻合(如以下二圖)。

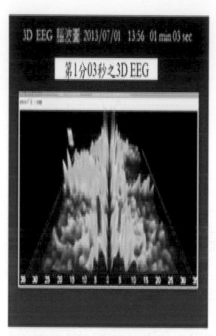 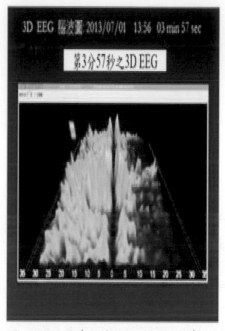

上圖：姚XX初診時之1分03秒腦波顯示異常β腦波　　上圖：姚XX初診時之3分57秒腦波顯示異常β腦波

　　經過避吃過敏食物及採用腸腦漏修復處方，五個月後 EEG 腦波檢測發現原本極度異常放電的腦波已完全恢復正常(如下方二圖)。

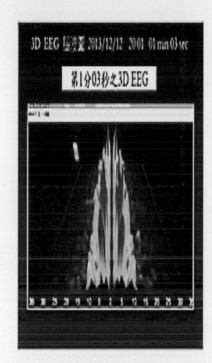

上圖：姚XX 5個月後1分03秒的
腦波已變正常

上圖：姚XX 5個月後3分57秒的
腦波已變正常

　　姚童初診時的心電圖(EEG)呈現嚴重的竇性不整脈(如下左
圖)，有竇性不整脈者臨床上常會呈現 ADD 症狀，五個月後複診
時的 EEG 已變正常(如下右圖)。

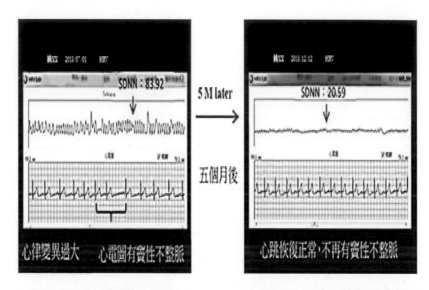

| | | 上圖:初診時做HRV時之心電圖 | 上圖:5個月後再復診時做HRV時之心電圖 |

　　自律神經檢測儀所自動打出的報告顯示，初診時的 HRV 心律變異(SDNN)非常高，達 83.92，五個月後複診時的 SDNN 已降至 20.59。交感加上副交感神經活性(LF+HF)，也由初診時的 3224.82 降至複診時的 133.56(見下圖)。

姚XX　　X1**	①	②
HRV 項目	2013/07/01	2013/12/12
SDNN 活性	83.92	20.59
LF 交感	1081.24	92.05
HF 副交感	2143.58	41.51
LF + HF	3224.82	133.56
LF/HF 平衡	0.5	2.22
HR 平均心跳	70	82

上圖:姚童初複診時之自律神經檢測變化

作者意見:

1. 患者姚童就讀離島小學，是學校的頭痛人物，他情緒起伏不定、易生氣、暴怒、常追著同學動手打人，上課時不肯坐在位子上，而是走來走去，又經常干擾打斷老師授課。不論是施以處罰或心理輔導、行為矯正，甚至服用醫師所開出的「利他能」、「專思達」藥物，各種方法都用盡了，就是收不到效果。

2. 忙著出海捕魚的父母，委託學校的特教老師帶姚童搭飛機來台北看診，姚童痊癒後，即將退休的特教老師很感慨的說，要是早點知道有這種自然療法就好了，因為他所照顧過有 ADHD 的孩子，大多數長大後都被發現罹患了各種各樣的精神疾病。

3. 文獻上認為有腸腦漏，腦部主管情緒的額葉腦迴中的神經細胞，受到食物中的過敏原(大分子蛋白質)的影響，導致腦細胞過度放電(喊救命)，呈現異常 β 腦波，乃是 ADHD 成因的研究論文曾被發表過，但尚未形成主流意見。

4. 姚童雖然並無任何皮膚或鼻子過敏的外顯症狀，其實他的過敏是發作在腦部。根據臨床觀察，有嚴重異位性皮膚炎之兒童，比較不會呈現出有 ADHD 或其他泛自閉症之表現。另外也觀察到，幾乎絕少看到有異常過動腦波的自閉症兒童會出現異位性皮膚炎。 我們對此現象的解釋，是認為皮膚與神經都源自於胚胎外胚層，過敏原與抗體的戰爭若好發在外胚層的皮膚，就形成異位性皮膚炎;若好發在同屬外胚層來源的腦神經細胞，即所謂過敏在腦，就會因而引起妥瑞症以及後天性的 ADHD 。

5. 有竇性不整脈心律不整患者，心律變異(SDNN)必然過大，SDNN 過大與 ADD 有正相關。只要有竇性不整脈，幾乎必然會表現出 ADD 的症狀，竇性不整脈如果轉為正常，ADD 的症狀也必然會改善。

6. 給 ADHD 患童做早療、行為治療、復健治療、心理輔導、感覺統合治療等，雖然都很重要，但是也應同時注重經由取血，找出具有過高 IgG 或 IgE 抗體之食物或環境過敏原，進而斷絕食用這些過敏食物，同時服用可修復腸肺腦漏及受損神經細胞的細胞原料物質。否則如果只是做前述各種傳統制式的療法，就好比用來捕魚的網破了一個大洞，在治療上可能會事倍功半，甚至徒勞無功，錯失了更加有效治癒的黃金時機。

ADHD 個案之三

有一位 8 歲小朋友陳童，主訴症狀 ADHD 兼有輕微妥瑞症，初診時吵鬧不休。在診所做完腦波(3D EEG) 後，請家長帶小朋友去附近的氫氧保健館吸入氫氧氣。吸完後再回到診所做第二次的 3D EEG、HRV、尿液 pH 及自由基檢測。這種做法叫「氫氣挑戰測試 」(Hydrogen challenge Test) 。

氫氣在日本及中國大陸均已成為法定醫療氣體，氫氣療法也成為重要的醫療處方之一。台灣則只有在民間流行用氫氧氣來保健。

此童吸過氫氧氣後回到診所，好像變成另一個人似的，非常安靜，不再喧嘩吵鬧。

茲將其接受吸入氫氧氣($2H_2+O_2$)前後(間隔 1.5 小時) 的 3D

立體腦波變化介紹如下：

1.3D EEG 腦波三維立體圖的變化。陳童初診吸入 $2H_2+O_2$ 前的 3D
EEG 腦波圖顯示異常過高(如下圖)

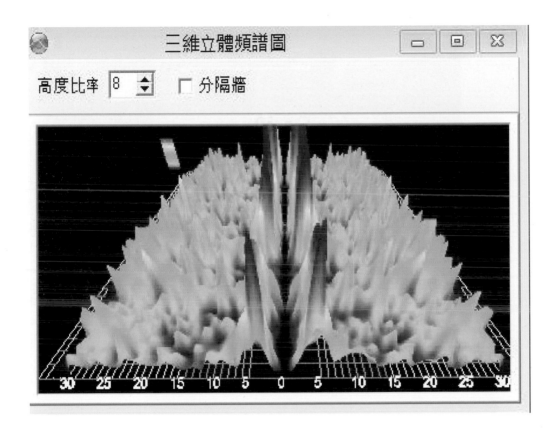

上圖：陳童吸入 $2H_2+O_2$ 之前的 3D EEG

陳童初診吸入 $2H_2+O_2$ 後，過高的腦波降為正常(如下圖)

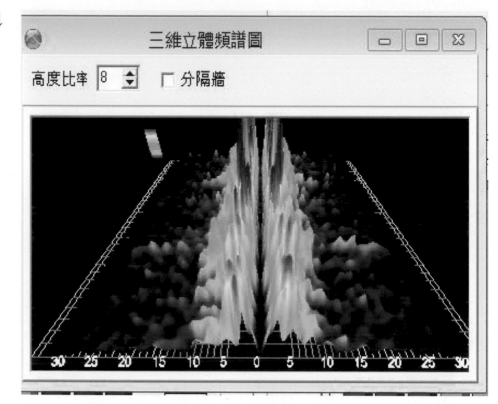

上圖：吸入 $2H_2+O_2$ 1.5 小時後的 3D EEG

2.3D EEG 腦波頻譜圖的變化

陳童初診吸入 $2H_2+O_2$ 前的 3D EEG 腦波頻譜圖呈現異常過高(如下圖)

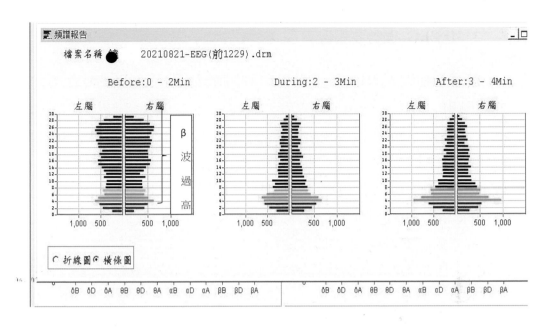

上圖: 陳童初診吸入 $2H_2+O_2$ 前的 3D EEG 腦頻譜圖

陳童吸入 $2H_2+O_2$ 1.5 小時後,原本過高的 β 腦波降為正常(如下圖)

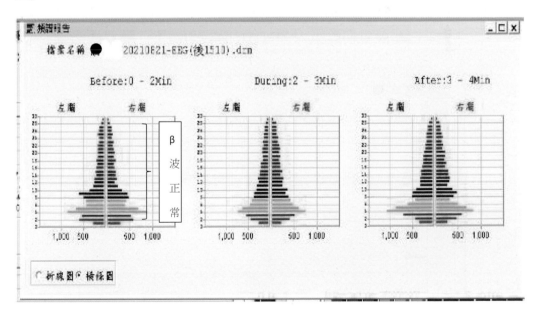

上圖: 陳童初診吸入 $2H_2+O_2$ 後的 3D EEG 腦頻譜圖

3. 3D EEG 優勢波報告

陳童初診吸入 $2H_2+O_2$ 前的 3D EEG 腦波，顯示 β 波優勢過強(如下圖)

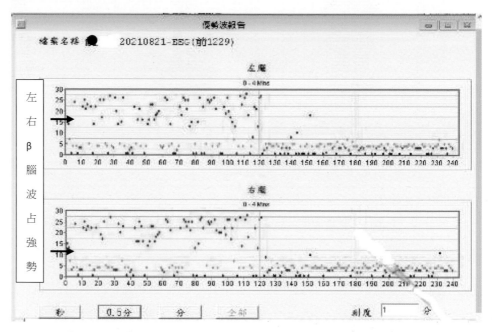

上圖:陳童初診吸入 $2H_2+O_2$ 前的 3D EEG 腦波優勢圖

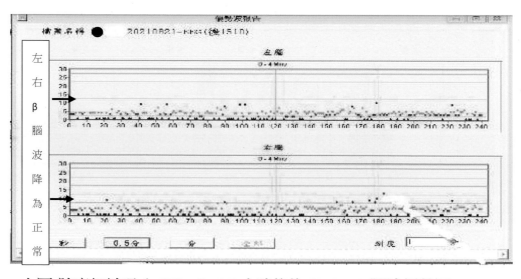

上圖:陳童初診吸入 $2H_2+O_2$ 1.5 小時後的 3D EEG 腦波優勢圖

4. 3D EEG 腦波直條平均圖的變化

陳童初診吸入 $2H_2+O_2$ 前，3D EEG 腦波直條平均圖呈現 β 波過高
(如下圖)

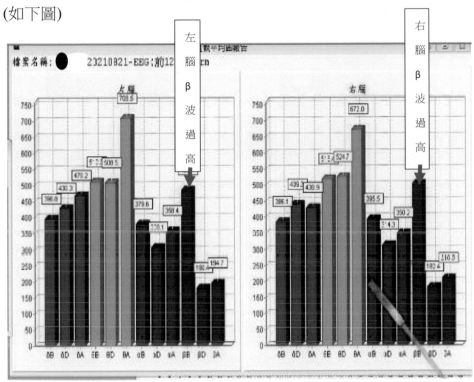

上圖:陳童初診吸入 $2H_2+O_2$ 前的 3D EEG 腦波直條平均圖

陳童初診吸入 $2H_2+O_2$ 後的 3D EEG 腦波直條平均圖，呈現
過高的 β 波降低 變為正常(如下圖)

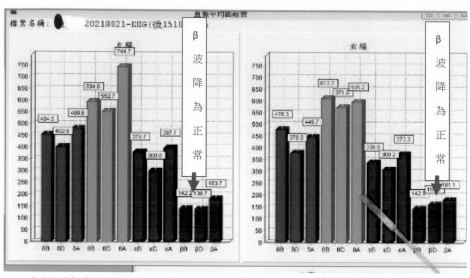

上圖:陳童初診吸入 2H₂+O₂ 後的 3D EEG 腦波直條平均圖

　　吸過 2H₂+O₂ 後，其體內(腦內)的酸及自由基被大量排放到尿液中，做吸入前後尿液 pH 及自由基檢測，即可得到證明(如下圖)。這也是腦波之所以能降到正常及症狀得以立即改善的最大功臣。(見本書第二篇第五章)。作者發現，凡是對 H2 氫氣反應良好有效的患者，其治療預後的效果都很好。

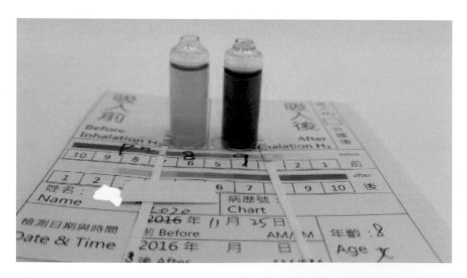

上圖：吸入 2H₂+O₂ 後，體內的酸及自由基被大量排到尿液中

第二章、注意力缺失症（ADD）案例分享

ADD 個案之一：牛奶、蛋、花生、黃豆過敏，引發 ADD

學弟蔡凱宙醫師同事，曾是台大及國泰醫學中心的資深骨科醫師，目前在台北市開診所專攻骨科自然療法。

在 2012 年時，蔡醫師說，他的小兒子平時在學校的表現尚可，但回家要做作業時，精神就難以集中，就算大人一直在旁陪伴盯著，也要搞到將近半夜還做不完功課作業。

經建議其做過敏原（抗體）檢測，發現他血液中含有高量的對抗牛奶、蛋、小麥、黃豆、花生等蛋白質的抗體（如以下三圖），這也就表示他對上述食物有過敏反應，應該暫時阻斷上述食物物中的過敏原（蛋白質）進入體內，也就是暫時不吃那些食物的意思。

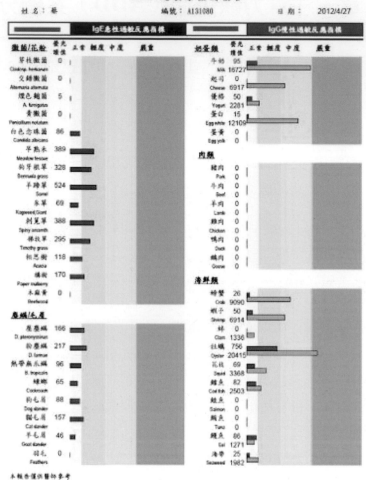

上圖 ： 蔡醫師兒子的過敏檢測報告之一

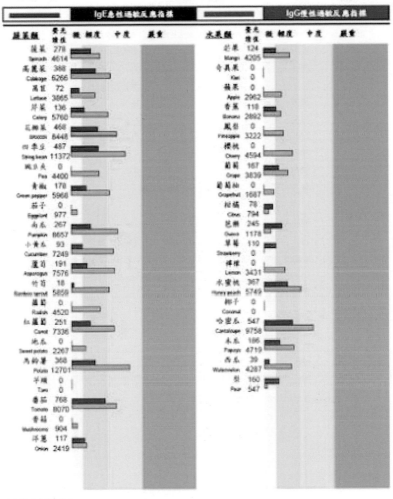

上圖 ： 蔡醫師兒子的過敏檢測報告之二

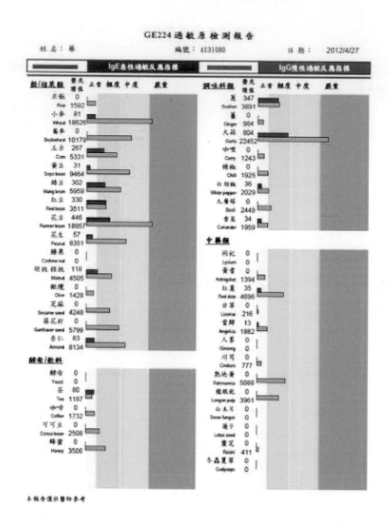

上圖： 蔡醫師兒子的過敏檢測報告之三

　　自從避食報告上的過敏食物，並服用足量必需脂肪酸、膳食纖維等改善腸胃道功能的自然療法處方，健全腸腦軸心功能之後，他的 ADD 症狀很快就得到改善。

　　過了三個多月，剛好過父親節，於是就破例給他吃了蛋糕（蛋糕內有他的過敏原如牛奶、蛋、小麥等），吃完蛋糕第二天，他又再開始出現之前 ADD 的症狀。

再經過一年小心謹慎的食療，ADD 的症狀就痊癒，再也不曾發生過。

茲摘錄蔡凱宙醫師部落格中有關他兒子 ADD 治療的感想如下：

小兒子讀書不專心，功課常寫到半夜，情緒不穩定，他會不自主的扭動，一直坐不住，如同皮膚癢一般無法控制。起初以為是個性使然，需要接受行為治療，以便養成好習慣。

經王群光醫師建議抽血檢驗過敏原後，報告出來後發現他是小麥、牛奶等嚴重過敏原所引起的，這是他常吃的早餐，再加上下午的點心，過敏原進入了腦部（形成腦漏），引起腦部電位不平衡，使他的大腦細胞亂放電，造成他無法專心。

在避開食物過敏原之後，他變得穩定了許多，也能夠坐得住。有一天我回到家時，他很得意地跑過來告訴我說，功課已經寫完了。

我緊緊抱著他，很愧疚自責以前都給他吃錯了食物，讓他受盡折磨。我深刻感受到原來食物吃對與否，對人體甚至精神方面，都有著那麼巨大的影響。

ADD 個案之二：過敏鼻塞睡不好引發 ADD

有一位小學老師，帶她 8 歲的女兒來看診，主訴是鼻子持續性的過敏，晚上睡不好，一直翻來覆去，白天沒精神，功課趕不上，成績在班上都是吊車尾。

母親問作者，這樣的症狀表現算不算有 ADD，作者告之那就是 ADD，但應該是由鼻子過敏所引發的，為後天性 ADD。

所謂先天性 ADD，常係因為在子宮內發生的，例如早產兒、胎盤早期剝離、母體懷孕時罹患重大疾病、懷孕期母親營養不足或神經細

胞間突觸（連絡網路）連接不良等等。

後天繼發性的，就是患者本身並沒有先天腦神經細胞的問題，而是由於後天的過敏、鼻塞、缺氧、睡眠障礙或是腸腦軸心缺失等所引起的。

果不其然，經過抽血檢測血液中的食物抗體，避開過敏食物，並給予修復腸肺漏的自然醫學處方之後，她的症狀就迅速改善。

比較其初診時的腦波（見下圖上方）與治療一個月後的腦波（見下圖下方）對比，差別很大，就好像燈泡變亮，銀幕變亮了。

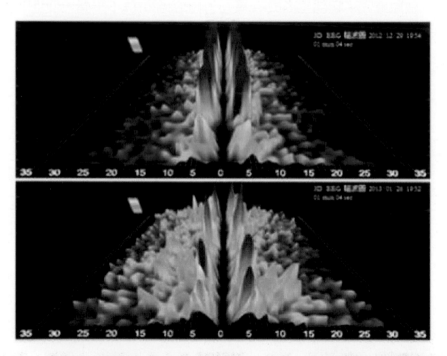

上圖 ：8歲女 注意力無法集中（ADD）、失眠，相隔28天前後EEG檢測

由於患者住在彰化，只來複診過一次，電話追蹤時，老師表示對治療效果很滿意，不但呼吸道過敏已經全好，ADD 的問題也消失，功課突飛猛進，由吊車尾進步到前三名。

作者認為如果不把腸腦漏及腦細胞過敏發炎的問題徹底處理好，而只是吃抗過敏的藥物來治標，往往就錯過了治癒的黃金時機。

ADD 個案之三：成人先天性 ADD

有一位 25 歲的年輕人求診，主訴其注意力無法集中，其最大的困擾是覺得自己的 IQ 沒問題，理解力 OK，情緒上也算正常，跟人相處沒有問題。

他最大的困擾，就是每做一份工作都無法做長久，通常試用期滿就被辭退，他自己覺得責任心很強，非常想把事情做好，甚至比其他同事還加倍努力，但行銷業績卻都看不到其他同事的車尾燈。

回顧其病史

1. 正常懷孕史、非早產、非試管嬰兒、母無安胎史、母無特殊疾病、母無菸毒癮，父母為一般人，無特殊表現成就。

2. 本人沒有吸毒、沒有吸過強力膠，也未接觸油畫（油畫中會用到的松香水為有機溶劑）。

3. 腦部未曾發生過重大疾病，如腦炎等。

檢測 3D 立體腦波（3DEEG），發現其腦波特別暗沉，就好像燈泡的電池電力不足，腦波畫面的明亮度，αβθδ 各波強度也很低，將其腦波與作者本人的腦波相比（相差 45 歲），其 EEG 強度僅為作者的三分之一，看起來很像憂鬱症的 3DEEG，但他所填寫的貝克氏憂鬱症評估量表得分，卻是在合格範圍內。

患者接受 ADD 的腸腦漏自然療法套餐兩個月之後，3D EEG 看不出來有變好的跡象，他也自覺沒有進步，於是就建議他，在飲食上做「常醣常油常蛋白質飲食」一年以後，情況才會有所改善。

分析討論：

1. 人的聰明才智，有七、八成是與先天遺傳有關，像王雲五、王永慶都只有小學畢業而已，但前者卻憑自學到可以主持編大辭典，後者為經營之神。人的平均 IQ 為 100，130 以上為天才，IQ 在 70 以下為智障，此位患者腦波的亮度、強度不足，或許是因為腦細胞的數量不夠，IQ 也可能較正常人稍低，但為了不打擊患者的自信，又不能過度強調聰明才智都天生的說法。更不能告知治療成效可能不佳。

2. 由於每個人都有自尊心，只能旁敲側擊的建議患者，應改為從事比較沒有業績壓力的被動式服務業，或發展養殖花鳥魚蟲等，比較不需要與他人競爭的職業，但患者卻不肯服輸，他一定要在台北市闖出一番事業來。

3. 作者認為像這種成年人與生俱來的腦波低，智商可能也不夠高而引起的 ADD，後天努力所能彌補的恐怕也很有限。

第三章、上天派來考驗我的自閉症天使

在尚未進入自然療法醫學領域之前，作者只是一般的西醫師，1980 年代的台灣醫學分科，還不像如今（2022 年）發達完整，因此作者有機會廣泛的參與了內科加護病房、麻醉科、骨科、一般外科、急診科的工作，共有三十多年的西醫學臨床經驗。

作者對自閉症的看法，起初也是跟一般非精神科醫師沒有兩樣，很少有接觸經驗，就算偶爾碰到自閉症患者，必定是將其轉診到神經精神或兒童精神科。

自閉症個案之一：典型自閉症恢復正常的奇蹟

記得是在 2008 年，作者那時還住在虎尾鎮，尚未搬來台北開設診所。一位朋友拜託我在北上時，順道去中壢看視一位被診斷為「典型自閉症」的四歲張姓小男童。

初見到張小弟時，他有一頭棕紅色的頭髮，問母親為何幫他把頭髮染成紅色，媽媽說他頭髮的顏色是天然色，並不是染的，當下半信半疑。

也注意到張童非常過動，雖然並沒有人跟他玩耍，可是他自己卻滿屋子狂奔，伴隨著狂吼嘶叫，他已經四歲了，除了口齒不清的叫爸爸媽媽之外，不會說其他的話，叫他也不回應，眼睛完全無法跟人對焦。

這是作者第一次見到如此嚴重過動兼典型自閉症的患者，由於那時候尚未引入 3D 立體腦波檢測儀，因此只是問診而已，沒有腦波紀錄。

過了一個多小時，張小弟不吵了，「他跑累了，就會自己睡著」

媽媽說。

　　作者跟媽媽解釋說，有些後天性自閉患者，是因為有比較嚴重的食物過敏，導致過敏原（大分子蛋白質）透過滲透性增加的腸黏膜（腸漏）進到血液中，然後再穿透血腦障壁（Blood Brain Barrier，BBB）進入腦組織，引發腦細胞的廣泛性發炎，如果能改善腦發炎，自閉症的程度有可能會獲得改善。當然大部分的自閉症，都被認為是先天性腦損傷引起的，但作為父母最好還是能把握一下機會。

　　腸腦漏會引發腦組織過敏，為自閉症成因之一的這說法，在歐洲功能醫學界已經流傳很久了，但是一直未能被西醫主流醫學所接受，當時作者尚未有任何成功治療自閉症的經驗，對張童母親只能轉達歐美前輩們的看法。

　　媽媽的配合度很高，當下應允抽血檢測 IgG 抗體（過敏原），七天之後拿到檢測報告，原來他對牛奶、蛋、小麥、黃豆都有重度抗體，把報告寄給媽媽，並請媽媽避開報告中的過敏食物，同時給小朋友一天吃 20c.c.的 Omega-36 好油、麩醯胺酸每天 4 公克及綜合維生素 B 群、微量元素等。

　　轉眼時間過了六個月，乘北上台北之便，再度順道再去中壢張童家拜訪，但這一次並未見到紅棕頭髮的張小弟，於是就問媽媽，媽媽指著依偎在她身邊的黑頭髮小男生說，「就是他呀！」作者一時腦筋空白，反應不過來，原來的紅棕頭髮為什麼變成了烏黑？難道是染的？半年前不會說話，一直狂奔有過動兼典型自閉症的小孩，居然在吃葡萄時，跟媽媽說「媽媽，我要吐掉葡萄籽」的完整句子。那一幕，他說的那句話，作者至今仍然記得一清二楚。

　　進一步跟媽媽詳談後，才了解她這一胎雖然是自然懷孕，足月產，但是在懷孕初期到生產，孕吐了至少有八個月，完全吃不下

東西，沒胃口。猜想張童很可能是在母親懷孕期間，胎兒沒有得到適當的營養素，腦神經細胞及突觸的發育不完整才導致的自閉症。

媽媽還分享她帶小朋友去長庚醫學中心做早療的經驗，因為原有的治療師已經離職，換了一位新的治療師，新治療師看著張童的病歷紀錄，跟眼前這位與媽媽密切互動的小男孩對照，誤以為不是同一個人。因為張童不但語言已經發展得跟一般 4～5 歲的小朋友差不多，邏輯及發音上也沒有問題，就建議媽媽不必再來做早療了。

分析評論：

1. 原本作者對自閉症患者是避之唯恐不及的，但是被這位自閉症天使上了寶貴的一課，有了上述這一位奇蹟般意外成功的案例，覺得很有成就感，因此日後站在助人的立場，都很樂意把這案例說給人聽，給各種程度自閉症患者的父母多一些希望機會。

2. 由於自閉症的成因複雜且眾說紛紜，任何一個案，作者都不敢承諾說能有多少把握會改善，只能說是在傳統的早療、語言行為治療之外，打開了另外一扇有關自閉症腸腦漏修復的營養療法窗口而已。

自閉症個案之二：只會說單句的自閉症患者，竟然進步到能用完整長句表達

這是一位七歲重度自閉症男童甘小弟，領有自閉症殘障手冊。由他的班導葉老師帶來看診。

乾小弟生母體弱多病且有躁鬱症，並且因月經不規則無法正

常受孕，尋求做試管嬰兒。醫生認為其母親的卵子有問題，因此用的是捐卵者的卵，以父親的精子做試管嬰兒，懷孕期間並不順利，一直有不正常出血，持續有吃安胎藥，到了懷孕七個月時，就連臥床及打安胎針也安不下來，於是提前剖腹產，出生時體重只有一千七百公克，正常懷孕期間是九個月，嬰兒出生體重 2500～4000 公克為正常。因此有諸多不利的先天因素集中在此胎兒身上：試管嬰兒、妊娠出血先兆流產、早產兒、出生體重不足、SGA（胎兒小於妊娠年齡）、IUGR（胎兒子宮內生長遲緩）。

他不但有自閉症，還有過動，打從嬰兒開始就一直哭鬧，嬰兒期只要是一睡醒，就一直哭鬧個不停。

甘童來初診的日期為 2013 年 6 月 3 日，初診時的三分鐘 3D 立體腦波（3D EEG），全程都呈非常強烈的過度 β 腦波（見下圖）

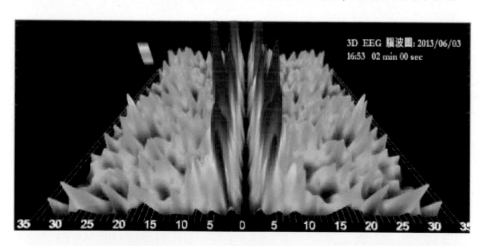

上圖：6/03 初診時，甘 XX 小朋友的腦波呈現嚴重的過動腦波

初診時，有幫甘小朋友做抽血檢測食物 IgGE 抗體，其檢測報告如以下三圖：

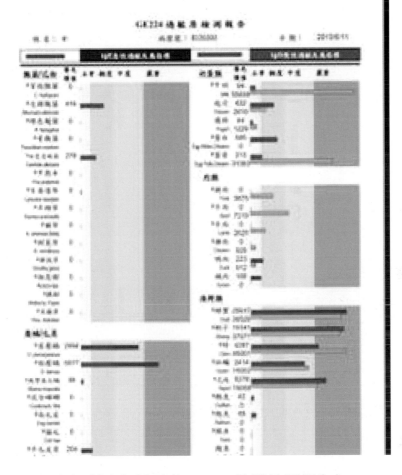

上圖：甘童初診時的 **Ig GE** 抗體檢測報告之一

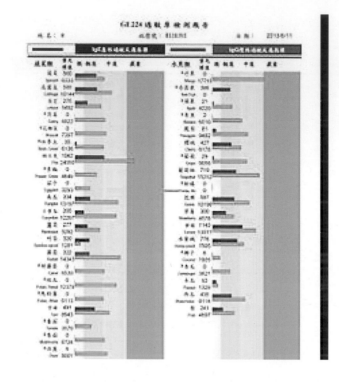

上圖: 甘童初診時的 **Ig GE** 抗體檢測報告之二

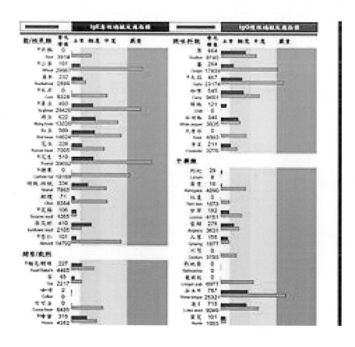

上圖:甘童初診時的 **Ig GE** 抗體檢測報告之三

甘童食物 IgGE 抗體報告顯示，他對前五大過敏原（牛奶、蛋、小麥、黃豆、花生）都有重度過敏現象，在治療上必須先避食上述食物，免得過敏原（大分子蛋白質）持續透過損毀的血腦障壁進入腦組織（腦漏），全面引發腦組織發炎。

初診時，作者就有開出自閉症專用營養處方給他服用，以資修復腸腦漏及受損的腦神經細胞。2013/06/17 複診時，再做一次 3D EEG （見下圖下方）檢測，發覺與 06/03 的 3D EEG（下圖上方）相比較，過動腦波已降低了許多。

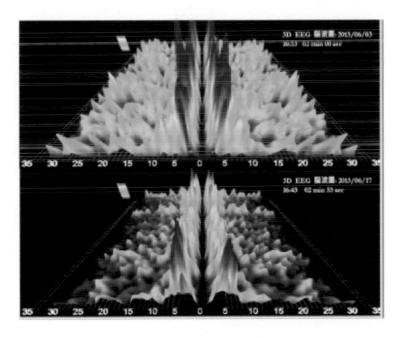

上圖：甘童相隔 14 天之 3D EEG 比較，異常 β 腦波已大幅度降低

葉老師說甘童本來無法與人溝通交談，只會說單字，但治療十天後，已可與大人對話聊天，帶甘童來複診的特教葉老師說，甘童的轉變令人震驚，兩天前安排上台領取進步獎時，他拉著老師

的衣角，忽然開口跟老師說：「葉老師，我不敢一個人上台領獎耶！」。突如其來的能說出長句子，把葉老師驚得目瞪口呆，因為他之前只會說「要」、「不要」兩句話，從來不曾以長句表達感情。以前坐立不安，吵鬧不停的現象已完全消失，可以很安靜坐著。

甘小朋友在兩星期內，自閉症狀就大幅度改善，由只會說單字到會跟人聊天，講出完整句子，其改善程度之迅速，真的令人嘆為觀止。

可惜的是，甘小朋友並未持續接受我們的治療，作者曾主動跟葉老師聯繫多次，她說甘童父母離異，父親長年外出開貨車，甘童由祖父母照顧，很難長期做到避食過敏食物。

雖然有一再連繫上其祖父，表示我們願意給予協助，免費提供腸腦漏修復自然處方，卻得到其爺爺「不好意思」的回覆婉拒，葉老師也因為退休而失去聯繫，甘小朋友後來的進展就不得而知。雖然有循地址聯繫，但已搬離，聯繫不上。

分析評論：

1. 甘小弟的母親體弱多病，又有躁鬱症及賀爾蒙失調，表示她免疫力低下，腸胃道功能差（腸胃占 70%免疫功能），必定有腸漏腦漏，導致母親的腦組織也發炎，而罹患躁鬱症。

2. 母親本身的體質就已經不是太好，求子心切用別人的卵子做了試管嬰兒，想要孕育新的生命。

3. 試管嬰兒受孕之後，母親子宮一直有出血現象，經醫師全力用藥物來安胎，才得以保住胎兒，勉強撐到懷孕七個月，然後提前剖腹產。

4. 甘童在胚胎及胎兒時期，無法經由母體胎盤，得到足夠讓胎兒

順利發育成長的營養物質，常言道「一人吃，兩人補」，母親體弱多病，胎兒是很難正常發育的。

5. 七個月就早產，出生時體重只有 1700 公克，那就是為典型的「子宮內生長遲緩」。一般胎兒出生正常體重應該有 2500 公克，早產胎兒腦部發育尚未完全，就被逼迫離開母體，以上種種不利因素，都有可能是甘童表現出自閉症的可能成因之一。

6. 因此作者常苦口婆心建議，不孕女性不要冒險做試管嬰兒，同時如果懷孕中有出血流產前兆，盡量採用多休息來保住胎兒，不要大量使用安胎藥物。因為如果發生了嚴重懷孕中子宮出血，就表示胚胎或母體子宮不夠健康，最好讓它自然流產掉，然後再懷一個新的胚胎，這樣會比勉強用藥物來安胎，更符合自然天道法則。

7. 雖然缺乏強而有力的研究結論來證明，但作者根據觀察，總覺得試管嬰兒、強力安胎嬰兒、母親有重大疾病、吸毒、重煙癮、酗酒或有強大壓力下所懷孕出生的嬰兒，日後罹患先天或後天精神神經疾病的比例，似乎比正常母親所生的要高出很多。

8. 主流醫學界對於經由提供 omega-36 必需脂肪酸及其他必要細胞原料，來促進修復腸腦漏及受損神經的觀點切入，來治療自閉症等兒少疾病的研究仍欠缺，甚至不以為然。這點頗有改進的空間。

9. 由於導致自閉症形成的原因非常多，由先天的遺傳基因到母體健康，到剪掉擠帶後所發生的後天性的過敏原腸腦漏等，皆有可能。

10. 作者乃個人診所醫師，在欠缺大醫療體系的支援下，所能幫助的自閉症患者也很有限，只能盡力而為。在此將一些成功或有改

善案例的心得作成記錄，提供後人參考。

自閉症個案之三：典型自閉兼過動患者，過動症狀痊癒

2015 年 10 月 2 日，有一位 6 歲男性郭小朋友，被母親由香港帶來台北看門診，他被診斷為典型自閉症兼過動症，根據母親的描述，郭童懷孕及出生史都很正常，出生後一歲前，都跟他哥哥小時候一樣，表現得很正常，會對著人笑，眼睛會看人對焦，但是一歲多打了疫苗之後，整個人就完全變了一個樣，變成很會哭鬧，後來發現無法發展出語言，不會叫爸媽，也不看人，一直在哭鬧。

他被帶來看門診時已經六歲了。當時的腦波呈現非常嚴重的過動腦波（見下圖），當時有抽血檢測過敏原抗體，並避開吃過敏食物，且持續有吃自閉症專用自然療法處方。

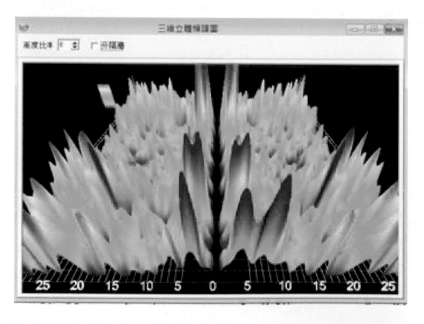

上圖：六歲郭童自閉兼過動患者，初診時有嚴重過動腦波

2019 年 8 月 22 日母親帶小孩來複診，母親說近四年來，郭童自閉症方面的症狀並沒有改善，還是一樣不會說話，但過動方面則倒是完全變正常了，不再有治療前的衝動吵鬧，甚至攻擊性。

他的 3D EEG 腦波也顯示出已經完全沒有過動腦波（見下圖），與母親所描述的不再過動吵鬧情況完全吻合。

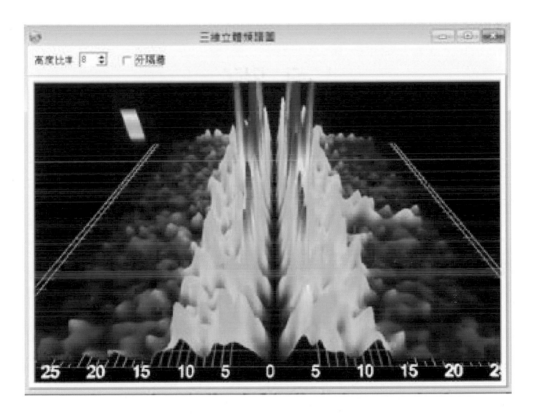

上圖：十歲郭童 4 年後複診時已無過動腦波

分析討論：

1. 根據作者十多年來的自然療法臨床經驗總結，自閉症小朋友如果腦波很正常，治療能有進步的機會就很渺茫。

2. 如果抽血檢測 IgGE 結果，找不到有食物過敏原抗體，治療的預後(prognosis)也不樂觀，表示由「腸腦漏」引發自閉症的可能性

並不大，而是可能由於其他的先天不明原因所導致。

3. 如果是有異常 β 腦波的自閉患者，通常都會伴隨著過動，如果過動腦波恢復正常，過動症（ADHD）的症狀也隨之消失後，自閉症也有可能會有所改善。愈早接受自然療法，機會愈大。

4. 如果像這位郭童，3D EEG 腦波變正常了，ADHD 也變正常了，而自閉症狀卻毫無改善者，則日後自閉症改善的空間就不大，可能就只有嘗試做行為治療了。

5. 在網路上控訴打了疫苗之後，才變成自閉症的案例很多，但是主流醫學及疫苗界並不承認這種說法，由於無法舉證，藥害救濟也難以成立，但是傳聞還是很多，遂引發拒絕打疫苗的隱性社會風氣，導致一度絕跡的麻疹又再度大流行。

6. 根據報導，世界各國的醫護人員及其家屬，都是被動接受疫苗接種率最低的族群，作者在擔任急診醫師的期間，也曾親自接獲十多位打了 H1N1 疫苗的成人或學生，發生難以解釋腦神經症狀急性發作的案例。 另外，根據台灣衛福部所公布的統計顯示，自從施打新冠疫苗的十一個月內，因新冠疫苗副作用而死亡的人數，高達 1300 人，有嚴重副作用者，高達 7900 人。作者亦曾收到多位打了新冠疫苗後，發生多發性神經炎，表現出癲癇、手腳發抖、神智改變的患者，可見疫苗引發自閉症或神經發炎之說，並非空穴來風。

7. 如果以腸腦漏理論及方法，積極介入幼兒自閉症的治療，給以補充必要的修復腸腦漏營養素，某些患者是有機會獲得改善的，但是如果已經成年，則自閉症改善的機會就非常渺茫。

8. 自閉症兒童患者有父母照顧，但是到了成年、晚年、老年，照顧的責任就有可能落到兄弟姊妹身上，已婚的兄弟姊妹在照顧上

也常力不從心，目前已是少子化的社會，屆時把自閉症成年人送到安置機構可能是唯一的選擇。

9. 自閉症與其他精神疾病或智力障礙者的差異性很大，有些是無行為能力或無法照顧自己的重度殘障者，成為政府福利部門的沉重負擔。

自閉症個案之四：不會說話的自閉症患者，吃了葉酸就會說話

母親帶了一位 192 公分高，90 公斤重的 18 歲董姓男生來看診，在患者尚未進入診間前，作者就先點開他的 3D EEG 腦波來看，由於曾看過三萬多個治療前後比較的腦波，憑經驗就覺得這是一位有躁症加上 ADHD 過動症的患者（見下圖）。

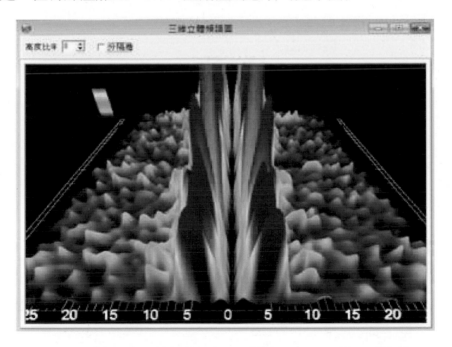

上圖：有躁症及過動症的董 XX 患者的 3D EEG 腦波圖

向母親求證作者的腦波診斷，他點頭認同，說她兒子就是被精神科作出如此診斷。

初診當天就請患者去附近氫氧館吸氫氧氣，作氫氣挑戰測試（Hydrogen Challenge Test），吸過 $2H_2+O_2$ 後，他覺得頭昏腦脹的感覺改善非常多。吸氫前的尿液酸鹼為 pH7，吸後降低為 pH6.5。吸前尿液自由基檢測顏色較淺，表示自由基少，吸後自由基廢棄物 MDA 變深(見下圖)，表示 $2H_2$ 與 O_2 在細胞所形成的水（H_2O），把細胞（包括腦細胞）內的自由基與酸都沖洗到細胞外，再排放到尿液中。

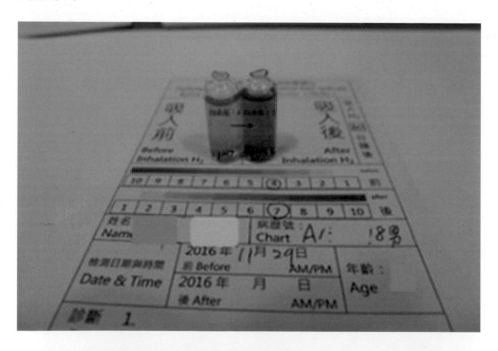

上圖:董 xx 體驗吸入 $2H_2+O_2$ 前後的尿液 pH 及自由基 MDA 檢測報告

吸過 $2H_2+O_2$ 後的 3D 腦波，較吸前的異常的 β 腦波有所降低（見下圖）。

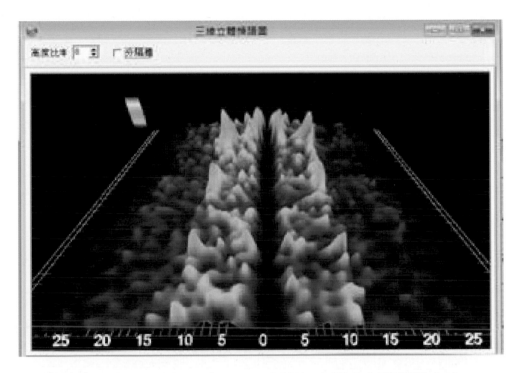

上圖：吸入 $2H_2+O_2$ 後，董 XX 的過高的 β 腦波立即獲得改善

母親說她這 18 歲的兒子，四歲大時還不會說話，因此帶小孩去給一位 80 歲的牙醫師剪舌根，因為台灣民間相傳剪了舌根就會說話。

那位 80 歲牙醫師經驗豐富，說患者不會說話應該跟舌根（舌繫帶）無關，因此只開了十二包藥粉給她，要她每兩天給小孩吃一包，並告知藥物的成分為「葉酸」，也就是維生素 B9，並說這十二包吃完應該就會說話了。

果真不出牙醫師所料，吃完十二包葉酸之後，董童果真開始說話了，稍後的語言能力發展，與其他正常孩童無異。

分析評論：

1. 作者聽了母親的敘述也嘖嘖稱奇，覺得這老牙醫還挺神的，薑真是老的辣。

2. 葉酸的功用如下：

葉酸 Folic Acid 為胎兒細胞分裂和生長中，所需極其重要的營養成分，葉酸缺乏會阻礙細胞內 DNA 的合成以及細胞分裂，進而造成神經管缺陷（Neural tube defect），影響到胎兒腦部及脊髓的發育。

葉酸對於血液產生過程也非常重要，缺乏葉酸會導致葉酸缺乏性貧血症。

也有研究指出葉酸的缺乏會呈現精神疾病，葉酸缺乏也會降低腸道的吸收，使貧血現象更為嚴重。

葉酸可用來治療葉酸缺乏症所造成的貧血。孕婦在懷孕初期或懷孕前使用葉酸補充劑，可防止胎兒神經管缺損。

台灣衛福部核准的葉酸適應症包括： 巨細胞性貧血、嬰兒巨初紅血球性貧血、孕婦惡性貧血。

3. 除了葉酸，其他維生素 B 群，甚至還有許多未曾被發現的未知必需營養素之缺乏，也都可能成為阻礙胚胎腦神經發育的因素。

本章小結

1. 回顧過去十多年來，作者以腸腦漏修復自然療法，診治過被確診為典型自閉症、泛自閉症或其他精神神經疾病，如妥瑞、智力障礙、學習障礙、強迫症的兒少患者，超過千位，累積了相當多的心得經驗。

2. 其中妥瑞（抽動）症的腸腦漏修復自然療法的治癒率高達 95～99%，最為令人滿意，其療效的評估客觀標準，就是不由自主動作的消失，這一點醫師與父母的認知最容易取得共識，不過醫師個人比較希望能見到 β 異常腦波也同時變為正常。

3. 自閉症或 ADHD 是否有改進，則以父母及老師的觀察為準。非侵入性的 3D 立體腦波也是一項非常有價值，可靠性高的檢測追蹤工具。

4. 依作者個人經驗，認為腸腦漏修復自然療法，加上氫氧氣（2H2+O2）的運用，值得被廣泛運用在所有的兒少及成人精神神經疾病患者，其效果迅速且明顯。

5. 氫氧氣已經得到中國大陸認可為第三類（最高等級）醫療氣體，日本亦同，但是台灣醫療界對氫氧氣的研究才剛剛起步。氫氧氣的效果除了由個人來感受，也可以經由治療前後的 3D 立體腦波、自律神經、尿液酸鹼值及尿液 MDA 自由基廢棄物檢測來得到印證。

6. 對於各種神經精神疾病，如果只是以藥物為唯一的治療方法，只能針對症狀進行遮蓋壓制，而無法對腦神經細胞進行修復。作者認為就算有在服用藥物，也必須提供腦神經組織所必需的油脂等多樣化，可促進神經細胞修復的營養素，才能加乘藥物的效果。

7. CBD 除了對妥瑞症、ADHD、睡眠障礙有為人稱道的效果。根據以色列一項著名的研究報告顯示，CBD 對 80%的自閉症兒童有問題行為改善效果(見本書第二篇的六張)，作者把它當作最後的王牌選擇（last choice）。

第四章、妥瑞（抽動）症治療案例分享 妥瑞症個案之一：

3D EEG 轉趨正常後，妥瑞症狀亦消失

基本資料:

姓名:陳XX　年齡:12 歲　性別:男

初診日期:2013 年 1 月 19 日

診斷:妥瑞症

治療經過：患者之主訴為無法控制的眨眼及其他變化多端的臉部表情。

　　常規性建議患者抽血做食物及環境抗體護照，IgG、IgE 檢測報告。(如以下二圖)

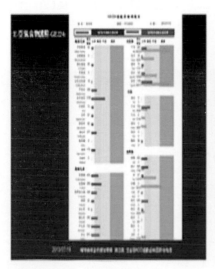 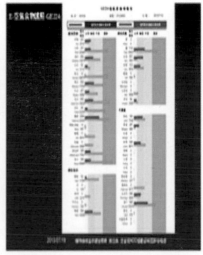

上圖:陳 xx 的 **IgGE** 檢測報告之一　　　上圖:陳 xx 的 **IgGE** 檢測報告之二

　　患者家屬根據此份報告，避開奶、蛋、小麥、黃豆等高抗原食物，並服用修復腸肺腦漏自然醫學處方，經過一星期，妥瑞症狀就消失了。

　　初診時 3D EEG 腦波，呈現明顯異常 β 腦波(如下圖)。

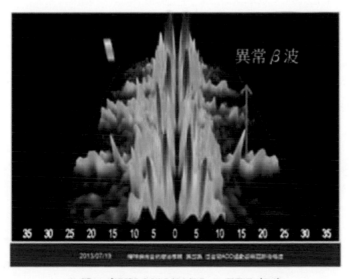

上圖：陳XX 2013/01/19 之 EEG 報告

患者於 2013 年 4 月 9 日複診時之 3D EEG 腦波(如下圖)，顯示 β 異常腦波已不復見。

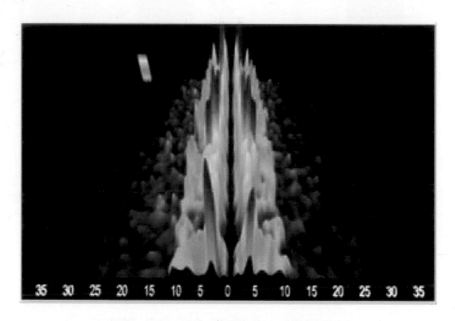

上圖：陳XX 2013/04/09 之 EEG 報告

討論：

1. 兒童妥瑞症自然療法之治癒率高達 95-99%。

2. 成人妥瑞症也可改善治癒，但所需時間較兒少為久。

　　兒童妥瑞症平均三個月可緩解，緩解的標準有二：一為不再有異常動作，二為不再出現異常的 β 腦波。由於神經細胞修復速度較慢，在一年內必須持續避開危險致病因子。維持一年以上不復發才算痊癒。妥瑞症狀消失後，如果仍有持續服用 omega-36 必需脂肪酸等，且減少吃到易致敏食物，妥瑞症復發的情況極為罕見。

妥瑞症個例之二

　　妥瑞患者的症狀，如果已經消失，大部分患者或家長就會淡忘孩子曾有妥瑞症這回事。但也有人會慎重其事的在 1-2 年後再回診，希望能作第二次腦波自律神經檢測，以及抽血檢驗，追蹤觀察體內之抗體是否已降低或變成正常，這樣吃起東西來就比較放心。如果能徹底停食或隔離該高抗體物質，並持續服用可修復腸肺腦漏之配方，經過 1-2 年後，原有的高濃度抗體就會降到正常水平(如以下三圖)。

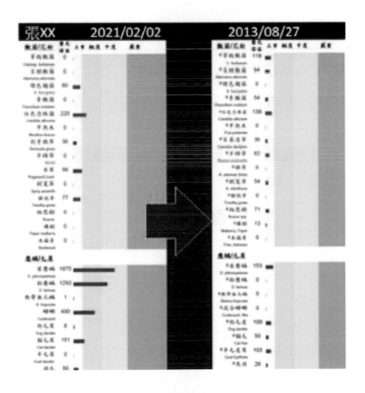

上圖：妥瑞症患者的高塵蟎抗體一年半後降為正常

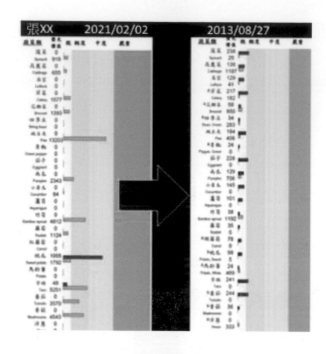

上圖：妥瑞症患者的豌豆筴及地瓜等抗體，一年半後降為正常

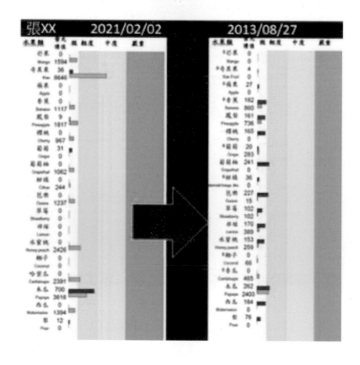

上圖：妥瑞症患者奇異果及木瓜抗體經一年半後降低為正常

妥瑞症個案之三：避食腦致敏食物的時間若不夠久，妥瑞症會再犯

有一對 6 歲的同卵雙胞胎，因妥瑞症來看診，抽血檢測都兩人同樣呈現對牛奶、蛋、小麥、黃豆這五種最常引發妥瑞症的食物有重度抗體。

三十多歲的父母很明理，在嚴格遵守避食上述五類食物，並服用修復腦漏及受損神經細胞的 omega-36 之後，不到一個月，妥瑞症狀就完全消失了。後來放暑假去阿公家住，祖父母對於兒子所交代的食物禁忌並不以為然，結果毫無控制的給孫子吃下那些易導致腦細胞過敏食物的第二天，妥瑞症又再發作了。於是父母把雙胞胎而帶回家親自照顧，更加嚴格禁食腦組織致敏食物及含糖飲料。妥瑞症再度迅速改善，兩年多都沒有再復發。

討論：

1. 避開引發腦過敏的食物 6-12 個月的時間，是治癒妥瑞症最必須嚴格遵循的守則。

2. 同時必須注意隱藏性過敏食物來源，例如要是對小麥過敏，那麼所有用小麥麵粉製作成的食品，如麵食、包子、饅頭、水餃、蛋糕、餅乾等，都必須暫時避免食用；要是對雞蛋過敏，那麼不論煎蛋、蛋炒飯、荷包蛋、滷蛋、鐵蛋、茶葉蛋、蛋糕等，凡是含蛋成分的加工食品，全都必須避開。

3. 妥瑞症狀消失半年後，那些腦致敏食物，可開始漸進式復食，但是初期食用頻率不能太高，以每隔 4 天吃一次為限，再逐步放寬限制。

4. 用以修復腸腦漏及受損腦神經細胞的 omega-36 必需脂肪酸油脂，至少需要持續服用一年。每天吃下的 Omega-369 及飽和油脂總量不低於約每公斤理想體重 1c.c.為原則。

妥瑞症個案之四：頑固性的妥瑞症如何治療

2019 年 11 月 28 日，有一位 30 歲男性陳先生來看診，他小學二年級時就開始出現劇烈搖頭及發出聲音的聲語及動作混合型妥瑞症。

其腦波呈現非常高的 β 妥瑞腦波(如下圖)，比正常人的 β 波高出 3 倍。

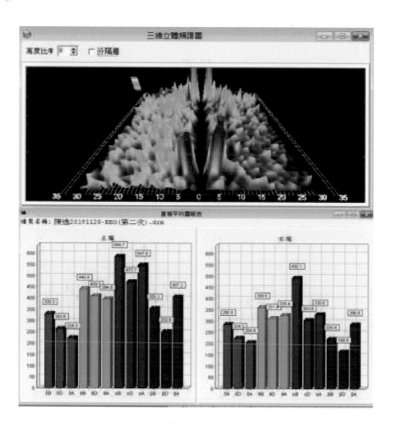

上二圖：陳先生初診時的腦波 3D EEG 腦波檢測報告

經過前述的妥瑞症常規自然療法治療之後，患者覺得搖頭及發出異常聲音的劇烈程度有改善了七成，不過睡眠障礙並沒有獲得改善。

過了半年，患者傳 LINE 給作者，想尋求是否有其他方法可以克服睡眠障礙及其餘妥瑞症狀，作者這時只好打出最後一張王牌-CBD，告知他如何自行去向衛生署，以個人用藥專案申請，得到CBD 進口核准函後，才能向美國購買報關進口。半年後，患者傳來訊息說，使用 CBD 油一星期後，搖頭及發聲的妥瑞症狀就完全消失了，原本一個晚上會驚醒 5-6 次的睡眠障礙，也降為 0 次，可以睡足 8 小時，起床後感覺精神非常好。對於比較頑固或復發型的妥瑞症，就只好動用最後一張王牌–CBD 醫療用大麻二酚(見本書第二篇第六章)了。

又再過了半年多，他再傳訊息來說，之前的妥瑞症狀又再蠢動了。原來，他每天必須額外服用的可見油脂，只吃了不到半年就全部停掉了，過敏食物也沒有認真避開，他的妥瑞會再度復發，也就不讓人感到意外。治療程序只好再從頭開始，也再次獲得痊癒。

根據作者經驗，大部分妥瑞患者在採用全套前述自然療法介入之後，不論是兒少或成人的妥瑞症痊癒率可高達 99%。

妥瑞症個案之五：臉動作及聲音混合型妥瑞症

　　一位患有臉部異常動作及發出怪聲的混合型妥瑞症 20 歲男王姓患者， 持續不斷的發出無意義類似吼叫聲。吸入 $2H_2 + O_2$ 一小時之後，原本高得誇張的 EEG，立即轉為正常(如下圖)。

臉部異常動作及怪聲也同時消失。

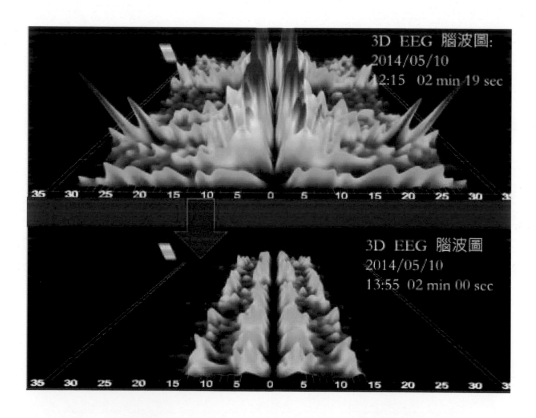

上圖: 王同學吸入 $2H_2 + O_2$ 前後的 3D EEG 腦波圖比較

此患者經過自然療法治療四個月後，臉部抽蓄症狀已全消失，也不再發出聲音。七年來，腦波 EEG 也保持在正常狀態。作者發現，凡是對 H_2 有立即的良好反應患者，若日後能持續每天在家使用 H_2，其預後是非常樂觀的。

抽血檢測其 Ig G 及 Ig E 抗體，顯示其對牛奶、蛋、小麥、黃豆及花生等常見食物都過敏(見下圖)

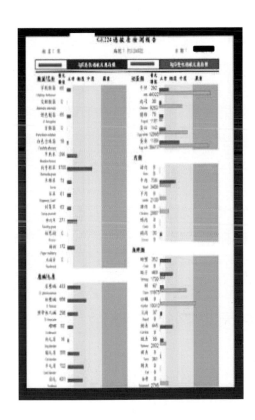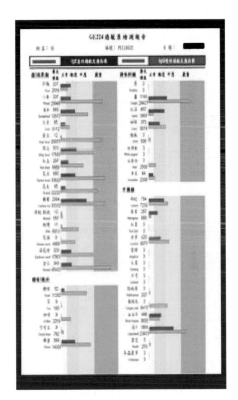

上二圖:王同學之 Ig G 和 Ig E 抗體檢測報告

治療上的當務之急，就是必須避開有高抗體且高過敏食物及服用修復腸肺腦漏自然處方。

第五章：可列入醫療史紀錄的突破性妥瑞症有效療法

一、這標題有誇大其詞嗎？

不明究理者，見到這標題，可能會覺得不可思議。其實這是作者以西醫師的身分，轉型投入從事中道自然療法十二年以來，治癒過數百位妥瑞症患者之後，所得到的經驗結論，而非信口雌黃。

由於客觀條件的制約，這治療效果大幅度超越傳統的西醫療法經驗結論，尚未曾被發表在國際醫學期刊上，初次見聞此篇文章的醫師們，就當是作者敝帚自珍吧!

由於這種自然療法效果好又無副作用，受到眾多患者或是其家人的一致認同，於是紛紛自發性轉介也同樣遭受妥瑞症困擾的親朋好友們，來接受此自然療法。

二、引發妥瑞抽動症的主因是腦細胞過敏

傳統醫學認為妥瑞症是一種原因不明的疾病，但作者卻把妥瑞症定義成是一種食物蛋白質（過敏原）或環境中的不明物質，透過腸肺腦漏症，侵入腦組織所導致。腦主控隨意肌肉的大腦皮質被入侵發炎後，就會發出異常腦波，進而導致人發出無法用意志力壓制下來的發聲音或是動作。這種異常腦波，都是 $13\,Hz$ 以上的 β 波，可以把這種異常腦波，當成是腦細胞受傷後喊救命的聲音。這就是妥瑞症的成因由來。

三、妥瑞症並非難以被治癒

　　傳統醫學認為只有三分之一的年幼妥瑞患者，到了青春發育期，症狀有可能會自行消失，但也有更多人的妥瑞症狀持續到成老年而無法痊癒。

　　作者卻認為妥瑞症在任何年齡都值得以本自然療法介入，因為通常在短時間內就可以見效，痊癒率高達 95% 以上，這結果跟傳統西醫神經精神科，行之有年的藥物療法結果大異其趣。

四、對妥瑞抽動症，可能有效的西藥及副作用

　　傳統精神神經科，均公認已經得到食藥署核准叫用於治療妥瑞症的藥物，只有安立復(Abilify)一種，其他處方則依醫師個人經驗而開，但安立復(Abilify)對妥瑞的效果亦因人而異。

　　安立復(Abilify)藥品說明書仿單上對其副作用的記註如下：頭痛、焦慮、失眠、噁心、嘔吐、暈眩、便秘、靜坐不能、無力感、紅疹、顫抖、視覺模糊、咳嗽及發燒等。

　　安立赴除了可用於妥瑞症，也是思覺失調及雙極性精神病用藥。有些人正是因為受不了其副作用而自行停藥，或吃更多的藥來遮蓋抵銷此藥的副作用。作者則是認為，如果藥物發揮不了效果反而有副作用，那就乾脆直接把藥物停掉。

五、兒少成人妥瑞症的自然療法

　　既然藥物對妥瑞症的治療效果，有很大的不確定性，那麼只好另外想出能夠不依賴藥物而又沒有副作用的非藥物療法。

妥瑞症的中道自然療法如下：

1. 找出過導致腦細胞過敏的食物

抽取患者 5 c.c. 靜脈血液，將樣品送到合乎標準的檢驗中心，作 IgG IgE 抗體 的檢測，並根據檢測結果來阻斷迴避那些會引起腦部過敏發炎的物質或食物中的蛋白質（抗原），最常見會引發腦細胞過敏及妥瑞症的前五名食物為牛奶、蛋、小麥、黃豆、花生。戲稱之為中了「五燈獎」或「四燈獎」。

絕大部份妥瑞症患者，在停止食用那些腦致敏食物後，妥瑞症狀就迅速獲得大幅度改善。

2. 修復腸肺腦漏及受損神經細胞

結實的肌肉主成份是蛋白質。構成骨骼的物質為鈣鎂等礦物質，這也就是為什麼骨頭堅硬如石的原因。

細胞膜的主要成分是油脂（脂肪酸），細胞的內外層細胞膜都是由有防水功能的油脂所構成的。

脂肪酸也是血腦障壁（BBB ）的重要構成材料，因此每天吃到夠份量的油脂，是修復腸肺腦漏的不二法門。構成神經細胞的主要成分也是油脂，油脂佔了腦神經組織成份的 60%，這就是為什麼腦組織的觸感有如豆花、軟豆腐，甚至還比不上硬豆腐。為了要治好妥瑞症，好油脂是絕對不能少吃的，尤其是 Omaga-3,6 必需脂肪酸(如下圖)

脂肪酸最佳攝取比例			
大類	非必需脂肪酸		必需脂肪酸	
分類	飽和脂肪酸	單元不飽和脂肪酸 Omega-9	多元不飽和脂肪酸	
			Omega-6	Omega-3
建議攝取比例	1	1	0.5	0.5
			1：1	
			10公克／日	10公克／日
作用	燃料油	合成 PGE1 改善發炎	合成 PGE2 導致發炎	合成 PGE3 改善發炎
		燃料、構成細胞膜成分、合成神經傳導系及 PGE1、2、3 等		
代表性油脂種類	豬油、奶油 椰子油、棕櫚油 建議：C8、C10 MCT 油	苦茶油 橄欖油 酪梨油	紅花油、大豆油 葡萄籽油、葵花油 玉米油、花生油	沙棘籽油、亞麻果油 紫蘇籽油、奇亞籽油

必需脂肪酸攝取比例：
Omega-6 ： Omega-3
1 ： 1 (Omega-6、3 等量　最佳)
4 ： 1 (Omega-6 稍多　尚可接受)
20-50 ： 1 (現代人 Omega-6 超量　導致自律神經　免疫失衡)

本圖文/王群光醫師編製

上圖: 人體所需要的油脂種類

3. 執行「常醣・常油」、「正常飲食」

　　除了加強食物中的不可見油之外，還必須額外服用可見油脂，所謂「可見油」就是指經由人工搾取出來，用瓶裝的液態油。每天服用劑量應該依照個人不同的理想體重來決定，例如 20 公斤者，每天服用 20cc，60 公斤者服用 60cc，也就是按照每公斤理想體中約 1cc 的可見油來計算。這樣的吃法就可以達到「常醣常油」、「正常飲食」的標準（見下圖第二列）也就是油脂的攝取量給佔每日熱量來源的 40%以上，那就跟媽媽分泌給十個月以下嬰兒所吃晚母乳的油脂含量接近（見下圖第一列）。

　　由於 1 公克的油會產生 9 大卡的熱量，而葡萄糖 1 公克只能產生 4 大卡熱量。一小碗米飯的熱量只有 120 大卡，15cc 的可見油熱量就高達 135 大卡，因此服用足夠的油以後就很有飽足感，碳水化合物的食用量也可以酌情降低。

生酮飲食分類標準

「常醣常油」「限醣高油」「斷醣高油」生酮飲食之營養及人母晚乳成分所佔總熱量比例

人體熱量來源之成分	Carbohydrate 醣類、碳水化合物（葡萄糖、乳糖）	Fat 脂肪（飽和不飽和及飽和脂肪）	Protein 蛋白質（必需及非必需胺基酸）	飲食內涵
人母晚乳（嬰兒10個月大）成分所佔總熱量比例	46%	47%	7%	母乳 DNA
Normal Diet（正常飲食）	50%	40%	10%	常醣常油生酮（地球人應正常飲食）
Low Glycemic Index Diet（限醣生酮飲食）	10~40%	40~60%	10~15%	限醣高油生酮
Ketogenic Diet（嚴格斷醣生酮飲食）	2~10%	75%	10~15%	斷醣高油生酮

病 從 口 入

上圖: 油脂應佔人體熱量來源的 40%以上

4. 排光腦內過多的酸與自由基廢棄物ＭＤＡ毒素

吸入水電解氫氧氣（$2H_2+O_2$）可排除腦細胞內的過多的酸與自由基毒素。台灣醫師、民眾對水電解氫氧氣還不是很熟悉。但是日本及中國大陸，已經把 H_2 氫氣跟氧氣 O_2 一樣，在法律上列為醫療氣體。

氫分子醫學未來必將成為所有醫學的重要元素之一，H_2 的重要性其已被全世界頂尖學者們高度重視。作者將 H_2 運用在妥瑞症的治療上，已經有九年的成功經驗。對於門診患者，必將請他們至診所以外的民間氫氧保健館，吸入水電解氫氧氣 $2H_2+O_2$，再觀察吸氫前後的腦波、尿液酸鹼值（pH）及尿液中自由基的變化。

5. 氫氧氣可降低異常腦波

妥瑞症患者初診時過高的腦波ＥＥＧ，往往在吸過一小時的 $2H_2+O_2$ 之後，異常過高的 β 波腦波就降為正常（如下圖）。

腦波變為正常之後，妥瑞症狀也同步消失。這類對氫氣 H_2 反應極佳的患者，日後只要每天吸入（$2H_2+O_2$）若干小時，痊癒的步伐就更快了。

上圖：妥瑞症患者吸過 $2H_2+O_2$ 之後，原本異常的腦波(上)降為正常(下)

6.氫氣 H_2 可排出腦細胞內的酸與自由基毒素

做 H_2 挑戰測試，吸入 $2H_2+O_2$ 之後，如果有很多的體內廢棄物，由體內(腦內)被排出到尿液中，就表示其預後良好。如下圖這位患者，其尿液酸鹼值原本為 pH 7.5 (正常<pH6)，吸入 $2H_2+O_2$ 之後，尿液 pH 就由 pH 7.5 降為 pH 5.5，表示體內(腦內)的酸已被排放到

體外尿液中。

　　至於自由基，也是排得很多（如下圖）。下圖左側吸入 $2H_2+O_2$ 前的尿液檢測呈半透明(表示很少自由基 MDA 廢棄物)，但是下圖右側吸入（$2H_2+O_2$）後的尿液樣品為深紅色，表示更多的自由基被排到尿液中。

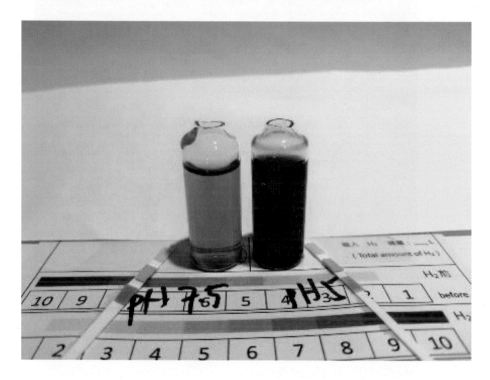

上圖：吸入 $2H_2+O_2$ 前(左)後(右)的尿液 pH 及自由基變化

　　有一位 8 歲的 ADHD、易怒、睡眠障礙患者，其初診尿液為 pH 8 (正常人為 pH<6)吸入 $2H_2+O_2$ 之後，其尿液酸鹼值不減反增，由 pH8 上升到 pH 9，表示體內的酸並沒有被排到體外尿液中，自由基也未被排放出來，而堆積在腦內（如下圖）這類患者就必須加強長期用吸入 $2H_2+O_2$，否則治療預後不佳。

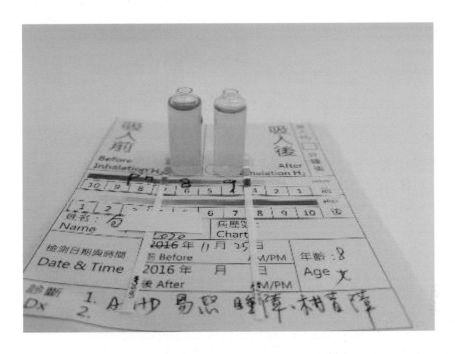

上圖：短時間吸 $2H_2+O_2$ 無法排出酸與自由基

依作者經驗，這一類患者，如果不加強 $2H_2+O_2$ 的吸入，就算吃任何的營養品、補品和藥物都是無濟於事的。最佳對策就是加大氫氧機出氣量到 3000 L/分鐘，並加長吸入 $2H_2+O_2$ 的時間，甚至整個晚上都配戴吸管吸入 $2H_2+O_2$，只要吸入的 $2H_2+O_2$ 劑量夠大，時間夠長，必然可以把腦內的酸及自由基廢棄物排得一乾二淨，達到兩者同時排光的「黃金交叉點」（見本書第二篇第五章）。

7. 最後一張王牌為 CBD 大麻二酚

醫療用大麻二酚是台灣可以合法進口使用的管制藥品（見本書第二篇第六章）但台灣醫師、民眾們對 CBD 並不熟悉

CBD 對各種神經精神疾病，都有明顯改善的效果，尤其是對失眠、各種睡眠障礙、巴金森、癲癇、妥瑞症的效果，最為人所

稱道。

　　作者曾測試過二十多位比較頑固型的妥瑞症患者，告知他們如何自行申請購買 CBD，從他們使用 CBD 的經驗回報，都說效果非常好，在短時間就改善痙攣，對睡眠的改善尤其明顯，同時又沒有副作用，也不會有戒斷症候群，只要症狀獲得徹底改善，隨時可以停用。

第六章、治癒假性智力障礙經驗談

一、「假性智障」診斷的出處由來

在從事精神神經疾病自然療法十多年的臨床經驗中，曾治癒過被確診為〝智力障礙〞的兒童不下十位，但始終沒有勇氣把「治癒智障兒童」的經驗，寫成文字紀錄。因為連自己都不會相信，真正的「智障」是可以被治癒的，因此創造了「假性智障」這個名稱，表示那些原本被診斷為「智障」的兒童，其實是被誤診了。

有一本 2015 年出版，王冠雄編著，談論自閉症的書，書名「誰說他們沒有未來」，書中有提到，根據台灣某醫學中心的意見，認為有相當大比例的自閉症個案是被誤診的。以此類推，智力障礙的診斷或許也有出現誤診的可能。

所謂誤診，就是說患者根本就沒有達到智力障礙的程度，但卻被誤診成有智力障礙，有些還領了「重大傷病卡」。

人的智力有 7～8 成是天生註定的，除了遺傳基因，也有因為母體子宮環境不佳，而導致出現各種先天性神經功能及情緒異常。「智力障礙」只是諸多先天異常障礙中的一種。

二、假性智障個案紀錄分析

假性智障個案一：腦細胞過敏及腦細胞酸及自由基中毒

某日，一位嫁來台灣，家住高雄的大陸姑娘，帶她罹患大腸癌末期的哥哥來看診。

她對作者說了一句「王醫師，我兒子已經完全好了！」作者對她這個人完全沒有印象，不禁一愣，問她說：「你兒子以前

是來看什麼病的？」她回答說：「三年前來看，智障，還有妥瑞症」。

妥瑞症雖然被絕大部分的小兒科、神經科醫師認為原因不明，且無藥可治，但作者對妥瑞症的自然療癒率卻高達 95～99%。妥瑞症會痊癒，對作者來說，是天經地義的事，但是對於「智障」，卻自認為自己是使不上力的。

因此問說「您兒子真的有智障嗎？還是您自己猜測的，說說而已！」

她回答說「醫學中心有鑑定過，還領有重大傷病卡。」

作者有自知之明，並沒有能力治療智障，更不要說治癒了，我想她應該是碰到什麼高人吧！於是就問「您帶她去哪裡治療？用了些什麼方法？」

她的回答讓人覺得很意外，「就只有在您這裡治療啊！」，「就是避開，不吃那些血液中有高抗體的牛奶、蛋、小麥、黃豆等過敏食物，再加上每天喝您指定的 omega-36 必需脂肪酸好油，還有去買了一台水電解氫氧氣機來天天吸，排掉腦內的酸與自由基」。

「智障真的有完全好嗎？」。

「目前就跟一般正常小孩子一樣，不但妥瑞症好了，跟人說話溝通都很正常，小二上課成績也都跟得上，還被老師稱讚很聰明呢！」。

經過進一步的探討，茲分析如下：

1. 小朋友有腸腦漏症

這位小朋友對牛奶、蛋、小麥、黃豆有腸漏症及腦漏症的現象。所謂腸漏症，就是指大分子的蛋白質，還沒有被分解成小於五個胺基酸的多胜肽之前，就透過腸道障壁有損毀之處，吸收進入血液中。而腦漏就是指那些進入血液的大分子蛋白質異物，再穿透過尚未發育成熟或已損毀的血腦障壁，如果此過敏原侵入管理隨意肌的腦迴，使管控肌肉的腦神經受傷而亂放電；造成了無法控制的抽動，這就叫妥瑞抽動症。若是過敏原侵入管理智力的腦細胞，就有可能使智力暫時呈現過低。

2. 不再讓過敏原進入腦內

只要能避食過敏食物，不再有大分子蛋白質入侵腦部，再服用可修復腸腦漏的自然處方，腸道益生好菌製造出大量短鏈脂肪酸（SCFS），再加上所服用的 omega36,就可加速修復腸腦漏及受損的腦神經細胞。當過敏原不再入侵腦部、下視丘-腦下垂體-腎上腺軸線（HPA axis）及整體腦細胞大環境得到全面改善。這類因後天因素，如食物過敏原或腦內堆積太多的酸自由基而引發的症狀，不論其表現為妥瑞、過動抑或智力問題，在肇因除去後， 症狀均可獲得大幅度改善。

3. 上述食物大蛋白進入血液，也在患者鼻腔與喉頭氣管，跟肥大細胞及巨噬細胞（macrophage）發生遭遇戰，因此他一直有嚴重鼻塞的問題，加上嚴重打鼾，因此引發腦部缺氧，二氧化碳過高，白天也頭腦昏沉，表現在外的就是注意力無法集中，在精神不濟的情況下接受智力測驗，表現就很容易失常，因此就被誤診為智商 IQ 低於 70 的「智力障礙」，這就是「假性智障」的由來。

假性智障個案之二：嚴重過敏引發注意力無法集中

一位憂心忡忡的媽媽，訴說她讀小一的女兒明明很聰明，但卻被校方鑑定為智障，建議必須轉到啟智班，媽媽覺得彷如晴天霹靂，無法接受。

面對母親這樣的說法，作者第一個想法，就是認為只是作為母親的人無法接受而已。校方的鑑定，應該不致於出錯。

詢問媽媽她憑什麼來判斷女兒很聰明，她說「女兒是我從小親自帶大的，跟她說話、聊天、反應什麼都 OK，跟正常的姊姊差不多，只是學習的速度比較慢而已。」

媽媽對於女兒所接受的智力（IQ）測試鑑定的過程及結果，抱持非常大的質疑，覺得他們所做的鑑定不夠科學專業，甚至流於粗糙草率，不過作為一醫學專業人員，作者還是比較傾向相信擁有專業證照的鑑定師。

不過這位媽媽的信心堅定且很有主見，令人印象深刻。她也熟讀作者曾發表過的文章及視頻。她對作者所描述，大部分後天兒少神經及情緒異常，都可能跟與腸腦漏、過敏、腦細內偏酸（正常 pH7.2）及自由基過多，所引發的腸腦 HPA 軸心失調有很大關連性的理論，深表認同，因此主動要求幫她小孩抽血檢驗急慢過敏抗體。她也堅信只要避開過敏原，並吃下足量必需脂肪酸，把腸腦漏修復好，吸入水電解氫氧氣，排出腦細胞內的酸與自由基 MDA 垃圾，進而使睡眠變好後，注意力一定會好起來。

果不其然，經過她的努力之後，女兒情況就大幅度改善，後來再做第二次智力測驗就過關，不必被強制調到啟智班了。

這真的是位很認真、令人欽佩的母親。其實，父母只要作一點小小的努力，就可以使小孩在未來數十年，都過上正常生活，這

種努力是非常有價值及必要的。

作者對於兒少精神神經疾病的切入角度看法及治療方法，跟主流觀點有很大的不同。

大部分患者都是在主流醫學中，找不到治療方法或治療無效之後，才來給作者治療的。

假性智障個案之三：

有一爺爺奶奶帶了一位五歲的小孫子來看診，主要的訴求是原本聰明活潑的孫子近半年來忽然「變傻」了，變成每天都在發呆走神，注意力無法集中。

作者對於初診的患者，在進入診間看診前，一律都會先幫他們做 3D 立體彩色腦波（3DEEG）及自律神經活性（HRV）的測量。

尤其是像這種跟腦有關聯的疾病，作者是非常器重腦波判讀的。先行簡單了解其主訴之後，就點開 3DEEG 及 HRV 報告來看，發現這五歲小朋友的腦波強度，像極了阿茲海默症患者的腦波，腦波強度不及同齡者的三分之一，而 HRV 神經的活性也極低，相當於 60 歲人的 HRV。

看了患者的 3DEEG 及 HRV 之後，作者開口問爺爺奶奶的第一句話就是：「他是不是都躲在被子裡睡覺？」爺爺奶奶同時點頭。

再繼續問下去，立即搞清楚了前因後果，原來爸爸入獄了，母親不告而別離家出走，小孩子本來是跟媽媽睡的，現在媽媽不在家，沒了安全感，於是就都把臉用被子蓋住，甚至躲在被子裡面睡覺，才有安全感。

由於吸進肺部空氣中的氧氣濃度為 21%，吐氣中的氧（O_2）為 13～16%，人所吸入的空氣中，有 5～6%的 O_2 被人體吸收利用

了，人如果躲在被子裡睡覺，就會吸進缺氧的空氣，腦部於是就呈現缺氧了(如下圖)，缺了氧的腦細胞，就像電力不足的燈泡，腦波放不出該有的亮度與強度。

人吸入氣體（空氣）之成分	人呼出氣體之成分
N_2 氮氣占 78%	N_2 氮氣占 78%
O_2 氧氣占 21%	O_2 氧氣占 13~16%
CO_2 二氧化碳占 0.035~0.04% （350~400ppm）	CO_2 二氧化碳占 4~5.3% （40.000~53.000ppm）
Ar 氬氣占 0.96%	Ar 氬氣及其他氣體占 1%
水蒸氣及其他氣體占 0.01%	H_2O 水占 5.9%
	H_2、CO 占數 ppm
	NH_3 氨氣 < 1ppm
	丙酮、甲醇、乙醇 < 1ppm

上圖：空氣中與人體呼出氣體的氧（O_2）及二氧化碳（CO_2）濃度比較

躲在被子裡睡覺的另一大致命性問題，就是二氧化碳（CO_2）濃度過高，因為室外空氣中的 CO_2 濃度只有 400ppm，人吸進 CO_2 濃度為 400ppm 的空氣，但是所呼出氣體中的 CO_2 濃度卻高達 53000ppm。環境中的 CO_2 濃度若過高，對人體生理會有不利影響)(如下圖)。

CO_2 二氧化碳濃度	350～400 ppm	健康的
	400～700 ppm	可接受的
	700～1000 ppm	感覺空氣略有汙濁，但可接受
	1000～3000 ppm	感覺困倦
	3000～5000 ppm	長時間對健康不利
	5000～10000 ppm	對健康非常不利
	1～7%（10.000～70.000 ppm）	呼吸急促、心跳加快
	>7%（>70.000 ppm）	暈眩、噁心、頭痛
	>10%（>100.000 ppm）	昏迷與死亡

上圖：CO_2 二氧化碳之濃度對人生理之影響

CO_2 與水結合形成碳酸：$2CO_2+H_2O \rightarrow 2HCO_3 \rightarrow 2H^+ + HCO3^-$。人體細胞內的 pH 酸鹼值應維持在 pH7.2 的恆定值(如下圖)，一旦 CO_2 吸入太多，就會發生細胞內酸化（intracellular acidosis）的情形，在 pH7.2 的情況下，神經的傳導速度及神經傳遞素的釋放才能維持在最佳狀態。神經細胞不但對缺氧非常敏感，人只要四分鐘沒有吸入氧氣人就會死亡。腦神經細胞對於 pH 過低也非常敏感。

Item 物質名稱	Extracellular 細胞外	細胞內 Intracellular
	細胞外液 Extracellular Fluid	細胞內液 Intracellular Fluid 細胞膜
Na⁺ 鈉	142 mEq/L	10 mEg/L
K⁺ 鉀	5 mEq/L	141 mEg/L
Ca⁺⁺ 鈣	5 mEq/L	<1 mEg/L
Mg⁺⁺ 鎂	3 mEq/L	50 mEg/L
Cl⁻ 氯	103 mEq/L	4 mEg/L
HCO3⁺ 碳酸氫根	28 mEq/L	10 mEg/L
Phosphate 磷	4 mEq/L	75 mEg/L
SO4⁻⁻ 硫酸根	1 mEq/L	2 mEg/L
Glucose 葡萄糖	90 mg%	0-2 mg%
Amino Acids 胺基酸	30 mg%	200 mg%
Phospholipids 磷脂	0.5 mg%	2-95 mg%
PO2 氧分壓	35 mmHg	20 mmHg
PCO2 二氧化碳分壓	46 mmHg	50 mmHg
pH 酸鹼值	pH7.35-7.45	pH7·2
Osmolarity 滲透壓	281 m Osm/L	281 m Osm/L

（圖中：細胞核 Nucleus、粒腺體 Mitochondria）

上圖：人體細胞內外及血液中的酸鹼值 pH

一旦 pH<7.2，神經傳導速度就會變慢，且神經傳遞素的釋放也會遲緩下來，人的思考速度當然也變較為遲鈍。這就可以解釋為什麼這位小朋友會「人變傻」的原因。

幫他抽血檢驗做過敏原抗體檢測的結果顯示，他過敏的食物並不多，兩個星期後再來看報告，祖父母說由於改由奶奶陪孫子一起睡，小孩有了安全感，不再躲在被子裡睡覺，並且開窗戶保持通風，變傻的情況 2～3 天後就恢復正常。

分析評論：

1. 這位小朋友在來診所看診之前，收驚、求神的民俗療法都做過了，但卻都感覺不到有任何效果。

2. 醫學中心的兒童精神神經科也都看過，也做了 MRI、CT 等檢測，只是找不到原因。甚至被懷疑是一種因父母親離異而產生的人格解離症、退化症，已經退化到了智力障礙的程度，而不只是注意力不集中（ADD）而已。

3. 事實上，醫學界似乎並沒有認真看待居家生活中的慢性 CO_2 中毒及腦慢性缺氧的問題，讓人覺得很不可思議。

4. 台灣有制定室內空氣品質法，規定學校教室內的 CO_2 濃度，不可超過 600ppm，政府機關及公共交通工具內的 CO_2 濃度不可超過 1000ppm（如下圖），但卻罕見全面嚴格執行。

環保署室內空氣品質建議值（環署空字第 0940106804 號）		
建議值意義	適用場所	二氧化碳濃度
	第 1 類 ： 對室內空氣品	

	質有特別需求的場所。包括學校與教育場所、兒童娛樂場所、醫療場所、老人或殘障照護場所等。	≦ 600PPM
8 小時算術平均值或累積採樣測值	第 2 類 ： 一般大眾聚集的公共場所與辦公大樓。包括營業商場、交易市場、展覽場所、辦公大樓、地下街、大眾運輸工具與車站等室內場所。	≦ 1000PPM

上圖: 環保署室內空氣品質建議值

5. 最可笑的是在一次台北市政府主辦的室內空氣品質說明會上，作者用自己攜帶的 CO_2 Monitor 作實地監測，得知現場 CO_2 濃度竟然高達 4000ppm，主持人因而被作者現場抓包公開打臉，政府機構內尚且如此，其他單位也就可想而知了。

6. 據說政府官員因怕觸（店家）眾怒，不敢強制餐廳內的 CO_2 濃度必須達到合格標準，因為 90%以上的餐廳內 CO_2 檢測都不合格。

7. 如果用餐時間不長，只有數小時的 CO_2 濃度過高，人只是會覺得昏沉不適而已，還不至於釀成不幸；不過若干年前曾報載有一位王姓醫師，全家去吃炭火燒烤料理，因在包廂中因通風不良，導致二氧化碳（CO_2）及一氧化碳（CO）過高中毒，經急救雖未

喪命，但是腦細胞受損的後遺症，如思想變遲鈍及個性改變等，卻可能困擾一輩子。

8. 建議房間必需要能通風，就算寒冷的冬天，也不可緊閉窗戶開暖氣，前後或左右窗戶只要開一個小縫，CO_2 就會自然流出室外。最理想的情況是安裝熱交換機。

9. 室內的 CO_2 濃度不能太高，最好買一台 CO_2 監測儀來鑑定，尤其是有注意力不集中（ADD）或過動症（ADHD）的家長，更要注意小孩睡覺時，是不是有把整個頭臉部鼻子都埋在被子中的壞習慣。

兒少先後天神經精神障礙及自然療法：

妥瑞抽動、過動 ADHD、注意力不集中 ADD、學習障礙、亞斯伯格、自閉、強迫、智障、創傷後症候群 PTSD

作者　王群光、呂丹宜

發行人　王群光

封面設計　王群光、呂丹宜

校編　王群光、呂丹宜

印製　永杰實業社

初版　2022 年 4 月

定價　台幣$450

經銷　白象文化事業有限公司

出版者　呂丹宜

網站　https://ckwclinic.com.tw/

Email　service@cintaumed.cc